La métaphore par-delà l'infini

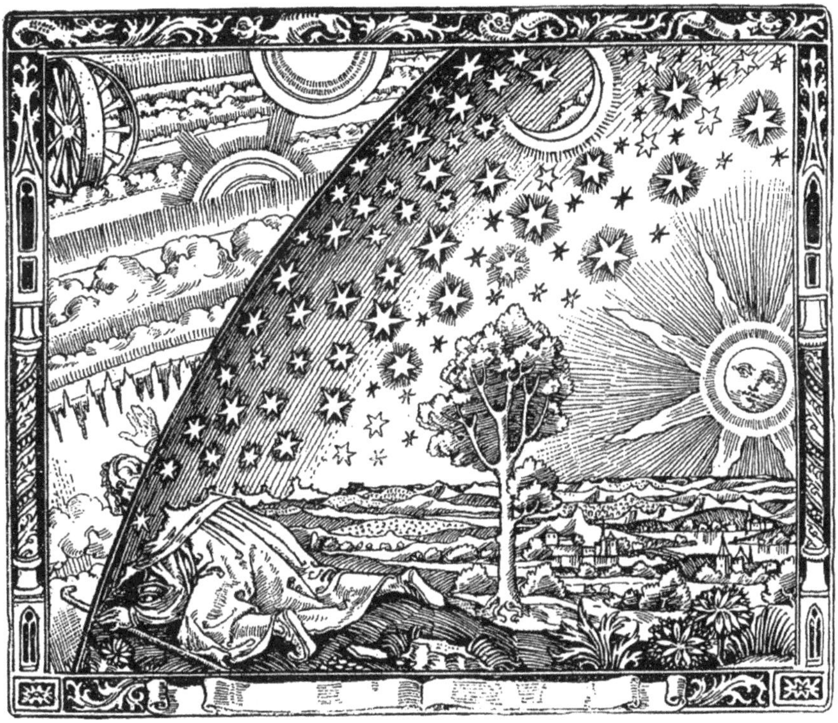

Clara Clivaz

La métaphore par-delà l'infini

∞

LES POUVOIRS DE LA MÉTAPHORE

Des bénéfices et de l'usage des figures analogiques
dans la recherche et la vulgarisation scientifique

PETER LANG
Bern · Berlin · Bruxelles · Frankfurt am Main · New York · Oxford · Wien

Information bibliographique publiée par «Die Deutsche Nationalbibliothek»
«Die Deutsche Nationalbibliothek» répertorie cette publication dans la «Deutsche Nationalbibliografie»; les données bibliographiques détaillées sont disponibles sur Internet sous ‹http://dnb.d-nb.de›.

Image à la page 1 : Flammarion Camille 1888 : L'Atmosphère : Météorologie populaire, Paris.

ISBN 978-3-0343-2027-6 br.

ISBN 978-3-0343-2334-5 eBook
ISBN 978-3-0343-2335-2 EPUB
ISBN 978-3-0343-2336-9 MOBI

Cette publication a fait l'objet d'une évaluation par les pairs.

Hochfeldstrasse 32, CH-3012 Berne, Suisse
info@peterlang.com, www.peterlang.com

Remerciements

Ma profonde gratitude va en premier lieu au *Prof. Dr Michel Viegnes*, du département des langues et littératures de l'Université de Fribourg, qui me permit de voir ce qui était invisible à mes yeux. J'adresse également ma reconnaissance au *Prof. ém. Dr Marc Bonhomme*, qui m'orienta et partagea sa grande expérience en linguistique et rhétorique françaises tout au long de mes recherches, au *Prof. Dr Michèle Crogiez Labarthe*, Directrice de l'Institut de langue et de littérature françaises de l'Université de Berne, pour m'avoir accueillie dans cette grande famille, ainsi qu'au *Dr André Horak*, pour ses conseils judicieux et son énergie.

Mes remerciements s'adressent ensuite au *Prof. Dr Alain Aspect*, Directeur de recherche à l'Institut d'optique Charles Fabry, qui a eu l'amabilité de répondre à une question essentielle, ainsi qu'au *Prof. Dr Gilles Philippe*, de l'Université de Lausanne, et au *Prof. Dr Patrick Suter*, de l'Université de Berne pour avoir accepté d'intégrer le jury de soutenance. Je tiens également à remercier chaleureusement le *Prof. Dr Jean-Pierre Luminet,* Directeur de recherche au CNRS (Laboratoire d'Astrophysique de Marseille et Observatoire de Paris) pour sa disponibilité, sa gentillesse et son regard avisé, ainsi que toute l'équipe des éditions Peter Lang, en particulier *Mmes Angelica Scholze* et *Friederike Meisner* pour leur professionnalisme et leur dynamisme. Merci aussi à tous les auteurs du corpus, qui m'ont ouvert les portes de leur imaginaire, ainsi qu'à *Mme Evelyne Pomi,* pour sa précieuse amitié et son travail de relecture pointu.

Finalement, j'adresse ma vive reconnaissance à ceux qui m'ont supportée – dans tous les sens du terme – au cours de cette période haute en couleurs. Je pense plus particulièrement à mon époux, *Pascal*, qui m'a accordé un soutien inconditionnel, ainsi qu'à mes enfants, *Olivier* et *Aurélien*, pour qui cette démarche ne fut pas toujours facile.

Je leur dédie ce livre en les incitant à toujours poursuivre leurs rêves.

Table des matières

Préface

par Jean-Pierre Luminet

(Astro)physicien, écrivain, amoureux de la langue française : j'ai toujours écrit, depuis mon plus jeune âge, poèmes, nouvelles, romans. Lorsque je suis devenu chercheur, un autre type d'écriture s'est imposé à moi par nécessité : la publication scientifique spécialisée. Ce n'est qu'après une dizaine d'années de recherche intensive que j'ai commencé à publier des ouvrages de « vulgarisation » – genre que je préfère qualifier de « culture scientifique ». Dans ces essais, dont certains traitent de sujets fort compliqués (les trous noirs, la forme de l'univers) mais adressés à un public assez large, je me suis toujours efforcé d'utiliser des techniques narratives empruntées à la littérature générale. C'est ainsi que mon premier essai sur les trous noirs avait la structure d'un roman policier : meurtre, enquête, identification des coupables.

Paul Valéry demandait à la littérature qu'elle lui procurât une « sensation d'univers ». De fait, c'est une telle sensation d'univers qui est à l'origine de ma double pratique d'astrophysicien et d'écrivain. Elle a pris un jour le visage d'une émotion déterminante par la grâce d'une métaphore lue dans un livre, dont je me souviendrai à jamais. J'avais une quinzaine d'années et je terminais la lecture d'une encyclopédie d'astronomie, d'une grande aridité de présentation. A la dernière page de l'ouvrage où se trouvait résumé un exposé de la relativité générale et du concept d'espace courbe – auxquels je ne pouvais à l'époque rien comprendre –, je suis tombé sur cette phrase qui m'a stupéfait : « L'espace a ici la forme d'un mollusque. » J'ai plus tard étudié les grilles de coordonnées souples dites du « mollusque de Gauss », qui ont donné après coup un sens mathématique à cette phrase. Je crois pouvoir dire aujourd'hui que c'est le mystère de cette phrase qui a en partie décidé de ma vocation de chercheur, par l'énigme à la fois poétique et scientifique qu'elle me posait. C'est pour expliciter les courbes et les bosses du mollusque universel que j'ai entrepris mes travaux sur la relativité générale, sur les trous noirs et les univers chiffonnés peuplés de galaxies fantômes. Oui, ma « sensation d'univers » m'aura été donnée par le mollusque d'espace-temps !

Aussi est-ce avec un intérêt certain qu'en novembre 2014 j'ai pris connaissance du courriel que Clara Clivaz m'a adressé, m'apprenant que dans le cadre de sa thèse de doctorat en sciences du langage tout juste soutenue à l'Université de Berne, elle avait analysé sous un angle linguistique un de mes livres (ainsi que ceux de quatre autres auteurs), lequel se trouvait être celui que je considère comme le plus abouti parmi mes écrits de culture scientifique. Elle précisait que sa thèse portait sur les différentes images rhétoriques procédant par analogie et permettant la visualisation, l'incarnation puis la compréhension de concepts ou de phénomènes abstraits ou invisibles auprès du grand public, ajoutant avoir eu le plaisir de découvrir dans nos écrits une invention à la fois remarquable et parfaitement adaptée, mais également des « visions du monde » très divergentes.

Clara a depuis poursuivi ses travaux et synthétisé ses idées dans le présent ouvrage. De forme tripartite, il s'applique à répertorier les métaphores contenues dans un corpus d'ouvrages de vulgarisation scientifique dont les auteurs sont eux-mêmes des physiciens et/ou astrophysiciens professionnels. A sa lecture, j'ai été impressionné par la façon dont Clara a vraiment « fouillé la chair » de nos textes, en une analyse extrêmement précise et approfondie.

Parmi ses nombreuses trouvailles, certaines ont plus particulièrement attiré mon attention en entrant en résonance avec ma propre expérience. C'est ainsi qu'elle démontre avec brio la manière dont les scientifiques-écrivains ont déjà intégré dans leurs ouvrages grand public le changement de paradigme opéré par la « nouvelle physique », notamment par une utilisation plurielle de la métaphore. Elle nomme « polymorphisme figuratif » la façon de re-présenter un objet de la physique sous une multitude d'aspects. De l'univers-nourriture (champagne, œuf, orange, purée, soupe) à l'univers-objet (caverne d'Ali Baba, gant, jeu, manège, miroir, peau de chagrin, tableau, toile) en passant par l'univers-terre (arbre, champ, désert, fruit, graine, paysage, pierre, terrain, territoire), ces variations plurielles d'objets fluctuants sont par exemple un moyen d'intégrer la relativité einsteinienne dans nos modèles cognitifs. Comme Clara l'écrit très justement, « ces démultiplications des sens – aussi bien géométriques que sémantiques – opérées grâce à ces nébuleuses de l'imaginaire, permettent non seulement de s'initier à un autre mode de pensée, mais aussi d'élargir nos horizons conceptuels. »

J'ai aussi été heureux de voir explicitée une analyse qu'à titre personnel j'avais intuitivement perçue sans jamais la formuler clairement, à savoir l'acte de résistance identitaire que constitue la vulgarisation scientifique dite « à la française », opposée à celle pratiquée dans les pays anglo-saxons (qui, en outre, envahit de plus en plus en librairie les rayonnages déjà maigres consacrés au genre). En effet, la vulgarisation francophone se montre généralement plus soucieuse de considérations à la fois épistémologiques et éthiques. Mais surtout, l'un de ses enjeux majeurs est d'éviter une certaine « phagocytation culturelle » impliquant que les objets de la physique soient quasi systématiquement désignés de la même façon par les auteurs de langue anglaise, comme s'ils les puisaient dans un catalogue normatif fixé une fois pour toutes. Clara prend l'exemple frappant de la métaphore de la matière-corde, devenue l'une des figurations les plus en vogue pour décrire les différentes particules fondamentales. Si cette métaphore constituait au départ une avancée remarquable en remplaçant la traditionnelle analogie du « point » ou de la « bille » par une entité dynamique vibrante et possédant une certaine extension, elle a été tellement diffusée et répétée à satiété qu'elle en est venue à attester la validité d'un modèle physique très hypothétique encore en construction (la théorie des cordes), excluant de ce fait d'autres approches comme celle de la gravitation quantique à boucles ou la géométrie non-commutative. La vulgarisation francophone tente ainsi de proposer d'autres modèles ou visions d'un même objet pour s'opposer à une normalisation d'un concept non vérifié, refusant l'imposition d'une « vérité » unique et revendiquant une plus grande liberté de pensée. Le certain recul et la tempérance qui en découlent ont notamment pour vertu de rééquilibrer les rapports de forces entre différentes écoles de pensée scientifiques.

Enfin, ayant moi-même assez profondément exploré la question dans un ouvrage de 1996, « Les Poètes et l'univers », j'ai été comblé de constater que Clara Clivaz soulignait le rôle absolument capital joué dans le discours scientifique vulgarisé par « l'imagerie première », à savoir celle de nos origines – qu'elles soient personnelles à travers les réminiscences de notre enfance, ou collectives à travers les différentes et très riches mythologies. A la suite de Gaston Bachelard (à juste titre amplement cité par Clara) et de sa disciple Hélène Tuzet (dont le magistral ouvrage de 1965, « Le Cosmos et l'imagination », est malheureusement méconnu et aujourd'hui introuvable), le travail de Clara Clivaz démontre la persistance d'un fonds conceptuel premier repérable chez tous les auteurs considérés, constitué « d'images originelles » aussi bien collectives qu'individuelles. Ces chaînes des origines qui aliènent l'homme à sa propre condition révèlent un problème épistémologique essentiel que Clara Clivaz excelle à commenter.

Tel est probablement le principal bénéfice à retirer de cette étude, qui réaffirme avec force que toute réflexion et dissertation sur les thèmes a priori complexes de l'astrophysique, de la relativité générale et de la physique quantique s'insèrent dans un contexte culturel extrêmement large. Il est indispensable de rappeler que l'approche scientifique du monde a toujours eu des résonances avec les grandes questions philosophiques, métaphysiques, anthropologiques et sociétales.

Introduction

> Tout comme le pétrole a été l'or noir du 20e siècle, l'information deviendra l'or de la société du savoir du début du 21e siècle. (Cartier, 2000 : 28)

Le développement des technologies de l'information et de la communication (TIC) a modifié en profondeur notre manière d'échanger, à tel point que la Connaissance est effectivement au centre des richesses. Les progrès de la physique, tout particulièrement, ont permis ce remarquable essor. Observant d'un œil l'infiniment petit (physique quantique) et de l'autre l'infiniment grand (astrophysique), cette discipline est parvenue, grâce à deux « idées[1] » simples, à redessiner notre mode de vie. Certes, les lasers, l'énergie nucléaire, les transistors, les GPS, les téléphones portables ou les ordinateurs sont autant d'outils, issus de cette révolution technologique, ayant considérablement modifié notre quotidien. Pourtant, ce qui a radicalement changé n'est pas tant l'intrusion de ces nouveaux moyens de communication dans nos foyers, que le nouveau regard induit par ces derniers sur notre environnement. Car la formulation de nouvelles lois coïncide avec une redéfinition de la « réalité », une réalité désormais relative, « fluctuant » selon le point de vue adopté.

Parallèlement à cette remise en cause de la notion de « matérialité » par les scientifiques, le nombre d'informations disponibles auprès du grand public, ainsi que la vitesse de leur acquisition, ont littéralement explosé en quelques années. Le consommateur, noyé sous une surabondance informative, peine à se situer dans une société en mutation rapide. La démultiplication des supports visuels, ainsi que la pléthore de représentations quotidiennement ingurgitées, ont transformé notre collectivité en société de l'image. Images iconiques, bien évidemment, tels une photographie ou un dessin contenus sur un écran ou une affiche publicitaire, mais images verbales également, qui ne cessent de modeler notre vision du monde. Ces images rhétoriques, dont la métaphore constitue la figure charnière, sont justement au centre de notre étude.

---

1 Le principe des quanta à un niveau microscopique et la théorie de la relativité à un niveau macroscopique.

Reprenant – en partie[2] – notre thèse (Clivaz : 2014), ce livre tripartite s'applique à répertorier ces métaphores-images, telles qu'elles sont données à voir par des physiciens (et/ou astrophysiciens) eux-mêmes, dans des ouvrages destinés au grand public. Après avoir présenté les enjeux liés à la métaphorologie, nous dégageons les bénéfices, aussi bien pour le scientifique que pour le grand public, inhérents à cette imagerie scientifique particulière. Finalement, et situant cet ouvrage sous un angle pragmatique, nous proposons un guide pratique exposant les limites de ces représentations ainsi que l'usage métaphorique le plus « sensé ».

Notons finalement que la perspective pluridisciplinaire[3] adoptée ne se contente pas de révéler les « images » menant « du discours à l'imaginaire » (Ricœur, 1975 : 263), mais essaye de comprendre comment ce « modèle interne du monde » (Denis, 1994 : 234) façonne une nouvelle manière d'appréhender l'Immensité, une nouvelle vision de notre Univers et de nous-mêmes.

Objet d'étude et méthodologie

Comme énoncé dans l'introduction, nous ne présentons ici que certains particularismes ou aspects méthodologiques ayant sous-tendu cette recherche, les informations détaillées étant disponible *in* Clivaz (2014).

Objet d'étude et critères de sélection

La thèse a pour objectif premier d'analyser les images rhétoriques (procédant par analogie) contenues dans un *corpus d'ouvrages de vulgarisation scientifique ayant trait à la physique* (astrophysique et physique quantique). Les critères de sélection ont notamment été déterminés afin de privilégier les ouvrages de VS susceptibles de rencontrer le plus fort taux de pénétration auprès d'un public large. De la sorte, seuls des ouvrages de VS parus ces trente-cinq dernières années, ayant comme sujet d'étude les fondements de l'Univers (relevant plus particulièrement de la cosmogo-

2 La partie traitant de la VS fera l'objet d'un traitement spécifique.

3 Perspective multiple en sciences cognitives, physique et épistémologie, *cf.* « Objet d'étude et méthodologie ».

nie) et intégrant les problématiques liées à la révolution quantique furent considérés. Ne furent retenus que des livres[4] de VS facilement accessibles[5], présentant une structure rédactionnelle élaborée, s'adressant à un lectorat adulte et un « public moyen », *i.e.* un lecteur non-spécialiste, d'un niveau social non spécifié. *De plus, tous les ouvrages retenus sont rédigés par des spécialistes reconnus en physique et réalisant eux-mêmes des recherches sur le sujet présenté. Finalement, seuls des écrits rédigés en français*, ne faisant de la sorte l'objet d'aucune traduction, furent étudiés. Des scientifiques-vulgarisateurs de renom, tels que Stephen Hawking, Michio Kaku ou Brian Greene ne font donc pas partie de notre liste.

Corpus analysé

Afin d'être le plus représentatif possible de la VS cosmologique pratiquée ces dernières années, notre panel se veut large : ce dernier s'étale donc de 1984 à nos jours, compte cinq ouvrages (répartis sur 6 livres représentant 2238 pages) et regroupe des chercheurs de différentes nationalités et de diverses sensibilités (dont une féminine) :

	Nom de l'auteur	*Prénom de l'auteur*	*Sexe*	*Profession*	*Domaine d'activités*	*Nationalité*	*Titre de l'ouvrage*	*Lieu d'édition Editions*	*Année de parution*	*Nbre de pages*
1	Ortoli Pharabod	Sven Jean-Pierre	M M	Journaliste scientifique Ingénieur des télécommunications	 Physique nucléaire	Français Français	***Le Cantique des quantiques*** Le monde existe-t-il ?	Paris La Découverte	1984	152
2	Reeves	Hubert	M	Astrophysicien	Cosmologie	Franco-québécois	***L'Heure de s'enivrer*** L'Univers a-t-il un sens ?	Paris Seuil	1986	278

4 De la sorte, nous excluons nombre d'ouvrages, comme les documents de VS audiovisuels (émissions de télévision, débats radiophoniques, présentations vidéo sur internet, *etc.*), les articles, revues, journaux, collectifs et autres magazines, les autres médias se rapportant à ce sujet (affiches, publicités, *etc.*) et les livres « rares » ainsi que les « beaux livres », peu abordables.

5 Cette accessibilité concerne aussi bien la facilité à se procurer ces « best-sellers » dans la plupart des points de vente que leur prix, compris entre 7 et 25 euros, ou leur format (poche).

	Nom de l'auteur	*Prénom de l'auteur*	*Sexe*	*Profession*	*Domaine d'activités*	*Nationalité*	*Titre de l'ouvrage*	*Lieu d'édition Editions*	*Année de parution*	*Nbre de pages*
3	Thuan	Trinh Xuan	M	Astrophysicien	Cosmologie Astronomie extragalactique	Vietnamo-américain	***Le Chaos et l'harmonie*** La fabrication du Réel	Paris Gallimard Librairie Arthème Fayard	1998	603
4	Vauclair	Sylvie	F	Astrophysicienne	Chimie des particules	Français	***La Naissance des éléments*** Du Big Bang à la Terre	Paris Odile Jacob	2006	303
5	Luminet	Jean-Pierre	M	Astrophysicien	Cosmologie Spécialiste des trous noirs	Français	***Le Destin de l'Univers*** Tomes I et II	Paris Gallimard Librairie Arthème Fayard	2006 (réédition en 2010)	902 (354 et 548)

Originalités de la thèse

Un sujet novateur : la « relative » jeunesse de la physique quantique explique, en partie, le faible nombre d'études ayant trait à cette thématique[6]. De plus, et comme le souligne Babou, « s'il y a un type de discours réfractaire à toute métaphorisation, c'est bien le discours scientifique » (Babou, 2001 : 1). C'est justement la résolution de cette difficulté – celle visant à dire l'indicible – à l'œuvre dans les ouvrages analysés qui nous a intéressée.

L'analyse de livres plutôt que celle d'articles : les travaux d'ordre linguistique portant sur la physique en VS ne sont donc pas légion, soit parce qu'une approche plus large du phénomène de vulgarisation est envisagée, mais surtout parce que ces derniers portent sur des articles précis (et non sur la totalité d'une œuvre pensée pour présenter une problématique dans son ensemble[7]) ou privilégient une analyse thématique. De ce fait, nous

6 Ce fait a été déploré aussi bien du côté des essayistes se préoccupant de la « production du savoir » qu'auprès des chercheurs s'intéressant à la VS : « L'aspect « rhétorique » de la vulgarisation n'a, en revanche, retenu l'attention que de façon très épisodique et rapide » (Mortureux, 1983 : 59–60).

7 Des magazines tels que *Science et Vie*, *La Recherche*, *Pour la Science* ou *Ça m'intéresse* font donc régulièrement l'objet d'études succinctes.

n'avons trouvé aucune autre thèse traitant des images analogiques dans la cosmologie vulgarisée étudiées dans un corpus aussi important.

Directement du grossiste au consommateur : une autre originalité de ce travail tient à l'absence du « troisième homme », *i.e.* d'un vulgarisateur extérieur aux travaux de recherches et servant d'intermédiaire entre le scientifique et le lecteur[8]. Toute la problématique liée à une éventuelle « traduction » ou « déformation » de pensée est ainsi éliminée. De la sorte, les images rhétoriques étudiées nous permettent une approche directe jusqu'à l'esprit premier ayant présidé à leur création, ainsi qu'aux découvertes que ces dernières tentent d'expliciter.

Une vision pluridisciplinaire : cette étude, aux confluents de la linguistique, de la VS, de la physique, de l'épistémologie, de la psychologie, des neurosciences ou de la philosophie se veut pluridisciplinaire, puisqu'une de nos principales ambitions est de donner à voir un même objet sous des angles variés. Ainsi, nous nous sommes appliquée, en nous focalisant successivement sur les phores, puis sur les thèmes[9], à repérer plusieurs regards, plusieurs perspectives. Ce faisant, nous intégrons l'une des découvertes fondamentales issues de la physique quantique et nous insistons sur le fait qu'aucune « réalité[10] » ne peut s'appréhender selon une vision unique.

Un recueil peu ordinaire : toujours dans cette perspective recherchant à faciliter la visualisation de ces métaphores-images, nous proposons un recueil des figurations les plus intéressantes, puisées dans notre corpus. Ce dernier peut à la fois être lu comme un résumé de notre travail, un gage de l'invention scientifique ou comme un modèle de base nourrissant l'imagination.

Une identité culturelle revendiquée : finalement, l'analyse d'ouvrages rédigés en français a permis non seulement de dégager les caractéristiques propres à cette « vulgarisation à la française » (Beacco, 1999 : 21), mais également d'appréhender le positionnement des scientifiques-

8 En effet, la vulgarisation, telle qu'elle est pensée par la plupart de ses spécialistes, ne semble guère pouvoir s'envisager sans cette présence externe, car, selon beaucoup, la VS « n'est pas l'acte du chercheur » (Jacobi, 1988 : 20). Pourtant, la vulgarisation est pratiquée (au moins une fois dans leur carrière) par la moitié des chercheurs.

9 En outre, une analyse macrotextuelle – considérant l'ensemble de l'imagerie d'un ouvrage – complète ces autres analyses microtextuelles.

10 Aussi bien physique que psychique. *Cf.* 1.2.4.

vulgarisateurs face à la phagocytation culturelle anglo-saxonne[11], ainsi que l'importance de la préservation de nos valeurs humanistes.

Méthodologie

Sans insister sur notre méthode d'investigation (Clivaz, 2014 : 123–130), nous précisons que les différentes images rhétoriques – ou métaphores-images – ont été classifiées[12] selon trois catégories principales : les figures comparatives, les figures métaphoriques, les autres figures analogiques (allégorie, synesthésie, oxymore, *etc.*). Abandonnant une analyse statistique de ces différentes typologies, nous avons préféré une focalisation centrale dans le processus de VS. De ce fait, ni la production de ce savoir (Hallyn, 2004), ni sa réception auprès des différents publics (Bensaude-Vincent, 2000) ne furent étudiés. Par contre, ce recensement systématique, s'appliquant à repérer aussi bien les thèmes que les phores, a permis de dégager une imagerie large en n'excluant aucune thématique. Pour des raisons de simplification évidentes, nous synthétisons ces métaphores sous la forme d'images-pivots, le thème suivi du phore étant condensé grâce à un trait d'union. L'exemple analogique suivant

> L'exploration de la structure interne des noyaux a demandé la construction *d'accélérateurs* de plus en plus puissants. Les premières machines apparaissent entre les deux guerres mondiales [...]. Jusqu'en 1986, la plus puissante machine est au CERN à Genève. Elle pousse les particules à plus de cinq cents milliards d'électrons-volts. La vitesse atteinte par ces particules est extrêmement voisine de celle de la lumière (0.99999 de c). *Avec un tel bistouri*, on dissèque les nucléons et on met en évidence leur structure intime : les quarks. (HE : 60)

sera ainsi densifié sous la forme d'un ACCÉLÉRATEUR-BISTOURI et signalé par des majuscules[13]. Finalement, et privilégiant une optique épistémolo-

---

11 Cette phagocytation est condamnée par de très nombreux auteurs : « Les batailles Internet ne font que commencer. Une société économiquement puissante comme les Etats-Unis se dotera d'une multitude d'applications et de contenus adaptés à sa culture. Devrons-nous nous contenter de produits américains simplement traduits en français sans adaptation ? » (Cartier, 2000 : 23).

12 Nous avons travaillé avec les possibilités fournies par *Pages et Numbers '09* (programmes d'Apple).

13 D'autres métaphores, se présentant sous la forme de mots composés dans le texte de base, gardent ainsi leurs caractères typographiques minuscules, comme ces prisons-protons (CH : 370), *cf.* 3.3.2.

gique à celle terminologique, les différentes locutions scientifiques ne sont pas systématiquement présentées comme telles.

Précisions terminologiques

Champ sémantique / Champ conceptuel : bien que ces deux locutions désignent des ensembles de mots, et/ou de notions ayant trait à un même domaine, le « champ sémantique » induit un regard lexical (domaine linguistique), tandis que le « champ conceptuel » se rapporte à une vision psychologique (domaine cognitiviste).

Imagerie scientifique : cette imagerie correspond à l'ensemble des « images » issues du processus métaphorique (niveaux productif et/ou réceptif, 1.3.1) et ne se réfère aucunement à l'imagerie médicale (restitution d'images du corps humain par le biais d'outils spécifiques, radiographie, échographie, scanner, *etc.*).

Métaphore : par métaphore, nous entendons un processus cognitif (1.3.1) et non un trope. Ce processus intellectuel double (analogique et imaginatif) inclut ainsi toutes les figures rhétoriques procédant par analogie, dont la métaphore rhétorique ou la comparaison.

Objet : ce terme doit être compris dans son acception physique et désigne « tout ce qui [...] affecte les sens et en particulier la vue » (CNRTL). Cet « objet », possédant une existence indépendante de « soi », s'oppose ainsi au « sujet » et n'implique pas forcément une matérialité.

Phore / Thème : parmi les multiples manières de désigner les deux « rives » de la métaphore, nous choisissons le « thème » comme terme de base – « ce qui doit être posé » (CNRTL) – et le « phore » comme son « développement métaphorique » (Bonhomme, 1998 : 93), « porteur » (sens étymologique) de sens nouveaux.

1. D'Aristote aux neurosciences – perspectives métaphoriques et essai définitoire

La métaphore représente la figure analogique par excellence. Pour cette raison, nous donnons à voir un éclairage diachronique relevant certaines distinctions (métaphore rhétorique / métaphore conceptuelle) et précisions quant au processus métaphorique (1.1). Dans un deuxième temps (1.2), nous proposons un regard pluridisciplinaire aux frontières des différents domaines des sciences cognitives (linguistique, psychologie, neurosciences et philosophie) avant de présenter notre propre définition de la métaphore (1.3).

1.1 Ce monstre à deux têtes

Un monstre, la métaphore l'est sûrement. Cette « créature » polymorphe, que les Antiques essayaient déjà de dompter, a engendré un nombre record d'articles et d'ouvrages et ne cesse d'alimenter les réflexions dans des disciplines aussi variées que la psychanalyse, l'histoire, la génétique ou les sciences politiques. Un monstre[14] qui se voit donc aisément mais dont personne ne connaît la nature exacte. Afin de cerner davantage ce « phénomène », nous présentons ci-dessous la nature bicéphale de la métaphore ainsi que l'évolution de ce concept datant de plus de 2'000 ans.

---

14 La métaphore sert justement à mon(s)trer un objet de notre réalité sous un jour différent. L'incapacité que nous éprouvons à parler de la métaphore sans en utiliser démontre bien cette difficulté définitoire à son sujet, *i.e.* cette incapacité à dire ce que l'on ne connaît pas.

1.1.1 La métaphore rhétorique

L'ancrage de la métaphore dans la rhétorique classique a été souligné par de nombreux spécialistes (Reboul, 1991 ; Ducrot et Schaeffer, 1995 ; Perelman et Olbrechts-Tyteca, 2008) ainsi que l'importance de la définition aristotélicienne[15] :

> La métaphore est le *transport* à une chose d'un nom qui en désigne une autre, transport ou du genre à l'espèce, ou de l'espèce au genre, ou de l'espèce à l'espèce, ou d'après le rapport d'analogie. (Aristote, *Poétique* : 1457b 6–9)

Née au 5e siècle av. J.-C., la rhétorique répond à un besoin socio-politique et doit permettre aux citoyens, victimes de conflits armés, de se défendre et de recouvrer leurs biens :

> A une époque où il n'existait pas d'avocats, il fallait donner aux plaideurs le moyen de défendre leur [celle des citoyens] cause. (Reboul, 1991 : 14)

Au sein de cette « rhétorique judiciaire » (Reboul, 1991 : 14), la métaphore – ou transport analogique – représente une technique, un outil, un instrument propre à convaincre un auditoire, à éduquer une assemblée. *A l'origine, cette technique argumentative ne doit donc pas être comprise comme un ornement figural, mais bel et bien comme un savoir-faire utile à une communauté.* Au service de cette gestion politique, la métaphore, avec d'autres tropes[16], constituent un « arsenal persuasif » (Bonhomme, 2005 : 27), une « arme » de paix et d'équilibre. L'une des classifications courantes afin de ranger ce « trope des tropes » (Caminade, 1970 : 106) – ou « trope par excellence » (Perelman et Olbrechts-Tyteca, 2008 : 534) – au sein du système rhétorique peut se présenter comme suit :

---

15 La première apparition du terme « métaphore » est généralement accordée à Isocrate. *Cf.* Bordas (2003 : 36).

16 « Le trope est considéré comme un cas particulier de figure affectant le sens des mots dans le discours » (Bonhomme, 1998 : 7). Le trope, issu du grec τρόπος, indique un tour, une tournure spécifique, une conversion, une manière de s'exprimer.

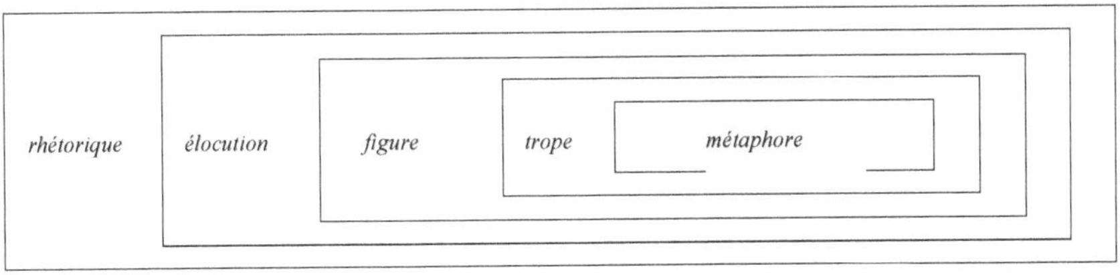

Figure 1 : classification de la métaphore au sein de la rhétorique classique.

1.1.1.1 La métaphore-écart

S'éloignant de la métaphore en tant que transport, Quintilien envisage cette tournure sous la forme d'une substitution. *Au mouvement de transfert aristotélicien est préféré le remplacement d'un terme du langage par un autre, un sens figuré étant substitué au sens propre* :

> Ainsi, dans les tropes, ce sont des mots que l'on met à la place d'autres mots, comme dans la métaphore […]. (Quintilien, *Institution Oratoire*, livre IX)

Cette théorie de l'écart implique donc une déviance par rapport à une norme langagière, une « altération ressentie du degré zéro » (Détrie, 2001 : 60), l'« image » résidant ainsi dans l'« espace » créé par cette distanciation à un discours dit « normal » :

> On peut donc poser en principe que l'image sera d'autant plus remarquable que les deux termes seront plus éloignés l'un de l'autre. (Moreau, 1982 : 85)

Très vite apparaissent les limites d'une telle définition, à commencer par l'existence supposée d'un langage naturel servant de cadre à une norme discursive. Qu'est-ce qu'un langage normal ? Un langage standard, utilisé par le plus grand nombre, une langue telle qu'elle devrait idéalement être parlée ou celle recommandée par les grammairiens prescrivant règles et usages ? De plus, si la métaphore est synonyme d'écart, comment mesurer son ampleur ? « Quelle sera la distance maintenue entre [les] deux réalités » (Meuraud, 1966 : 6) ? De facteurs socio-culturels très larges dépend notamment la « visualisation » d'une figure, certains voyant une métaphore là où d'autres n'en perçoivent pas. Nombreux sont donc les linguistes (Bonhomme, 2005) qui abandonnent la définition de la métaphore comme étant un écart par rapport à une norme, certains allant même jusqu'à nier, purement et simplement, ce « produit d'une illusion, d'une impression de nature référentialiste » (Schulz, 2004 : 168) :

> En d'autres termes, la métaphore est par essence un phénomène d'écart et de substitution, en ce que la substitution représente l'idée de séparation, de différenciation entre les choses. Mais alors elle n'est pas, et ne peut pas être, le phénomène de rapprochement pour lequel elle est traditionnellement célébrée. (Schulz, 2004 : 104)

Même si cette « hiérarchisation rigide du discours » (Bonhomme, 2005 : 22) entre le comparé (Cé ; la norme) et le comparant (Ca ; l'écart) fut progressivement délaissée[17], cette séparation est toujours bien présente au niveau lexical, le couple Cé-Ca étant notamment désigné par thème-phore, signifiant1-signifiant2 (Robrieux, 1993 : 45), objet signifiant-objet signifié (Moreau, 1982 : 29), source-thème (Haaz, 2005 : 169), ou teneur-véhicule (*tenor-vehicle* pour Black, 1962 : 25–47). Bien que ne partageant pas cette théorie impliquant une transgression par rapport à une norme, et faute de mieux, nous utiliserons à l'avenir la dénomination thème-phore.

1.1.1.2 La métaphore-fusion

L'une des solutions proposées afin de sortir de cette impasse est de changer d'optique et de *considérer la métaphore « non dans l'écart lui-même » mais « dans la réduction de [cet] écart » (Détrie, 2001 : 56)*. Cette réduction (d'où découle un mouvement) permet de considérer cette opération d'un point de vue dynamique. A un écart statique est privilégié une action, un rapprochement[18] entre deux points de vue. Toutes les théories relatives à la métaphore en termes de « tension sémantique » ou de « torsion métaphorique » (Ricœur, 1975 : 127) mettent en exergue une construction de la figure. Les similitudes entre thème et phore, ou « saillances figurales » (Bonhomme, 2005), permettent d'envisager la métaphore comme un événement capable de rassembler le Ca et le Cé, de les allier, de les fusionner :

> Nous ne pourrions mieux, en ce moment, décrire la métaphore qu'en la concevant, tout au moins en ce qui concerne l'argumentation, comme une analogie condensée,

17 Notamment au profit des théories interactionnelles. *Cf.* Botet (2008 : 17–21), Le Guern (1969), Black (1962).

18 L'utilisation de la notion de « sème », ou « traits sémantiques minimaux d'un mot » (Siouffi et Van-Raemdonck, 2009 : 108), permet le « transfert de propriétés » (Ducrot et Schaeffer, 1995 : 589) entre le thème et le phore et l'apparition d'une signification nouvelle.

> résultant de la fusion d'un élément du phore avec un élément du thème. (Perelman et Olbrechts-Tyteca, 2008 : 535)

Pourtant, et même si la métaphore est désormais synonyme de rapprochement d'un thème et d'un phore, la fusion de ces derniers ne saurait être totale. Il ne s'agit que « d'un élément du phore avec un élément du thème » (*supra*). En ce sens, les notions d'« allotopies », de « champs sémantiques » ou de « champs conceptuels » sont révélatrices d'un processus métaphorique à l'œuvre. La métaphore consiste en effet à trouver, par un travail intellectuel, le point commun de ce qui, à première vue, n'en présente aucunement. La recatégorisation de nos domaines notionnels visant cette fusion analogique implique une construction mentale exigeante. Dès lors, la métaphore ne peut plus être considérée comme phénomène langagier uniquement. *Elle est processus cognitif.*

1.1.2 La métaphore conceptuelle

Les Métaphores dans la vie quotidienne de George Lakoff et Mark Johnson (1985) marquent un tournant significatif en matière de métaphorologie en faisant passer la métaphore du domaine de la linguistique à celui des sciences cognitives. En effet, en élargissant le champ métaphorique[19] et en s'apercevant que « la métaphore est partout présente dans la vie de tous les jours » (13), *ces auteurs affirment que notre système conceptuel est fondamentalement de nature métaphorique* :

> L'hypothèse la plus importante que nous avons émise jusqu'ici est donc que la métaphore n'est pas seulement affaire de langage ou question de mots. Ce sont au contraire les processus de pensée humains qui sont en grande partie métaphoriques. (Lakoff et Johnson, 1985 : 16)

Nous pensons donc par métaphores. Ces métaphores conceptuelles, qui structurent notre manière d'être, de penser et donc d'agir, prennent leurs sources dans notre expérience du monde. Cette connaissance de notre environnement se faisant par les sens (principalement la vue), les méta-

---

19 Des expressions comme « il *a plongé* dans la dépression » (41), « *digérer* une idée » (224), « il a une telle *richesse* d'esprit » (57) ou « tes mots *sonnent* creux » (21) sont pour Lakoff et Johnson de nature pleinement métaphorique, ceux-ci rejetant l'idée d'une lexicalisation complète de ces figures.

phores spatialisantes – ou métaphores d'orientation (Lakoff et Johnson, 1985 : pp. 24 et suiv.) – jouent un rôle prépondérant.

1.1.2.1 Le processus métaphorique

Définir la métaphore en tant que phénomène conceptuel implique une opération mentale, une construction cognitive permettant une interprétation dynamique. Dans cette construction d'« une relation particulière entre la chose et le mot sélectionné pour la représenter » (Détrie, 2001 : 35), l'*analogie* construit des relations logiques, organise, ordonne des circuits de pensée en donnant à voir le(s) rapport(s) entre deux[20] éléments de notre réalité. Ce renversement[21], ou détournement du « regard » d'un point A au point B, induit un mouvement, élabore un lien nouveau entre deux entités jusque-là séparées :

> Selon Aristote il y aurait enfin analogie (ou proportion) lorsque le second nom est au premier, comme le quatrième est au troisième ; on pourrait alors employer le quatrième à la place du second, et le second à la place du troisième. (Konrad, 1958 : 14).

Il est important de souligner que cette analogie de proportionnalité (A/B = C/D), souvent traduite par A est à B ce que C est à D, est donc rapport, similitude mais non ressemblance (et encore moins identité). L'analogie assure le rapprochement, la liaison mais n'explique en aucun cas la nature de ces rapports (mais uniquement leur existence), ni ne fournit les éléments que celle-ci assemble pourtant. Ces éléments – qui se voient combinés par le processus analogique – proviennent en effet de l'*imagination*, de cette « faculté d'évoquer des images de ce qui a été antérieurement perçu » (CNRTL). Nous retenons ici l'« imagination » comme processus de représentation et préférons parler d'« imaginaire » afin de désigner le produit – ou corollaire – de ce processus. Cette imagination, permettant la ressemblance entre les choses, produit ainsi les matériaux nécessaires au traitement de la métaphore que l'analogie, constructrice de liens, associe selon des rapports judicieux et pertinents. *Le processus métaphorique – ou « apprentissage de la métaphore » (Charconnet, 2003 : 149) – associe*

---

20 Ou plusieurs éléments ; rien, en effet, ne s'oppose au traitement simultané d'informations multiples.

21 Une étymologie possible étant : du préfixe *ana-* (renversement) et *logos* (parole et raison).

donc l'analogie ordinatrice et l'imagination (reproductive et/ou créatrice) afin de recomposer nos espaces conceptuels[22]. Cette recatégorisation opérée grâce à la *Vorstellungskraft*[23] (force de représentation donnant à voir mentalement le thème et le phore) et à l'analogie (processus permettant d'établir les propriétés communes entre ceux-ci) implique ainsi une reconceptualisation de notre structure mentale.

Tout comme l'analogie, l'imagination se situe à la lisière entre le monde physique et celui psychique. Mais la grande différence entre ces deux moyens d'appropriation de notre univers réside dans leur nature. L'analogie – processus logique – découle de la raison, tandis que l'imagination incorpore dans son fonctionnement l'émotionnalité[24] et le subjectivisme. Parallèlement, le nouveau paradigme engendré par la physique quantique[25] remet clairement en question les limites entre « matérialité » et « immatérialité », la frontière entre le monde physique et celui psychique (*i.e.* entre raison et imagination), n'étant plus nettement déterminée :

> Voilà qui est franchement bizarre. Nous ne sommes pas habitués à une réalité qui reste ambiguë tant que nous ne l'avons pas observée. (Greene, 2007 : 33)

La relativité einsteinienne, certaines expériences de pensée (telle celle du « chat de Schrödinger ») ainsi que la démonstration de propriétés quantiques (Aspect : 2002) ou de principes mathématiques (principe d'indéterminisme de Heisenberg ou théorèmes d'incomplétude de Gödel) évincent le postulat déterministe. Désormais, notre univers n'est plus statique ou limité, mais essentiellement flou, mouvant et incertain. Cette physique quantique, où « seul ce qui est observé est réel » (Gribbin, 1994 : 17), implique une nouvelle vision de notre monde, un renversement total des schémas de pensée. Désormais, *si l'esprit participe activement à ce que certains physiciens nomment la « fabrication*

---

22 « […] le mécanisme central de la métaphore, fondé sur la construction d'analogies entre un thème et un phore pris à des univers conceptuels différents, celles-ci recatégorisant le thème – qui s'enrichit d'un nouveau sens discursif – en mettant en lumière ses attributs dominants. » (Bonhomme, 2007 : 23).

23 Pour une vision germanophone du phénomène, *cf.* Drewer (2003).

24 Porteuse d'irrationalité et potentielle source de confusion, l'imagination a généralement été considérée avec méfiance ou dédain : *cf.* par exemple Pascal (1976 : 72–73).

25 Concernant ce changement de paradigme, le plus important depuis la révolution copernicienne, *cf.* Clivaz (2014 : 13–35).

du réel » (Thuan : 1998), si l'observateur permet à la réalité d'exister objectivement, la matière ne possède plus d'existence propre. Afin d'expliquer « rationnellement » notre monde ne reste alors que deux postulats : soit notre conscience même participe à la création permanente de la réalité, soit une réalité « extérieure » à l'univers physique joue ce rôle.

Dans l'intégration de ce nouveau paradigme probabiliste, *cette opération physico-psychique qu'est le processus métaphorique* jouit d'une importance remarquable. La pertinence de ce modèle s'en trouve ainsi renforcée.

1.1.2.2 La métaphore-image

Accepter les composantes d'« imagination » ou d' « imaginaire » dans la résolution du processus métaphorique revient à considérer la métaphore en tant que production d'une image mentale. Cette approche psycholinguistique s'éloigne de la tendance actuelle en la matière :

> A noter également, la prise en compte par les théories cognitivistes de la « métaphore-image » (*image metaphors*), étonnamment négligées – à quelques exceptions près – par la plus grande partie des théories modernes de la métaphore à vocation scientifique. (Botet, 2008 : 70)

« Ambigu et imprécis […] flottant et très mal défini » (Moreau, 1982 : 9) le mot « image[26] » représente par excellence l'exemple d'un terme que les scientifiques, et quelles que soient leurs disciplines, évitent avec grand soin. Regroupant aussi bien des images « réelles » (telles une photographie ou une fresque), des images visuelles (s'appliquant à reproduire dans notre cerveau ce qui est perçu par les sens), des images verbales (produites par exemple lors de la lecture ou du déchiffrement de figures de style) ou de simples « idées » issues de l'imagination créatrice, cette notion pour le moins ambivalente ne semble pouvoir convenir dès qu'il s'agit de fournir une définition claire à un concept spécifique. De la sorte, celle-ci fut progressivement abandonnée car recouvrant une réalité trop vaste, souvent confuse et mal définie. Ce caractère indistinct explique d'ailleurs son

26 Le terme « image », considéré dans son acception moderne, ne date que du 18e siècle et implique une dimension iconique. Son sens dominant était à l'origine celui de « statue », de « peinture », faisant de l'imagier un sculpteur et de la figure de style un « mot-tableau » (Meuraud, 1966 : 64).

absence de la plupart des manuels ou des dictionnaires en sciences du langage.

Cependant, l'image comprise dans son acception littéraire jouit d'un regain d'intérêt dès la fin du 19e siècle ; de Pierre Reverdy à l'image surréaliste en passant par la révolution dada, cette « représentation par la pensée » (CNRTL) « création pure de l'esprit » (Reverdy) tend à supplanter purement et simplement la métaphore :

> Ailleurs, distinguées en théorie, *l'image et la métaphore se confondent dans la lecture* en retentissement des textes. [...] les théories de l'image et de la métaphore se sont, plus ou moins clairement, interpénétrées. (Caminade, 1970 : 137–138)

Cette image surréaliste, d'autant plus « étincelante » qu'elle est extravagante[27], cherche à déchiffrer « le fonctionnement réel de la pensée » (Breton, 1979 : 36). Le statut ambigu de l'image permet justement d'élargir le champ d'investigation à la dimension psychique de l'individu, à l'irrationalité, à la métaphysique. Citant Heidegger, Paul Ricœur affirme :

> *« Le métaphorique n'existe qu'à l'intérieur de la métaphysique. » Cet adage pose que la trans-gression de la méta-phore et celle de la méta-physique ne seraient qu'un seul et même transfert.* (Ricœur, 1975 : 357)

Cette équivalence des transferts « métaphysique du sensible au non-sensible » et « métaphorique du propre au figuré » (Ricœur, 1975 : 358) implique donc *un passage du réel au sur-réel que seule une notion aussi ample que l'« image » peut contenir.* Son indéterminisme et sa largesse conceptuelle permettent à cette *métaphore-image* de concilier les domaines d'applications des sciences cognitives, les différents résultats obtenus dans le cadre de la physique quantique, ainsi que les diverses théories issues de la tradition rhétoricienne, les spécialistes de tous horizons pouvant « se retrouver dans un dialogue sur l'imaginaire » (Acquier, 2010 : & 21).

Finalement, ce qui a été si longuement reproché à l'image, à ce « concept mou, dépourvu de traits distinctifs clairs » (Bonhomme, 2007 :

27 « La valeur de l'image dépend de la beauté de l'étincelle obtenue ; elle est, par conséquent, fonction de la différence de potentiel entre les deux conducteurs. Lorsque cette différence existe à peine comme dans la comparaison, l'étincelle ne se produit pas. [...] Force est bien d'admettre que les deux termes de l'image ne sont pas déduits l'un de l'autre par l'esprit en vue de l'étincelle à produire, qu'ils sont les produits simultanés de l'activité que j'appelle surréaliste, la raison se bornant à constater, et à apprécier le phénomène lumineux » (Breton, 1979 : 49).

19), pourrait bien servir de point d'intersection aux différentes connaissances du moi, aidée en cela par son relativisme et son flou.

1.2 A la conquête de l'espace psychique

Loin de n'être qu'une figure de style, la métaphore nous permet ainsi une appropriation du monde, *une in-formation – mise en forme – de ce que nous nommons « réalité »*. Mais l'image ainsi formée par ce processus cognitif – produit de l'imaginaire – n'est-il qu'un hologramme cérébral ou un véritable objet physique ? « L'imagerie n'est-elle qu'un processus discursif de surface qui améliore la communication [...] ou s'agit-il d'un processus cognitif profond, inhérent aux structures mentales ? » (Bonhomme, 2007 : 28). Quelle est la véritable nature de cette « expression de notre connaissance » (Dars et Papillault, 2010 : 205) ?

1.2.1 L'image en 3D

Les recherches concernant l'image en psychologie furent notamment marquées par les travaux de Jean Piaget et d'Allan Paivio. Intégrées dans une théorie de développement comprenant plusieurs stades d'apprentissage (Piaget, 1977) ou imbriquées dans un système de double codage (*dual coding theory in* Paivio, 1979), les images mentales sont envisagées sous un angle dynamique, ces « représentations symboliques » provenant d'une perception active du sujet. Ces images mentales, loin de n'être que des reflets résiduels de nos perceptions, sont désormais considérées comme de véritables « instruments cognitifs » (Denis, 1994 : 234), des entités « utilisables comme le sont les produits d'une perception directe » (69) :

> La pensée de l'enfant entre deux et sept ans est donc dominée par la représentation imagée de caractère symbolique. L'enfant traite les images comme de véritables substituts de l'objet et pense en effectuant des relations entre images. (Dolle, 1991: 133)

Progressivement, les différents résultats obtenus grâce aux travaux réalisés en imagerie cérébrale attestent le rôle prépondérant de l'image, ainsi que la grande complexité du processus opéré lors du décodage de la métaphore[28]. *Conclusion étonnante, la modélisation mentale à l'œuvre lorsqu'un sujet visualise un objet concret s'effectue également lorsqu'une simple image de ce dernier est projetée. Mieux, la seule dénomination de l'objet suffit à la construction mentale :*

> L'ensemble des résultats de Franklin et Tversky[29] [...] montre que les sujets construisent des modèles mentaux spatiaux, même quand ils n'ont pas vu d'illustration ou qu'ils n'ont pas reçu l'instruction de former des images. Le modèle construit est spatial, en ce sens qu'il représente les directions spatiales relatives [...]. (Gyselinck, 1996 : 504)

Plus surprenant encore, par « modèle spatial », il faut bel et bien comprendre *une construction en trois dimensions*, « un véritable objet neuronal » possédant « une réalité physique attestée par les connexions qui le forment » (Allègre, 1995 : 340) et qui, de plus, « préserve les distances entre les éléments de la configuration spatiale » (Gyselinck, 1996 : 506) :

> Les images mentales se comportent comme si elles occupaient un espace à trois dimensions. Au risque de ne rien comprendre, il faut renoncer à les considérer comme des images de lanternes magiques projetées sur un écran virtuel ; la comparaison la plus approchante pourrait être celle d'une image holographique [...]. Les images mentales peuvent donc être manipulées par l'opérateur cérébral comme de simples objets et se déplacer dans l'espace virtuel. (Vincent, 2009 : 321)

La notion d'« objet mental » (Changeux, 1983), d'« espace mental » (Fauconnier, 1986) ou de « modèle mental » (Johnson-Laird, 1983) va pousser à revoir certains rapports entre « cerveau » et « pensée » et pose avec plus de netteté l'importance de clarifier certains concepts : « intelligence », « raisonnement », « conscience », « esprit », *etc.* L'image mentale – « fondée [..] sur l'activité de[s] cellules physiques » – semble désormais posséder une « matérialité » aussi attestée que les objets que celle-ci représente.

---

28 Ces études portent principalement sur des patients cérébro-lésés, souffrant notamment d'aphasie ou ayant subi un sectionnement du corps calleux – *split brain* – (*cf.* « Traitement neuronal de la métaphore » Hesling, 2006).

29 Franklin N., Tversky B. et Coon V., 1992 : *Switching Points of view in spatial mental models, Memory and Cognition*, 20, 507–518.

1.2.2 Esprit, où es-tu ?

La découverte de ce « territoire psychique » constitue l'un des enjeux majeurs du 21ᵉ siècle. « Cartes cérébrales » (Edelman et Tononi, 2000 : 130), « spatialité métaphorique » (Stewart, 2001 : 97), « cartes heuristiques » (*Mind Maps*, Gibbs, 1994), l'étude de cette géographie neuronale doit permettre de visualiser le fonctionnement des différents processus cognitifs. Mais où situer ces cartes ? Où placer notre esprit ? Dans notre cerveau aurions-nous tendance à répondre de façon intuitive. Ce n'est pourtant pas l'avis de Julian Jaynes qui, mettant en doute la croyance en une conscience éternelle, affirme qu'il n'y a « aucune nécessité phénoménale à situer la conscience dans le cerveau » (Jaynes, 1994 : 61). De plus, et comme « l'espace [...] ne se dessine pas, il ne se décrit pas », que seuls sont saisis « des systèmes de relations entre des objets » (Pellegrino, 1994 : 63), et que cet espace mental, loin d'être fixe, se dilate – ou se rétracte – à l'infini, il semble pour le moins difficile de le saisir. *Même si la majorité des chercheurs ne réalise pas encore le pas octroyant à la pensée un autre « lieu » que celui cérébral, cette éventualité n'est en aucun cas rejetée :*

> Le fait que les cartes neurales et les images correspondantes se trouvent à l'intérieur du cerveau et ne soient accessibles qu'à son propriétaire est un obstacle. Mais où donc pourrait-on les trouver sinon dans un secteur privé et isolé du cerveau, puisqu'elles se forment en son sein ? Ce qui serait étonnant, ce serait au contraire de les retrouver à l'extérieur, étant donné que l'anatomie cérébrale n'est pas conçue pour les externaliser. Pour l'instant, l'équivalence état mental/état cérébral doit être considérée comme une hypothèse utile plutôt que comme une certitude. (Damasio, 2010 : 381)

Des images mentales possédant leur propre concrétude, une pensée occupant un espace peut-être beaucoup plus vaste que celui de notre intériorité, les découvertes réalisées ces dernières décennies concernant notre fonctionnement cérébral annoncent un bouleversement majeur quant à notre représentation des rapports qui nous lient au monde. Et comme si cela ne suffisait pas à notre confusion, le temps mental ne correspond aucunement à celui de notre expérience physique. Plus troublant encore, « le temps vécu par le sujet [à un niveau mental] et le temps neuronal ne sont pas les mêmes[30] » (Staune, 2007 : 400), le temps de la conscience ne coïncidant pas avec celui de l'activité neuronale…

A l'instar des travaux réalisés en physique, l'espace-temps à un niveau mental est un concept définitivement flou. Est-ce d'ailleurs une réalité ? Ou cette réalité est-elle d'une autre nature, d'une nature telle que nous ne puissions l'appréhender ? Même si la réponse à ces questions semble bien lointaine, un élément apparaît avec force. « L'univers mental », lieu de l'élaboration de nos sensations, pensées ou sentiments, serait bien plus qu'une simple représentation imagée. Muni de ses propres dimensions, de son espace-temps personnel, de ses lois « physiques » spécifiques bien que relatives, celui-ci existerait aussi implacablement que l'univers « matériel », fait de bois, de terre ou de pierre. Reste à savoir lequel des deux peut se targuer du titre de « Réalité absolue ». Pouvons-nous imaginer que l'Univers avec un grand U serait, ne serait que mental ? Tout ne serait donc qu'Esprit ?

1.2.3 Qu'est-ce que la réalité ?

Car voici bien la véritable question à laquelle il faut se heurter si nous voulons tenter de préciser la nature de l'image et/ou de la métaphore. L'indéterminisme à l'œuvre dans les opérations quantiques[31] rend perméable la frontière que l'on croyait pourtant étanche entre les sciences physiques et celles psychologiques (et parapsychologiques). Au matérialisme positiviste des physiciens classiques, considérant l'image comme une « ombre objet » (Durand, 1984 : 18) et la conscience comme un épiphénomène cérébral, se surajoute la vision dualiste proposée par les physiciens quantiques, où l'image mentale est plus « réelle » que son correspondant, et où la conscience, loin de n'être qu'une illusion, serait à l'origine de la construction de notre univers. Monisme ou dualisme ? Quelle interprétation donner à ces découvertes ? L'état de la connaissance actuelle ne permet pas de trancher cette question. Pourtant, il est clair que la vision plato-

---

30 A l'appui de tels résultats, les travaux de Benjamin Libet dont l'une des interprétations possibles est la faculté de notre conscience à « antidater » un événement, *i.e.* à remonter le temps (Libet, 2004).

31 Notamment dans le cas de la superposition d'états dans lequel l'objet quantique demeure, tant qu'une mesure (*i.e.* une intrusion dans le système, une conscience ?) n'intervient pas.

nicienne de l'Univers, où le monde sensible ne serait que le pâle reflet du monde des Idées, renaît de ses cendres. Du côté des dualistes platoniciens, nous pouvons citer le mathématicien britannique Roger Penrose, pour qui la conscience se doit d'être pensée en « termes d'explication physique » (Penrose, 1999 : 115) :

> L'hypothèse d'une réalisation des potentialités par la psyché de l'observateur n'est pas aussi ridicule, anthropocentrique, mystique et non scientifique qu'on le dit d'ordinaire. (Penrose, 1999 : 176)

De l'autre, des matérialistes comme Claude Allègre « s'opposent à ce que les idées, les concepts soient des entités immatérielles » (1995 : 350) et affirment (peut-être quelque peu prématurément ?) la « défaite de Platon ». Si « la matérialité de l'esprit » (Pinkas, 1995) n'a pas fini de diviser, il faut néanmoins relever un troisième courant, intermédiaire, qui semble réconcilier matérialisme réductionniste et dualisme. Comme l'électromagnétisme est parvenu à unir les phénomènes électriques à ceux magnétiques, peut-être faut-il envisager une réalité supérieure, composée à la fois d'une réalité matérielle et d'une réalité immatérielle (Klein, 2010). Ce que nous pourrions appeler « *métamatérialité*[32] » engloberait ainsi une dimension non physique – capable néanmoins d'interagir avec notre univers physique – en plus d'une dimension matérielle. Le physicien français Bernard D'Espagnat est notamment l'un des physiciens-philosophes à avoir tenté de concilier ces deux « univers » en distinguant une « réalité empirique » – ou effective – d'une « réalité indépendante » – ou « *réel voilé* » (D'Espagnat 1994). S'appuyant sur ce fondement dualiste, des chercheurs comme Jean Staune propose un « réalisme non physique » de type platonicien, un « matérialisme quantique » qu'il faudrait appeler « matérialisme fantastique » ou « matérialisme de science-fiction » (Staune, 2007 : 447 / 100). Même si « cet autre niveau de réalité dont le nôtre ne serait qu'une projection [...] n'implique nullement l'existence de Dieu » (Staune, 2007 : 455), force est de constater qu'une dérive mystique[33] n'est

32 Concept que nous pouvons rapprocher de la théorie selon David Bohm (1917–1992) : « Selon lui [Bohm], la réalité profonde n'est ni l'esprit, ni la matière, mais une réalité d'une dimension supérieure qui est leur base commune et dans laquelle prévaut l'ordre impliqué » (CQ : 99).

33 Nous pensons ici notamment à l'une des résurgences du créationnisme qu'est le « Dessein intelligent » (*Intelligent Design*).

de loin pas impossible et, avec elle, les acquis de plus de mille ans d'efforts de rigueur scientifique mis en danger.

Nous le constatons, la connaissance actuelle ne permet pas d'apercevoir clairement cette frontière ténue (voire inexistante ?) entre notre monde physique et celui psychique. *Mais quelle que soit l'Essence de notre monde, existence absolue, solipsisme, reflet d'un espace intelligible, avatar d'une réalité inversée, seule l'image – aussi bien visuelle que verbale – permet une représentation et une appropriation de notre Univers.*

1.2.4 La métaphore, outil heuristique

Ces résultats issus de la psychologie ou des neurosciences rejoignent donc ceux réalisés en linguistique et confirment la pertinence du modèle proposé par Lakoff et Johnson. Si nous acceptons l'hypothèse d'un « espace psychique » possédant sa propre « concrétude », la métaphore permet non seulement de « structurer notre système conceptuel » (Lakoff et Johnson, 1985 : 155) mais, en activant une image mentale, de créer une « réalité ». A bien y regarder, cette *spatialisation cognitive* – ou mise en forme de notre territoire intérieur *via le pou-voir de la métaphore apportant de nouvelles in-formations* – fut envisagée à de nombreuses reprises.

La prédominance de l'optique dans la rhétorique fut à maintes fois soulignée (Gardes-Tamine, 1996 : 16 ; Roque, 2011) ou associée à elle comme une évidence. La majorité des termes se rapportant au « kitsch rhétorique[34] » (Bourdieu, 1975 : 113) sont de nature spatialisante : « *figure* », « *image* », « *trope* », la rhétorique sert avant tout à « *spatialiser nos représentations*[35] » (Foucault, 1966 : 98). L'un des traités à la base de la rhétorique exprime mieux que tout autre cette intuition intime. Les *Topiques* d'Aristote désignent bien ces « lieux » communs, ces « clichés », ces « thèmes passe-partout » (Robrieux, 1993 : 20). Contrairement au sens généralement accordé aux topoï[36], nous pensons que ce terme doit également

---

34 Cet apparat fut souvent dénoncé car limitant le champ de la rhétorique aux belles-lettres, à l'embellissement du discours par une ornementation factice.

35 La Grammaire ayant pour fonction chez Foucault d'ordonner, de « répartir le temps dans cette spatialité rhétorique ».

36 Ces topoï sont généralement compris comme des réserves de thèmes génériques, des catalogues d'idées consacrées, des « magasins d'arguments » (Ducrot et Schaeffer, 1995 : 170).

être compris *dans son acception géométrique*. En effet, si l'auteur de la *Physique* n'a pas éprouvé le besoin de définir cette notion qui pourtant donna le nom à son ouvrage, c'est peut-être tout simplement parce que celle-ci devait être prise dans son sens premier et ne méritait ainsi aucune autre explication. Il en va de même pour les termes se rapportant à la métaphore : « *champ* sémantique » *(semantic field,* Kittay, 1987 : 214) ou conceptuel, « *essaim* », « *bassin* sémantique », « *galaxie de l'imaginaire* » (Durand, 1984 : VI), la « territorialité » de la métaphore se donne à voir. Cependant, la représentation traditionnelle proposée afin d'expliquer la résolution du processus métaphorique est envisagée de manière bidimensionnelle :

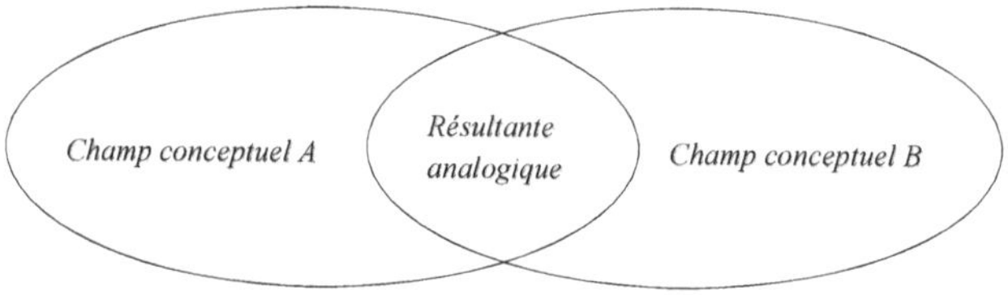

Figure 2 : représentation traditionnelle du groupe μ.

Pourtant, rien n'interdit d'ajouter à cette construction cognitive d'autres dimensions. Ainsi, la tendance actuelle vise à briser cette représentation classique plane en y intégrant à la fois une ampleur ainsi qu'une vitalité nouvelles. La découverte du principe de complémentarité, décrit par Niels Bohr en 1927 et concluant à l'impossibilité de « voir » la réalité (un objet quantique dans le cas précis) sous tous ses aspects simultanément, a certainement contribué à remettre en question les limites de ce que nous pourrions appeler notre « carcan cognitif ». Selon ce principe, la compréhension de cette réalité, aussi bien physique que langagière (psychique), ne saurait se contenter d'un point de vue rudimentaire et unique, mais exige la diversification des regards, la multiplicité des focalisations, la relativité des positions établies. De la sorte, *la métaphore, qui permet justement ces visions multiples ainsi qu'une recatégorisation conceptuelle permanente, doit s'envisager sous un jour multidimensionnel et dynamique*[37]. Ainsi, la progression de nos connaissances dépend de notre capacité à intégrer de

37 *Cf.* le « sens de la métaphore » (3.1.2).

nouvelles dimensions[38] dans nos schémas de pensées, de notre faculté à « imaginer » de nouvelles perspectives.

1.3 Notre définition de la « métaphore »

Parvenue à ce stade de notre recherche, il est temps de fournir notre propre vision de la métaphore. Une première distinction s'impose. Il est effectivement impératif de différencier la métaphore en tant que figure analogique de la métaphore considérée comme processus cognitif. En fait, il s'agit de distinguer le processus de sa résultante, l'activité[39] du produit, tous deux portant le même nom. A l'avenir, le terme de *« métaphore » désignera le processus cognitif, la figure de style résultante de ce processus étant nommée « métaphore rhétorique ».*

Cette métaphore rhétorique, au vu de son histoire, est et restera un outil servant à persuader, *i.e.* à plaire, instruire et émouvoir[40]. *A contrario,* la métaphore, loin d'être une production langagière figée, est un phénomène en constante activité, faisant intervenir un processus cognitif complexe. D'une certaine manière, nous pouvons dire que métaphore et métaphore rhétorique procèdent d'un même phénomène et se réfléchissent comme dans un miroir. La métaphore représente ainsi à nos yeux un processus intellectuel, à la fois analogique et imaginatif (à la suite d'un stimulus aussi bien visuel, olfactif, langagier, *etc.*), permettant l'imbrication de champs conceptuels multiples ainsi que la visualisation d'une image mentale. De la sorte, *la métaphore englobe toutes les figures analogiques,* telles que la comparaison, l'allégorie, la synesthésie, l'oxymore et, bien évidemment, la métaphore rhétorique[41]. Cette définition, se voulant volontairement large, permet la mise en pratique de notre analyse de corpus en dégageant ces dif-

38 Si nous avons coutume de considérer trois dimensions dans notre vie quotidienne (quatre avec celle temporelle), rien n'interdit un espace contenant des dimensions supplémentaires.

39 Le verbe « métaphoriser » désigne bien une action en train de s'opérer et non un produit fini.

40 Le fameux *« placere, docere, movere »* cicéronien.

41 Citons également les analogies simples, l'hypotypose et, dans une certaine mesure, le symbole (3.2.2).

férentes images rhétoriques procédant par analogie dans un corpus choisi. Néanmoins, celle-ci se révèle très insuffisante sur un plan épistémologique ou philosophique. Seules les avancées que fourniront sans aucun doute les recherches en sciences cognitives (nous pensons ici notamment au *Human Brain Project* chapeauté par l'EPFL) permettront d'accroître progressivement notre connaissance du fonctionnement cérébral, et donc d'affiner cette définition.

1.3.1 Rappel définitoire

Analogie	: processus cognitif permettant la mise en évidence de rapports entre deux ou plusieurs éléments issus de l'imagination.
Image	: « reproduction exacte ou représentation analogique d'un être, d'une chose » *(Petit Robert).* Ce terme générique regroupe ainsi soit des « images iconiques » – perçues par les sens – objet vu (photographie, dessin, schéma, *etc.*), entendu, touché, goûté, senti –, soit des « images verbales » représentées par l'imagination, sans support « réel ».
Image rhétorique	: sous-catégorie des images verbales, donnant « forme », « corps » et « contours[42] » au discours, à fort potentiel de concrétude.
Image mentale	: représentation mentale issue de l'imagination, modèle intérieur d'un être ou d'une chose (CNRTL).
Imagerie	: ensemble des images issues du processus métaphorique.
Imaginaire	: ensemble des images et des relations d'images produit par l'imagination.
Imagination	: faculté d'évoquer les images de ce qui est perçu ou d'en inventer des nouvelles.
Métaphore rhétorique	: – figure rhétorique mettant en présence des termes de domaines notionnels différents (ou allotopies). – résultante langagière issue du processus métaphorique.

42 Nous reprenons ici les termes de Fontanier (1977 : 63–64).

Métaphore : processus intellectuel double – analogique et imaginatif, également nommé processus métaphorique – permettant l'imbrication de champs conceptuels multiples, ainsi que la visualisation d'une image mentale.

1.3.2 Vision synoptique

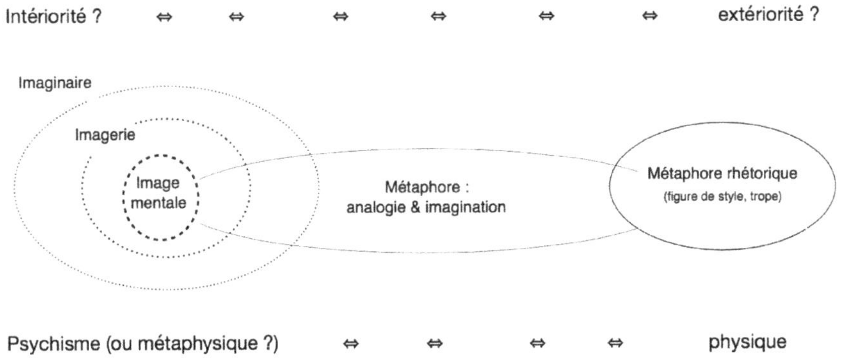

Figure 3 : représentation du modèle métaphorique.

1.3.3 Vers la terra incognita *à bord de la métaphore*

Intériorité ou extériorité, Soi ou Non-soi, le problème inhérent à la métaphore est en fait celui de notre rapport au monde. Le fait d'accepter que ce dernier ne soit que « volonté ou représentation » (Schopenhauer, 1819) coïncide à une condamnation de l'égo où *l'homo sapiens*, privé de son libre-arbitre, est assujetti à la lancinante attente de sa propre fin. *A contrario*, infirmer tout subjectivisme revient à un enfermement aveugle, un cantonnement morbide de notre Essence créatrice première. Afin de ne pas sombrer dans le désespoir – ou dans la folie – ne reste qu'une solution ; celle précaire de l'équilibriste. Funambule de son Esprit, l'homme de sciences, et depuis l'aube de l'humanité, jongle entre plaines logiques et vallées de l'irrationnel, en tâchant d'éviter les abysses du mysticisme. A la différence près que le scientifique est aujourd'hui parvenu à un point de non-retour ; il lui faut, s'il veut avancer sur la corde raide de l'inexploré, cesser de raisonner de façon manichéenne, *oser briser le mur conceptuel établi entre physique et psychisme, unir les visions réductionniste et holistique. Il doit ainsi se libérer de la querelle des universaux et apprendre à fusionner deux paradigmes apparemment antithétiques.*

Dès lors, la Conscience, tout comme la métaphore[43], relèvent non plus d'une hypothétique « réalité » et sont bien plus qu'une façon de nommer l'invisible. Dans cette fusion des univers, *la métaphore – matrice[44] première de notre rapport au monde* – constitue un moyen privilégié afin d'explorer notre *terra incognita* intérieure en permettant *ce passage du monde physique à celui méta-physique, en assurant ce trans-fert, ce trans-port.*

De ce fait, nous nous inscrivons dans la définition aristotélicienne de la métaphore (1.1.1) en rejoignant, dans une certaine mesure, la pensée platonicienne. Considérant l'histoire des sciences, il semble bien que nous ayons ainsi réalisé un tour conceptuel complet. Mais cela n'implique pas que nous soyons revenus au point zéro, bien au contraire. *Le fait d'intégrer notre propre ignorance dans notre connaissance[45]constitue une avancée remarquable.* Ainsi, dans la grande spirale évolutionnelle, l'homme de raison se situe vraisemblablement aux mêmes latitude et longitude que les Antiques mais à une altitude supérieure. Dans cette recherche d'élévation, la métaphore ne doit plus être vue comme un monstre protéiforme, mais comme un extraordinaire moyen de transport, un vaisseau permettant de plonger dans les eaux de notre conscience.

---

43 *Cf.* « *La Conscience en tant que métaphore spatiale* » (Stewart, 2001).

44 En effet, si penser est synonyme de métaphoriser, la métaphore constitue l'une de nos matrices cognitives, peut-être même la matrice première.

45 Incapacité de penser sans notre cerveau ou impossibilité de « démontrer par la logique qu'un système est cohérent en restant à l'intérieur du système » (Staune, 2007 : 14), toute l'aventure épistémologique du 20e siècle semble se résumer en ces quelques mots : « on a seulement exprimé le fait que l'on ne sait rien » (Heisenberg, 1972 : 99).

2. Les bénéfices de l'imagerie scientifique

> Chaque fois qu'il y a une métaphore, il y a sans doute un soleil quelque part ;
> mais chaque fois qu'il y a du soleil, la métaphore a commencé.
> (Ricœur, 1975 : 367)

Nous présentons dans ce chapitre les huit bénéfices principaux découlant directement de l'utilisation de cette imagerie scientifique. Celle-ci (regroupant les différentes images rhétoriques procédant par analogie à l'œuvre dans le processus de vulgarisation) est sans conteste tout à fait profitable au non-spécialiste, notamment à un niveau pédagogique (apports didactiques ou éveil à l'enseignement et/ou à l'imagination). Cependant, et contrairement à une idée reçue, ces images servent en premier lieu le scientifique lui-même, ce dernier éprouvant « le besoin d'images afin de visualiser un problème à résoudre » (Clivaz, 2014 : 86). Ces représentations imagées d'un élément expérimental ne sont donc pas seulement utiles au chercheur, mais nécessaires, voire essentielles (2.3 / 2.4 ou 2.8). De plus, cette imagerie, miroir de notre univers conceptuel, est à même de dévoiler certains mécanismes cognitifs et/ou schémas de pensée. Véritable soleil éclairant notre paysage intérieur, elle seule est à même de donner à l'homme les moyens de se lire, en créant la distanciation nécessaire au retournement sur soi[46].

2.1 L'appropriation d'informations complexes

Le premier bénéfice de cette imagerie scientifique est de permettre l'appropriation d'informations complexes, notamment en raison de leur caractère invisible et/ou abstrait.

46 *Cf.* la notion de « trope » (1.1.1).

2.1.1 *Voir l'invisible*

Comment se représenter un neutron ? Quelle(s) forme(s) donner à une particule invisible (à l'œil nu) ? Comment rendre accessibles ces nouvelles entités ? La technologie des grands collisionneurs de particules a provoqué l'apparition – la visualisation – d'une pléthore de nouveaux éléments et l'ancestral trio proton-neutron-électron s'est vu « noyer » sous une masse de nouveaux objets quantiques. De la sorte, les traditionnelles images des PARTICULES-BILLES ou des PARTICULES-VAGUES (3.1.4) ne suffisent plus à la représentation. Face à cette surabondance, deux attitudes se dégagent : soit les caractéristiques propres à ces nouveaux objets sont privilégiées, soit leur grand nombre. La première option ouvre la voie au mystérieux ou à l'exotisme, la seconde joue de toute la palette que procure la personnification.

2.1.1.1 *Du fantôme éphémère au bestiaire exotique*

Les lois probabilistes de la physique quantique ne coïncident aucunement aux lois déterministes de la physique classique. De la sorte, nombre de particules élémentaires « se comportent » de manière pour le moins surprenante et semblent dotées de qualités surnaturelles. L'un de ces « tours de magie » (CH : 227), qui permet à une particule de maîtriser son aspect, est à l'origine de l'analogie transformant les particules quantiques en « *martiens télépathes* » (CQ : 57), tandis que la métaphore de l'ÉLECTRON-PASSE-MURAILLE (CH : 340–341) décrit un comportement pour le moins inhabituel[47]. Et que dire du mystérieux « *habit d'onde* » qui « *vêt* » toute particule élémentaire du don d'ubiquité :

> Tant que nous ne l'observons pas, la particule subatomique peut être à la fois ici *et* là […]. Avant l'observation, l'électron *revêt son habit d'onde* et n'est que pure potentialité. Le potentiel ne se réalise qu'après l'observation. […] la mécanique quantique réhabilite le rôle de l'observateur. Le monde extérieur est en quelque sorte défini par les questions que nous nous posons à son sujet. (CH : 342–343)

L'une des analogies les plus largement usitées – et appartenant de ce fait à l'interdiscours scientifique (3.1.3.2) – concernant ces agissements extra-

47 Nommé « effet tunnel ».

ordinaires est celle du NEUTRINO-FANTÔME[48]. Cette métaphore fantasmagorique, muant le neutrino en un spectre, est tout à fait judicieuse. En effet, le neutrino – particule neutre – ne possédant pas de charge électrique, n'interagit quasiment pas avec les autres particules (il est donc difficilement détectable), tout comme le fantôme, pour ainsi dire invisible, qui éprouve les plus grandes peines à pouvoir influer sur son environnement. De plus, le fait de comparer une particule à une apparition, une simple vision impalpable est, d'un point de vue épistémologique, tout à fait pertinent. Le dérapage vers une certaine religiosité, voire mysticisme ou occultisme, qui peut découler de ce genre de représentations doit cependant être ici relevé.

Parallèlement à ces entités merveilleuses et/ou fantastiques apparaissent des êtres exotiques :

> [...] les électrons, les photons, les quarks, les neutrinos et bien d'autres *particules plus exotiques qui hantent* les grands accélérateurs d'aujourd'hui. (HE : 201)
> Ce qui peut donner des *monstruosités* du type sélectrons, smuon, stau, slepton, squark, stop, *etc.* (CH : 396)

Le phore du « zoo[49] *» semble être privilégié* afin de mettre en évidence la bizarrerie de ces nouvelles particules, *transformant le scientifique en zoologiste – ou dompteur d'animaux sauvages – et la physique en bestiaire.* Néanmoins, les métaphores de l'ÉLECTRON-OISEAU (et de l'ATOME-VOLIÈRE), de la PARTICULE-FOURMI (et de l'ATOME-FOURMILLÈRE) ou de la PARTICULE-ABEILLE[50] (et de l'ATOME-RUCHE) insistent sur la grande diversité de ces composants élémentaires, ainsi que sur leur système organisationnel et leur dynamisme. Ces dernières préfigurent une structure communautaire ordonnée parfaitement décrite dans la « population subatomique ».

---

48 « Tel un discret fantôme glissant dans l'épaisseur de la nuit, la nouvelle particule était insaisissable » (CH : 211).

49 « Le neutrino a pris sa place à part entière dans le zoo des particules élémentaires [...] » (CH : 212).

50 Par exemple : « Si les atomes avaient 100 mètres de diamètre [...] une fourmi aurait une dimension de 10 millions de kilomètres... » (NE : 32) ; « Chaque électron est entouré d'une foule de photons virtuels telle une nuée d'abeilles bourdonnant autour d'une ruche » (CH : 368).

2.1.1.2 La population subatomique

Après avoir insisté sur l'étrangeté de ces curieuses particules, une attitude inverse tend à rendre familier ces nouvelles composantes de la matière. En effet, pour rendre réel – présent mentalement – des entités dont l'une des principales caractéristiques est justement leur « irréalité » – ou réalité différenciée de celle matérielle –, il est préférable d'ancrer ces dernières dans une concrétude commune. Pour ce faire, *l'un des moyens les plus courus de la VS est le procédé de personnification*, donnant vie à l'inerte, une âme au matériel et amenuisant « la distance psychologique entre le contenu et l'individu » (Jurdant, 1973 : 106). Jouant sur notre tendance première à projeter des formes et des sentiments humains aux objets qui nous entourent, la personnification permet donc la ressemblance, le rapprochement, puis l'appropriation d'une donnée étrangère. De la sorte, l'objet quantique, loin d'être un « monstre » fantastique, devient un être humain à part entière, un *individu sensible* dans toutes les acceptions du terme.

L'homme

Voir l'invisible, humaniser l'impalpable. La PARTICULE-INDIVIDU se pare désormais de tous les attributs humains et intègre notre quotidien. Le proton nous présente son « jumeau à moustache » (CH : 356), les particules portent un nom (CH : 358), mieux une « identité », un « visage » (CH : 331 / 159), des « empreintes digitales » (NE : 116) ; celles-ci possèdent « une durée de vie », « mangent, digèrent » (NE : 84 / 150), « apprennent, savent ou devinent » (CH : 350). Plus que l'attribution d'une conscience, ce qui humanise véritablement la matière est sans doute sa fragilité. Le nucléon possède « une peau » et peut être « mis à nu », le proton « se protège par une sorte d'armure électrique » (DU : 304 / 161), tandis que « l'uranium tousse » (NE : 150).

La famille

> La situation [des quarks entre eux] rappelle le comportement de certains amants ou époux : dès qu'ils sont séparés, ils déclarent leur amour inaltérable et n'en peuvent plus d'attendre le moment de se retrouver : mais, dès qu'ils sont de nouveau ensemble, l'ardeur se transforme en indifférence, ils s'ignorent et ne se parlent pratiquement plus. (CH : 365)

PARTICULE-FEMME, PROTONS-SPERMATOZOÏDES (NE : 43 / 157), AIMANTS-AMANTS (CH : 365) ne pouvant s'éloigner l'un de l'autre, « atomes accouplés », PARTICULE-ENFANT (CH : 423 / 160), les éléments dotés de sentiments « naissent, vivent souffrent, aiment, se reproduisent, se séparent et meurent ». L'entreprise de personnification réalisée ici par la grande majorité des auteurs est tout à fait pertinente. Qui, en effet, mieux qu'une *famille* peut rendre *familières* ces particules disparates ? La grande famille des particules accueille ainsi des « frères[51] » (neutrons, protons), des « sœurs », des « consœurs », des « jumeaux » ou des « triplés » (CH : 374–375), la « mère » (*noyaux mères et filles*, CH : 44) occupant en son sein une position centrale.

La société

Electron « libre » ou « célibataire », particules vivant « en couple » ou « en famille », l'objet subatomique se socialise, accède à « un statut » (NE : 214 / 150), une fonction ; « gluons diplomates ou entremetteuses », ÉLECTRONS-VOYAGEURS (CH : 370 / 339), « quarks associés », PARTICULES-BOXEURS (NE : 208) ou PHOTONS-ESPIONS (CH : 370), chaque particule, à l'instar des membres d'une communauté, se doit de remplir son rôle[52]. *L'humanisation complète de ce monde d'en dessous, parallèle au nôtre, n'est pas sans rappeler la tradition herméstiste*[53], qui privilégie les liens et les correspondances entre tous les objets du cosmos. Cette vision particulière doit être rapprochée du *principe de symétrie* – si important en physique – à la base de nombre d'interactions. De la sorte, cette *socialisation subatomique* représente davantage qu'un « simple » moyen de diffusion de l'information, une véritable clé de lecture de notre monde. Quoi qu'il en soit, cette manière de procéder parvient à intégrer ces entités si exotiques dans nos vies quotidiennes, à rendre connu – car *familier* – l'étranger. Et c'est sans doute là un juste retour des choses que de donner vie à ce qui nous a vraisemblablement engendrés :

> Nous serions les descendants de ce quark supplémentaire ! (NE : 86)

---

51 « Le cas de l'hélium 3, petit frère de l'hélium 4 […] » (NE : 215).

52 L'analogie sociétale peut être poussée si loin que se dessine parfois, en filigrane de ces gigantesques métaphores filées, des ébauches de mouvements populistes ou militaires : « Le défi des petits » (NE : 195) ; « Les milliards d'électrons […] se déplacent à basse température comme un seul homme » (CH : 414).

53 Cette tradition affirme que « ce qui est en bas est comme ce qui est en haut et ce qui est en haut est comme ce qui est en bas » *(in Table d'Emeraude* attribuée à Hermès Trismégiste).

2.1.2 Concrétiser l'abstrait

De la même manière, des données physiques difficiles, des concepts ou effets abstraits se voient concrétisés grâce à ces processus métaphoriques. En voici quelques exemples :

L'ATOME-ÉDIFICE, L'ATOME-TERRITOIRE
99,99 % du volume total d'un atome est constitué de vide
L'une des métaphores utilisées afin de se représenter l'importance du vide au cœur de l'atome est celle de l'ATOME-CATHÉDRALE (CH : 324–326). Au centre de cet « édifice », le noyau atomique a la grandeur d'une « tête d'épingle », tandis que le spectre atomique est associé aux « vitraux de la cathédrale ». Selon le public visé, l'image proposée s'adapte. Ainsi en est-il de L'ATOME-TERRAIN-DE-FOOTBALL sur lequel « le noyau [...] est comme un grain de riz » (CH : 322), de L'ATOME-SALLE-DE-BAL (CH : 384), de L'ATOME-VALLÉE (NE : 141) ou de l'ATOME-PAYSAGE (HE : 112). *Cette gigantisation de l'atome est à même de faire comprendre la nature de cet objet insaisissable*[54], composé essentiellement de vide et ne présentant aucune forme, ni dimension ou emplacement précis. La matière, débordant de son cadre traditionnel, doit désormais être redéfinie, *l'importance de ce « rien »* devant être revue à la hausse.

L'ESPACE-TEMPS-TISSU
La relativité einsteinienne a unifié le temps et l'espace dans ce couple fusionnel de l'espace-temps. Mais comment imaginer que le fait de transformer des données spatiales modifie celles temporelles (et inversement), comment penser un espace capable de se dilater et de se contracter, un temps susceptible de ralentissement et d'accélération ? La représentation habituelle afin de décrire cette théorie mathématique est celle comparant l'espace-temps – et/ou l'Univers – à un « tissu » :

> Une autre visualisation très didactique de l'espace-temps courbe [...] est celle *du tissu élastique. Imaginez un morceau d'espace-temps réduit à deux dimensions, sous forme d'un tissu extensible* [...]. Si l'on pose une bille, le tissu se déforme, fait un

54 Encore une fois, cette image, contraire au bon sens, d'une particule infime pouvant occuper un espace considérable, n'a pas seulement une vocation de vulgarisation, mais elle correspond également à une loi physique : « Plus un objet est petit, plus sa surface est grande [...]. Diviser un corps, c'est bien augmenter sa surface externe relativement à son volume » (Klein, 2011 : 34).

creux autour de la bille, d'autant plus prononcé que la masse de la bille est plus grande. Si, de plus, le *tissu est fait de résille, les fils de résille* permettent de visualiser les rayons lumineux. (DU : 118)

« Voile », « trame », « fils », « cotte de maille » (DU : 432 / 573), cette « tapisserie cosmique » (CH : 375) permet d'envisager un tout élastique, souple, modulable… relatif.

Le chat de Schrödinger

La mécanique quantique induit un monde indéterminé et flou qui ne se concrétise qu'au moment de l'observation. Afin de comprendre ce que ce modèle théorique a de choquant, Erwin Schrödinger imagina en 1935 une expérience de pensée pour le moins originale. En transférant un chat de notre quotidien dans l'univers régi par les lois de la physique quantique, il permit à ce matou d'être à la fois mort et vivant et ce jusqu'à ce qu'un observateur intervienne[55].

> Selon la théorie, aucune des deux possibilités offertes au matériel radioactif, et donc au chat, n'est réelle à moins d'avoir été observée. La désintégration atomique n'est ni intervenue ni non intervenue, le chat n'est ni tué ni non tué, jusqu'à ce que nous regardions à l'intérieur de la boîte pour voir ce qu'il en est. (Gribbin, 1994 : 16–17)

Sans revenir sur cette curiosité quantique, nous pouvons nous interroger sur le choix de ce « chat ». Ce dernier représente effectivement l'animal domestique par excellence (avec le chien), l'être familier et connu de tous qui permet de transposer ce paradoxe à notre échelle de grandeurs. L'originalité de cette expérience imaginative n'est donc pas tellement d'avoir opté pour ce félin (plutôt que pour un cheval ou un escargot), mais bien d'avoir choisi un mammifère possédant, tout comme l'observateur, un esprit, ce qui augmente encore les possibilités de résolution du problème de la mesure. Notons également l'importance des *Aventures d'Alice au pays des merveilles* (Carroll, 1865) dans cette découverte du *monde des quanta*, ce dernier étant couramment associé à ce pays des merveilles où tout semble inversé. Ainsi le *chat du Cheshire*[56] a-t-il pu inspirer celui de

55 Concernant ce problème de la mesure lors de superpositions quantiques, *cf.* Kumar (2011) ou Gribbin (1994). *Nous pouvons également rapprocher ce chat mort-vivant du* *NEUTRINO-FANTÔME* (2.1.1.1).

56 Seul personnage apparemment raisonnable mais se disant fou, le chat du Cheshire possède une certaine prédisposition pour l'invisibilité et est régulièrement associé au chat de Schrödinger ou à la dualité onde-corpuscule.

Schrödinger ? Quoi qu'il en soit, *ce « chat » est désormais si fortement connoté* qu'il désigne généralement cette expérience de pensée.

L'effet papillon

Tout comme le « chat », le « papillon » est prisonnier d'un phénomène physique[57] qui semble lui bannir toute autre représentation. *Irrémédiablement associé à l'effet éponyme*, ce dernier est engoncé dans cette lexicalisation :

> Un battement d'ailes d'un papillon dans la forêt amazonienne pourra faire pleuvoir sur Paris. (CH : 114)

Notons, une fois de plus, l'importance et/ou la nécessité de cette imagerie pour le scientifique lui-même, bénéficiant de ces nouveaux regards bien avant le grand public.

2.2 La visualisation de lignes de force

Cette visualisation diachronique – rendue possible grâce à l'imagerie scientifique – permet de dégager des lignes de force, un mouvement général dans l'histoire des sciences. Ce remarquable gain de temps et d'énergie offre également l'avantageuse opportunité d'intégrer nos connaissances actuelles dans un cadre de pensée, d'insérer nos sa-voirs dans une histoire collective. L'évolution de trois concepts clés en physique sert d'illustration à cette transformation de notre paysage conceptuel.

57 L'effet Lorenz – du météorologue Lorenz Edward (1917–2008) – ou « effet papillon », désigne le fait qu'un infime changement initial d'un système peut entraîner un énorme changement final. Ce phénomène fut baptisé de la sorte en référence à la forme « du portrait » de l'espace des phases associé : « Lorenz a démontré que les points tombaient toujours dans un attracteur étrange en forme de paire d'ailes de papillon […] » (CH : 167).

2.2.1 *La liquéfaction des connaissances, la dématérialisation de la matière*

Qu'est-ce qu'un atome ? Au fil des siècles, la définition – et la représentation – de cette entité a profondément progressé. L'idée que le ciel, la terre et tout ce qui se trouve entre deux ne soient composés que d'atomes – particules premières de la matière, minima élémentaires – remonte au moins au 5ᵉ siècle avant J.-C. et est attribuée, selon les auteurs, à Leucippe, Démocrite (5ᵉ s. av. J.-C.) ou Epicure[58] (4ᵉ s. av. J.-C.). L'atome est alors pensé comme un « grain » de matière, un élément parfaitement *délimité, déterminé et stable.* Après qu'Antoine Lavoisier (1743–1794) vint à bout de la théorie des quatre éléments[59], Joseph Thomson découvrit les électrons (1897) et proposa ainsi son modèle de l'ATOME-PLUM-PUDDING, modèle suivi par celui dynamique de l'ATOME-SYSTÈME-SOLAIRE d'Ernest Rutherford (1911, découverte du noyau atomique). Finalement, la physique quantique réinvente cette « entité idéelle » (Jeanneret, 1994 : 105) en imaginant son ATOME-NUAGE ; ce dernier, fondé sur un système probabiliste, est *totalement indéterminé, illimité, et inconsistant.*

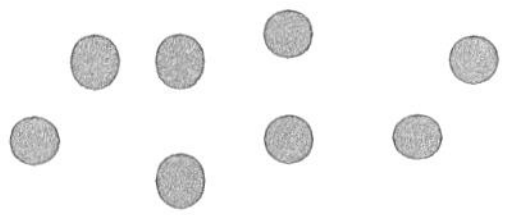

Figure 4 : La théorie atomiste de Démocrite et Epicure : L'ATOME-GRAIN-DE-MATIÈRE.

58 Leucippe ayant vraisemblablement influencé Démocrite, lui-même influençant Epicure.

59 En prouvant notamment que l'eau, loin d'être une entité pure, était composée d'oxygène et d'hydrogène. Sur cette histoire atomique et la quaternité élémentaire d'Aristote, *cf.* Bensaude-Vincent et Kounelis (1991) et Coll. (2000).

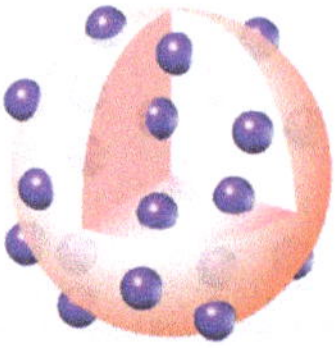

Figure 5 : L'ATOME-PLUM-PUDDING (Thomson). Les « grains de raisins » constituent les électrons et le « gâteau » – ou « cake » – représente l'atome[60].

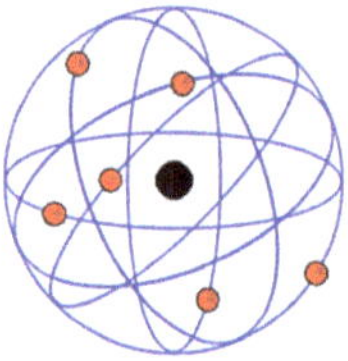

Figure 6 : L'ATOME-SYSTÈME SOLAIRE (Rutherford). Le noyau atomique est comparé à un « soleil » autour duquel gravitent les « planètes » (les électrons).

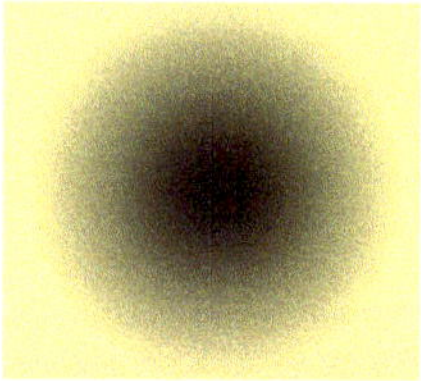

Figure 7 : L'ATOME-NUAGE (physique quantique). Le noyau atomique est entouré par un « nuage électronique », parfaitement indéterminé et flou.

Ainsi, de l'ATOME-GRAIN de Démocrite à l'ATOME-NUAGE de la physique quantique se dessine un mouvement continu dans l'histoire des sciences, une liquéfaction des connaissances, une dématérialisation de la matière, *cette matière devenue floue et relative n'étant plus qu'inconsistance, indéterminisme et immatérialité.* Notons également que le « *flou quantique* » investit d'autres images liquides, telles celles de l' « écume quantique »,

60 Images tirées de <http://scphys.g.pean.free.fr/sc/3eme/didapage/matiere/thomson.jpg> ; <https://upload.wikimedia.org/wikipedia/commons/9/92/Rutherford_atom.svg> ; <http://www.cnrs.fr/sciencespourtous/abecedaire/z-tools/images/heisenberg/nuage.jpg.>

de la « mousse quantique » ou de l'UNIVERS-OCÉAN[61]. Avant de fournir un autre exemple de cette *déliquescence de la matière*, nous ne pouvons nous empêcher de relater deux anecdotes pour le moins cocasses de l'histoire atomique.

Où l'atome exista quand il ne fut plus[62]
Le terme « a-tome » signifie in-sécable (de *a* – privatif et « tome », les différentes parties d'un tout). D'un point de vue terminologique, un atome est donc une entité parfaitement indivisible qu'on ne peut couper. Lorsque J. Thomson découvrit les électrons[63], il prouva de ce fait l'existence de l'atome et la justesse de l'antique modèle épicurien. Mais, et considérant que les électrons sont de taille inférieure à celle de l'atome, il réfuta par la même occasion la définition première de l'atome, celui-ci n'étant plus cette unité élémentaire de la matière, cet objet insécable. En ce sens, on peut dire que l'atome naquit (au niveau physique) alors qu'on l'enterrait (au niveau étymologique).

Ressentez-vous ces atomes crochus ?
Comment expliquer la cohésion de la matière ? Comment penser que les atomes puissent « se tenir » ensemble sans se disperser dans ce que l'on nommait l'éther. Afin d'expliquer cette « force » unificatrice, Démocrite imagina des atomes munis de petits harpons susceptibles de maintenir ces liaisons. Si cette représentation a disparu de nos images mentales, notre vocabulaire porte encore la trace de cette vision ancestrale. Ainsi, le fait de ressentir des *atomes crochus* pour quelqu'un signifie bien davantage qu'un clin d'œil à nos penseurs antiques, un exemple frappant de *l'extrême difficulté que nous éprouvons à nous débarrasser de nos métaphores premières* (même lexicalisées, *cf.* 2.8).

Purée ! La physique quantique a écrasé la pomme
S'il n'y avait qu'une image à mentionner pour symboliser la Science, il est fort à parier que celle de la « pomme » serait retenue. Des pommes d'or du

---

61 « Ecume de l'espace-temps », « mousse de spins » (DU : 501 / 573) ou « espace sorte de mousse » (CH : 294), ces phores associés au champ sémantique aqueux sont légion, *cf.* 2.8.1.1.

62 Nous nous inspirons ici de Bensaude-Vincent et Kounelis (1991 : 5) : « L'atome existe, indubitablement, depuis qu'il n'est plus a-tomique ».

63 Concernant la véracité de ce mythe fondateur, *cf.* Lelong (1997).

jardin des Hespérides à l'ATOME-POMME (reprenant le modèle de Thomson[64]), en passant par la pomme du jardin d'Eden, celle de la discorde (à l'origine de la guerre de Troie) ou encore celle de Newton indissociablement liée à la gravité, ce fruit de l'arbre du Bien et du Mal est toujours corrélé à la Connaissance[65]. Cependant, et même si ce genre de figurations persiste, la pomme – depuis l'avènement de la physique quantique – est principalement associée à deux thèmes : l'Univers et les éléments primordiaux nécessaires à la vie.

L'UNIVERS-POMME, tout d'abord, représente un Cosmos sphérique, une entité fermée. *Sa présence auprès de l'ATOME-POMME s'inscrit parfaitement dans la continuité de l'UNIVERS-ŒUF (tradition de l'œuf orphique), à la fois Totalité et germe de vie.* Dans la grande majorité des cas, cette image est utilisée afin de décrire la nature d'un trou de ver :

> On a désormais, dans le même espace-temps, un trou noir et un trou blanc, arbitrairement éloignés l'un de l'autre, mais reliés par un tube étiré que John Wheeler a malicieusement baptisé « trou de ver » (*wormhole*). Le terme provient de l'analogie suivante : *imaginons que l'espace soit représenté par la surface d'une pomme* (symbole de la gravitation depuis Newton !). *Un ver est sur la pomme.* S'il reste à la surface, la distance qui le sépare du point diamétralement opposé sur la pomme est la demi-circonférence ; mais *si l'invertébré ronge la pomme en creusant une galerie,* il se rend plus directement à destination en empruntant ce trou. C'est cette double nature de la géométrie de Schwarzschild qui a ouvert la porte aux spéculations les plus extravagantes sur les voyages spatio-temporels. Serait-il possible de plonger dans un trou noir, d'emprunter le trou de ver et de ressortir par le trou blanc pour déboucher dans une région très éloignée de l'Univers, voire dans un « univers parallèle » ? (DU : 461–462)

La « purée quantique », ensuite, broie cet univers pour en extraire les éléments fondamentaux de la matière. Egalement appelée « purée cosmique », « purée initiale » ou « soupe cosmique », cette bouillie primordiale illustre à nouveau la fluidification de la matière et semble attester *d'une adaptation figurative particulièrement réussie.*

64 Le « *plum-pudding* » (l'atome) étant remplacé par la « pomme » et les « grains de raisin » (les électrons) par les « pépins de la pomme ».

65 Bien que n'étant jamais citée dans ce passage biblique (Gn, 2.4–25), la pomme fut associée au fruit interdit, probablement en raison de cette homonymie, *mālum* désignant la pomme (la *mela* en italien) aussi bien que le mal (*malum*, ce qui est mauvais). Le fait de croquer cette pomme – et de goûter à la Connaissance – implique généralement de funestes conséquences (Blanche-Neige, décès d'Alan Turing, *etc.*). Et que dire de la mégafirme *Apple* qui nous propose un fruit déjà entamé ? A ce sujet, *cf.* Ortoli et Witkowski (1966 : 43–48) ou Balibar (2005 : 183–197).

2.2.2 *On a tué le temps*

Qu'est-ce que le temps ? S'il y a bien un terme difficile à définir, c'est celui-là. De Chronos, ogre titanesque reproduisant le modèle paternel, à la *Recherche du temps perdu* (Proust, 1913), ce concept multiforme ne cessa d'alimenter le débat philosophique. Après avoir décrit très brièvement les trois grands courants de pensée s'intéressant à la temporalité, nous présentons les figurations recensées, pour terminer par indiquer l'évolution générale de cette notion, particulièrement controversée.

Pour Newton, *le temps et l'espace absolus* peuvent être pensés comme un cadre fixe, un référentiel invariable dans lequel s'inscrivent les objets physiques. Détenant partout et toujours la même nature, ce temps uniforme « ne possède aucun pouvoir causal : un corps ne subit aucune force du seul fait qu'il occupe une certaine place dans l'espace ni qu'il existe à un certain moment » (Coll., 2010 : 157). Cette toile de fond de notre Univers – stable, immuable et parfaitement rassurante – fut remise en question par la relativité einsteinienne qui, au contraire, affirme la possibilité pour le temps (et l'espace) de fluctuer. Unifiés à jamais par un inextricable trait d'union, l'espace et le temps « sont courbés et deviennent des entités dynamiques » (Hawking, 2003 : 2). Désormais, *l'espace-temps relatif brise le cadre en modifiant la forme même du Tout*[66]. Le temps newtonien – indépendant des influences extérieures, inamovible – se voit remplacé par un temps qui ne cesse de se dilater ou de se contracter, suivant en cela l'évolution de l'espace. Finalement, et suite à certaines expériences pour le moins étonnantes[67], certains chercheurs en viennent à penser que le temps n'existe pas. Car enfin, si le temps psychologique ne correspond pas à celui de notre expérience physique, si le temps ressenti par le sujet et le temps neuronal ne sont pas les mêmes, serait-il impossible que *le temps ne soit qu'une construction de notre esprit, une représentation mentale ne possédant qu'une réalité intrinsèque, une illusion métaphorique* ?

Le bon vieux temps est has-been

Si la grande majorité des scientifiques ne partagent pas pleinement cette dernière vision, force est de constater que *les figurations proposées afin*

66 L'union au sein de ce couple fusionnel est telle que le fait de modifier des données spatiales implique la transformation de celles temporelles (et inversement).

67 *Cf.* 1.2.3, Buser et Debru (2011) ou Lachièze-Rey (2013).

de représenter cette entité ne sont pas nombreuses. Celles-ci peuvent se classer en trois catégories.

Le temps discontinu est généralement représenté sous la forme d'INSTANTS-ÉCHELONS, de TEMPS-PALIERS, de MOMENTS-NIVEAUX. Toujours corrélés à une dimension spatiale, ces « étages » et « échelles de temps ou d'activité » (HE : 68 / 126 / 135) indiquent des durées successives, le terme polysémique d'« échelle » désignant aussi bien le dispositif matériel servant d'escalier que le moyen de mesure, de graduation intellectuelle. Sur cette « échelle de la complexité » (2.6.1), les « échelons » constituent les différents stades séquentiels de notre évolution.

Le temps continu ensuite, est généralement pensé comme un « fluide », un « cours d'eau ». La métaphore du TEMPS-FLEUVE – sur lequel navigue l'humanité[68] – semble tellement lexicalisée que certains s'interrogent sur *la possibilité selon laquelle notre façon de parler serait à l'origine de la création de cette « réalité »* :

> Nous parlons du « cours » ou du « fil » du temps. (CH : 265)
> Si le temps passe vraiment, quelle est la vitesse de son flot ? (CH : 265)
> Il y a un cours du temps, qui nous mène du berceau au tombeau [...]. Est-ce que cette impression de flot n'est qu'une pure construction mentale, une illusion suscitée par notre cerveau et qui n'aurait rien à voir avec le réel ? (CH : 266)

Parallèlement, certaines images sporadiques, comme celle du TEMPS-FLEUR, insistent sur le principe de cause à effet, l'effet survenant toujours après la cause : « une fleur se fane [...] au fil du temps, jamais l'inverse » (CH : 11). Dans la lignée de la rose de Ronsard, le temps – du bourgeon à la rose épanouie puis fanée – respecte toujours ce principe de causalité. D'une manière plus générale, ce « flux [et reflux] de la vie » (CH : 180) ou ce TEMPS-ROSE[69] sont généralement traduits par *la catachrèse de la « flèche du temps*[70]*»,* immuable et inflexible. Cette irréversibilité temporelle, illustrée par cette représentation sagittale, établit une vérité des plus essentielles. Outre le fait que le temps passé ne peut jamais se rattraper,

68 Nous pouvons citer à titre d'exemples la barque solaire de Rê, celle de Charon naviguant sur le Styx, l'arche de Noé ou encore : « Le temps est une coordonnée « directrice », dont le flot s'appelle la causalité » (DU : 403). Il est à noter que la métaphore du TEMPS-CHEMIN s'inscrit dans cette même optique ou que la clepsydre signifie « voleur d'eau » (CNRTL).

69 Egalement associé à la connaissance que procure l'expérience et/ou l'initiation.

70 Concernant la différence à opérer entre « cours du temps » et « flèche du temps », *cf.* Buser et Debru (2011 : 113) ou Green (2005 : 221–367).

la question du sens de l'Univers – ou du « sens du temps » – doit se comprendre aussi bien dans son acception philosophique que physique[71].

Une autre métaphore terminologique perdure largement dans les ouvrages étudiés. *L'« horloge cosmique » permet en effet de réduire le temps astronomique à l'« échelle » humaine*[72] ainsi que la visualisation de données chiffrées vertigineuses. Cependant, il est intéressant de noter que cet UNIVERS-HORLOGE[73], bien qu'encore visible, ne désigne plus le Cosmos dans son intégralité. Délaissant sa visualisation spatiale faite de « rouages » et de « roues dentées », derrière lesquels se dissimulent les desseins divins d'un Grand Horloger, *seule sa représentation temporelle subsiste.* Dans ce cas précis, le temps a divorcé d'avec l'espace, l'univers déiste induit par une telle figuration étant rejeté. Quoi qu'il en soit, l'utilisation contemporaine de cette « horloge cosmique » est un bel exemple de récupération et d'adaptation d'une imagerie ancestrale.

La spirale évolutionnelle

Il nous paraît important ici de présenter une vision originale visant à fusionner ces deux archétypes (temps continu et temps discontinu). En effet, *le temps se pense – se métaphorise – comme un « cercle » OU comme une « flèche »* (Gould, 1987). Le « cercle du temps » nous donne l'impression de vivre – et revivre – encore et toujours la même routine. Les saisons, les cycles des marées ou ceux féminins, la roue de la Fortune, la succession des générations ou le fameux « métro, boulot, dodo » appartiennent à cette représentation sphérique. Parallèlement, la « flèche du temps » nous assure des ravages causés par ce « fleuve » impitoyable, cette « fuite » irréversible. Dans ce second cas, le temps, possédant un début et une fin (tel qu'il est décrit dans la plupart des genèses religieuses), est perçu comme linéaire. Il s'oppose ainsi à celui circulaire, se construisant sur la base de cycles perpé-

71 Voici un exemple d'une problématique physique liée au sens : « Pourquoi toutes les molécules qui constituent les « briques » du vivant sont-elles lévogyres, « c'est-à-dire orientées à gauche ». La bactérie ou le doryphore, la rose ou la girafe, l'algue ou la mouche, l'homme ou la limace sont constitués d'acide aminés lévogyres » (Bogdanov, 2010 : 256).

72 En comprimant les 13,7 milliards d'années de notre Univers en un an, l'« horloge cosmique » – ou « calendrier cosmique » – affiche le Big Bang le 1er janvier, l'apparition de l'homme le 31 décembre et l'an zéro de notre ère à 23 h 59 min et 55 s. *Cf.* HE : 66–67 / 85–86 / 144 / 152 / 157 ; CH : 116 / 375–376 / 404 / 415–416 ; DU : 78–79 / 134–135 / 275 / 282 / 288 / 394 / 551.

73 Concernant cette représentation mécaniste de l'Univers, *cf.* 2.2.3.

tuels, de recommencements infinis. *La métaphore de la spirale parvient à unir ces deux schémas mentaux en combinant le « cercle » ET la « flèche ».* Cette fusion des imageries ancestrales – du cercle et de la ligne – permet d'allier la permanence à l'évolution, le statisme au dynamisme, la discontinuité à la continuité. *A l'instar de l'ADN, cette « spirale » symbolise mieux que toute autre figure l'espace, le temps, la vie. Celle-ci est de plus tout à fait révélatrice du nouveau regard recherché par les scientifiques, visant la fusion des perspectives multiples dans une approche englobante.*

Notons encore que la relativité spatio-temporelle est signalée grâce à un TEMPS-ÉLASTIQUE[74] (DU : 393) pouvant aboutir à un « temps gelé » (DU : 393). Finalement, nous relevons une fusion étymologique des plus surprenantes. L'« atome », tout comme le « temps », proviennent de la même racine[75] et désignent deux manières différentes de « découper » notre réalité afin de mieux la connaître et de lui donner un sens. Dans cette perspective linguistique, l'espace et le temps n'ont donc pas attendu la relativité pour s'unir.

2.2.3 L'adaptation de nos schémas de pensée

Qu'est-ce que l'Univers ? Comme le souligne très justement M. Rossi, *« la tradition cosmologique distingue [...] essentiellement deux modèles rivaux, le modèle organiciste et le modèle mécaniste »* (2015 : 36). Après avoir considéré l'évolution de ces deux métaphores englobantes, nous nous penchons sur le caractère antithétique de ces schémas cognitifs avant de résumer le processus à l'œuvre lors de cette adaptation conceptuelle.

De l'UNIVERS-LIVRE à l'UNIVERS-ORDINATEUR

Ordonner l'Univers, le structurer pour lui donner un sens ; tous les récits cosmogoniques primitifs commencent par ce refus du chaos initial et l'agencement du tohu-bohu[76]. Dans cette optique, une Entité suprême – ordonnatrice, architecte ou écrivain – permet l'organisation et la vie. *La métaphore comparant l'Univers à un « livre » et Dieu à son « auteur » construit donc une image mécaniste du cosmos*[77] *à forte connotation re-*

74 Cette plasticité s'associe à la métaphore de l'UNIVERS-TISSU, *cf.* 2.1.2 et 2.2.3.

75 De *temnein*, signifiant couper, *cf.* 2.2.1.

76 Terme biblique traduit selon les versions par : « vide et vague, solitude et chaos, informe et vide » (CNRTL).

77 Nous rappelons que le terme « cosmos » veut justement dire « ordre de l'univers ; ensemble ordonné » (CNRTL).

ligieuse. La présence de cet UNIVERS-LIVRE dans des ouvrages récents signifie donc un ancrage spirituel (c'est le cas pour T.X. Thuan, adepte du bouddhisme qui privilégie une vision holistique) ou induit une vision particulière (celle, pour J.-P. Luminet, d'envisager la multiplication des « pages » de ce grand « volume », *i.e.* la pluralité des univers, dont le nôtre ne serait qu'un « feuillet ») :

> *Le Grand Livre cosmique reste à écrire, et Dieu n'est plus un archiviste tournant les pages d'un livre déjà terminé.* (CH : 547)
> Il est loisible d'interpréter les univers « extérieurs » [...] soit comme des univers différents, soit comme *des feuillets d'un seul et unique univers* – le nôtre. (DU : 486)

La métaphore de l'UNIVERS-MACHINE ensuite est présente, d'une manière ou d'une autre, chez la plupart des auteurs :

> La Terre est *une machine à multiplier les photons.* (HE : 91)
> Cela [le fonctionnement des pulsars] revient un peu à tenter de comprendre *le fonctionnement d'une grosse machine cachée dans une usine* en écoutant seulement quelques bruits sourds qui s'en échappent. (DU : 263–264)
> Seul un trou noir est *la machine* à même de susciter dans son environnement proche les conditions physiques extrêmes [...]. Mais il n'est pas sûr que *le « Grand Annihilateur »* soit un système binaire. (DU : 661)
> *Le trou noir machine* (DU : 503)
> Ce sont les protéines qui assurent la bonne marche des réactions chimiques [...] *comme des mécaniciens d'usine forant des trous ou soudant des pièces détachées.* (CH : 428)

Cette métaphore n'est qu'une adaptation technologique de celle de L'UNIVERS-LIVRE. Cependant, il est important de noter que cette « machine céleste » ne représente désormais que très rarement l'Univers dans son ensemble. Seules des parties du grand Tout sont encore comparées à certains mécanismes : HOMME-AUTOMATE, TERRE-MACHINE, TROU-NOIR-GRAND-ANNIHILATEUR, l'imagerie de « la machinerie cosmique » (CH : 105) persiste mais sous une forme atténuée. De la même manière, l'« horloge cosmique » (2.2.2) ne représente plus aucun engrenage[78] et abandonne sa dimension métaphysique au profit de sa fonction initiale, celle d'indiquer l'heure.

---

78 *Cf.* Coll. (1983 : 9–79) : pouvant s'énoncer en « montre », « chronomètre », « pendule », « réveil » ou « machine à remonter le temps », l'« horloge », par la démultiplication de ses usages, « devient la mère de toutes les machines » (Coll, 1983 : 65).

Finalement, et suivant les progrès informatiques, l'UNIVERS-ORDINATEUR voit le jour. *Ce prolongement métaphorique de l'UNIVERS-MACHINE désigne bel et bien l'ensemble de l'Univers, ce dernier constituant le « plus grand ordinateur possible » (DU : 557) :*

> *Pour reprendre l'image de l'ordinateur,* les lois [de l'Univers] constituent *le logiciel* (*software* en anglais) de la Nature, tandis que les états physiques en constituent *l'armature matérielle* (*hardware* en anglais). *Le logiciel existe indépendamment des circuits électroniques de l'ordinateur.* (CH : 515)
> Si les trous noirs peuvent être considérés *comme des ordinateurs*, l'espace-temps peut l'être également. (DU : 556)

Hormis les problèmes que posent « le déchiffrage du code cosmique » ou la « programmation de l'ordinateur universel » (CH : 536 / 530), cette métaphore mécaniste doit être traitée avec la plus extrême précaution. En effet, « si n'importe quel morceau de matière est un ordinateur en puissance » (DU : 552), notre cerveau n'échappe pas à ce transfert. L'analogie courue associant notre fonctionnement cérébral à un système informatique fait de la sorte régulièrement l'objet de polémiques[79]. Facilement réversible, la métaphore du CERVEAU-ORDINATEUR – ou CERVEAU-MACHINE – se mue en ORDINATEUR-CERVEAU, la fusion entre ces deux entités étant telle que la différence entre les deux métaphores ne semble plus clairement perçue. Il n'entre pas dans notre cadre d'études d'aller plus avant dans cette différenciation[80]. Néanmoins, il nous paraît essentiel d'insister sur l'importance d'une réflexion épistémologique autour de cette représentation, identifiant le monde et son contenu à un instrument ; car, s'il est bénéfique à l'homme de créer des « appareils » à son image (machine humaine), il serait plus ennuyeux de constater que la vision martelée d'un UNIVERS-ROBOT ne finisse par engendrer des hommes machinisés, simples marchandises de production au service de l'économie.

---

79 *Cf.* Jeanneret (1992). Sous cette problématique se cache en fait une question clef qui peut se traduire comme suit : « Or, si l'esprit humain se distingue de la machine de Turing, c'est dans la mesure où il est susceptible d'un développement indéfini, qui semble ne pouvoir s'accomplir que dans une autre vie. Est-ce à dire qu'il faut attendre la mort pour assister à la révolution mathématique ? » (Cassou-Noguès, 2007 : 229).

80 *Cf.* 3.1.2. Si le fait d'envisager le fonctionnement cognitif sous le jour informatique permet de réelles avancées (notamment en IA, en cybernétique ou dans le développement de programmes heuristiques), *celui identifiant le cerveau – puis l'homme – à un automate ouvre la porte à des dérives potentiellement dangereuses (tel le transhumanisme). Cf.* Wagner-Remy (1990) ou Coll. (2009 : 134–148).

De l'Univers-peau à l'Univers-tissu

Bien avant que le cosmos ne soit envisagé comme une « horloge parfaitement huilée » (Newton, 2.2.2), le ciel et la terre furent pensés comme un organisme vivant. Par exemple, et selon une mythologie asiatique, la « tortue » porte le « disque-monde » sur son dos. Avec d'autres animaux – comme l'« éléphant » ou le « dragon » – *ce cosmophore induit des caractéristiques de stabilité et de sagesse qui perdurent dans l'inconscient collectif* (Coll., 1982 : 956–959). Bien que cet UNIVERS-ANIMAL soit encore présent sporadiquement, comme par le biais de « l'univers-phénix » rebondissant de big crunch en big bang (DU : 790), les phores animaliers représentent majoritairement des éléments particuliers du cosmos[81]. Le *« bestiaire de l'astrophysique » semble ainsi progressivement intégrer l'interdiscours scientifique :*

> Chemin faisant, il [J.-P. Luminet] nous dévoile l'étonnant *bestiaire de l'astrophysique qui regorge de créatures étranges*, placées sous l'empire d'une gravité omnipotente : blafardes naines blanches, étoiles à neutrons hyperdenses, supernovae apocalyptiques, hypernovae et sursauts gamma... (DU : quatrième de couverture, T.1)
> Les quasars font partie de *l'étrange et merveilleux bestiaire de l'astrophysique moderne.* (CH : 276)

Néanmoins, l'Univers considéré comme un être vivant prend très majoritairement les formes d'un corps humain. A la différence du processus de zoomorphisation, celui de personnification concerne aussi bien des objets particuliers (comme des ÉTOILES-ENFANTS ou d'autres « corps célestes ») que l'Univers dans son intégralité. Si l'on considère que « le langage de l'organisme est le langage qui tente de répondre aux problèmes de statut de l'homme dans l'univers » (Schlanger, 1995 : 47), cette présence d'un *organisme unique et universel* semble tout à fait logique et rationnelle dans des récits traitant justement de cosmologie et/ou de cosmogonie. De la même manière que la vision mécaniste d'un UNIVERS-LIVRE évolue en UNIVERS-ORDINATEUR, celle organiciste d'un ciel pensé comme un corps, une peau (*cf.* les représentations de la déesse Noût enveloppant la Terre de sa peau étoilée[82]) évolue, notamment en ESPACE-TEMPS-TISSU (2.1.2). *Mais*

81 *Cf.* 2.8.1.2. Nous soulignons ici le *caractère fabuleux des animaux figuratifs afin de décrire la totalité ainsi que le choix judicieux d'animaux hybrides (phénix, chimère, dragon, etc.) permettant de poser le délicat problème entre la partie et le tout.*

82 Il est intéressant de noter que cette couverture étoilée se prolonge par le biais des peaux de panthère (les rosettes symbolisant les astres) arborées par les prêtres égyptiens lors

qu'il s'agisse d'un MACROCOSME-ANIMAL *ou d'un* UNIVERS-PERSONNE, *il est important de rappeler* que *cette représentation holistique découle d'une vision animiste ancestrale (2.6.2).*

Serons-nous des hommes bioniques ou des machines organiques ?
Le concept d'HOMME-MACHINE (La Mettrie, 1747) – faisant suite à celui d'ANIMAL-MACHINE[83] (Descartes, 17e s.) – pense ainsi le corps comme un automate. Tout semble donc opposer ce modèle à celui organiciste, qui ne saurait en aucun cas se résoudre à cette « distinction primitive entre le corps et l'âme » (Bensaude-Vincent et Kounelis, 1991 : 316). Pourtant, et en y réfléchissant bien, il est plus qu'aisé, quasi naturel, de passer d'un modèle métaphorique à l'autre, de remplacer le cœur par un moteur, des articulations par des rouages ou notre transpiration par un système de refroidissement. De la même manière, les rues d'une ville – organisme vivant – s'imaginent très bien en artères, son avenue principale en colonne vertébrale, ses égouts en entrailles, *etc.* (Catalán, 2011). L'ambiguïté provoquée par l'analogie concernant le cerveau et l'ordinateur (*supra*) est un bon indicateur de notre difficulté à différencier nettement ces schémas cognitifs… et pour cause. Notre condition humaine nous enferme dans notre propre système de pensée et nous condamne à une vision forcément anthropocentrique. Ce problème épistémologique majeur[84] (comment se voir avec ses propres yeux, connaître son esprit en utilisant justement celui-ci) est selon toute vraisemblance à la base du processus métaphorique (1.1.2.1). La prise de conscience de cette limite, ainsi que l'application de la relativité au niveau conceptuel, poussent nombre de scientifiques-vulgarisateurs à fusionner ces modèles (3.3). *De la sorte, cette question – de savoir si l'homme n'est qu'une machine ou si nous ne pouvons envisager nos inventions mécaniques autrement que comme un prolongement de notre corps humain – ne semble pas tant*

---

des cérémonies en l'hommage à cette déesse du ciel, ainsi que par les manteaux royaux (les mouchetures de la fourrure d'hermine ayant remplacé les taches de la peau de panthère), ces manteaux cosmiques ayant toujours comme fonction première de signifier le lien quasi indéfectible entre « les forces venues d'en haut » et le commun des mortels.

83 Ces concepts virent le jour grâce à la découverte de la circulation sanguine. En remettant en cause la médecine de Galien (2e s.), William Harvey (1578–1657) permit d'envisager le corps comme un espace clos, un objet complexe maîtrisable.

84 *Cf.* Bachelard (1966), Heisenberg (1972), Popper (1973), Cassou-Noguès (2007), Coll. (2010) ou Clivaz (2014 : 28–35).

devoir se poser à un niveau conceptuel, mais est tout à fait essentielle à un niveau éthique.

Le savoir mille-feuilles
Ainsi, le changement de paradigme induit par la découverte de la relativité générale et de la physique quantique impose, notamment, une transformation de l'imagerie scientifique. Comme nous l'avons vu ci-dessus (ou grâce à l'exemple de la pomme newtonienne qui se voit écrabouillée par la nouvelle physique en 2.2.1), cette mutation s'opère en adaptant des images ancestrales aux connaissances – et techniques – actuelles. La « refonte totale du savoir » (Bachelard, 1996 : 16) semble ainsi consister à transformer ces images existantes (2.8), en appliquant progressivement de nouvelles représentations aux « calques » préalables. Cette conception d'une connaissance par strates implique la permanence de « sous-couches » métaphoriques qui, même atténuées ou masquées par de nouvelles analogies, demeurent au niveau de notre inconscient (3.2.6.3). Les nombreuses recherches consacrées à l'étude du cerveau[85] nous permettront peut-être de découvrir comment, dans ce savoir mille-feuilles, certaines métaphores subsistent consciemment au détriment d'autres ou comment certaines images occultées en filigrane de notre imaginaire peuvent, à tout moment, resurgir (*cf.* « L'usure et le réveil des figures », Bonhomme, 1998 : 90–92). Quoi qu'il en soit, nous pouvons constater avec plaisir que*, de 1984 à nos jours, l'imagerie est en adéquation avec les progrès scientifiques et que l'invention créatrice se porte bien.*

2.3 Le pou-VOIR heuristique

L'imagerie scientifique permet non seulement de comprendre les découvertes en cours, mais surtout de dépasser ses propres connaissances, de progresser. Ce haut potentiel heuristique de l'imagination nous est notamment perceptible *via* l'étude de la lumière.

85 Notamment le HBP de l'EPFL.

2.3.1 Les lumières de l'esprit

L'histoire de la Connaissance est très intimement liée à celle de la lumière, à cet éclairage qui permet à notre cerveau de voir et de saisir le monde. Sans entrer ici dans les profondeurs de l'optique, nous signalons deux faits marquants. Le premier concerne l'apport substantiel du monde arabo-musulman pendant le Moyen Âge, notamment grâce à Ibn-al-Haytman, dit Alhazen (965–1039). Réfutant l'idée selon laquelle l'œil illumine l'objet en émettant des rayons (Euclide), ce précurseur de la méthode scientifique imagina la possibilité d'une lumière indépendante de l'observateur et d'un œil réceptacle (un peu comme une chambre noire). Cette inversion totale des schémas de pensée – l'observateur ne joue plus qu'un rôle passif et la « vision est le produit d'un agent entièrement extérieur à l'œil » (Coll. 1983 : 318) – influença profondément l'Occident. Par la suite, deux conceptions antithétiques de la lumière s'opposèrent pendant plusieurs siècles ; pour les uns (Christians Huygens, 1678), la lumière se comporte comme une onde, pour les autres (Isaac Newton, 1704), la lumière se compose de corpuscules. L'idée émise pour la première fois en 1905 (Einstein) – selon laquelle la lumière peut être à la fois une onde **et** une particule – fut définitivement prouvée, tout comme l'existence de phénomènes quantiques surprenants – comme l'intrication – notamment par le physicien français, Alain Aspect (1980–82).

S'il était aisé de se représenter une particule sous la forme d'un corpuscule – la PARTICULE-GRAIN ou la PARTICULE-BILLE – ou sous la forme d'une onde – la PARTICULE-VAGUE[86] –, il est beaucoup plus délicat d'imaginer cette dualité onde-corpuscule[87] ; car enfin, comment visualiser un objet qui soit à la fois continu et discontinu, déterminé et indéterminé, limité et illimité ? Comment penser qu'un objet solide puisse être concomitamment liquide ?

86 L'onde est traditionnellement comparée à une vague se propageant vers le large, une vibration, tandis que les phores du « grain » et/ou de la « bille » construisent la métaphore du corpuscule considéré comme un point, un objet déterminé.

87 Egalement nommée onde-particule.

2.3.2 Le poisson soluble et ses frères

« Grains d'énergie[88] », « flux de corpuscules » (CQ : 27 / 28) … Après certaines tentatives visant à unifier ces contraires, Sven Ortoli et Jean-Pierre Pharabod proposent, dans le premier ouvrage de vulgarisation scientifique en matière de mécanique quantique (*Le Cantique des quantiques*, 1984), la première figuration de cette onde-corpuscule :

> **Les poissons solubles** : Un poisson évolue dans une mare si boueuse qu'on ne peut absolument pas le voir. Un pêcheur tente sa chance, et au bout d'un certain temps le poisson mord. Le pêcheur relève sa canne et voit le poisson suspendu au bout du fil. Il en conclut logiquement qu'auparavant le poisson se déplaçait dans la mare, à la recherche de nourriture. Jamais il n'ira penser qu'avant de mordre le poisson n'était qu'une sorte de potentialité de poisson occupant toute la mare. […] C'est comme si avant de mordre le poisson occupait toute la mare, avec des endroits où il était plus dilué et d'autres où il était plus concentré. Un tel poisson « quantique », qui ne se concrétise que lorsqu'il est pris, ne correspond à rien de ce que nous avons l'habitude d'observer. (CQ : 9–11)

A plusieurs reprises, cette image surréaliste de l'ÉLECTRON-POISSON-SOLUBLE empruntée à André Breton (1924) est développée selon le modèle suivant :

Thème	*Phore*
Particule élémentaire Électron, proton ou atome	Poisson soluble ou poisson « quantique »
Boîte vide	Mare
Sonde interagissant avec la particule	Dispositif de pêche (canne, ligne, hameçon)
Physicien	Pêcheur[90]

A l'instar du « poisson soluble », l'électron, lorsqu'il n'est pas observé, occupe tout l'espace (toute l'eau) dans lequel il baigne ; il reste dans cet état de potentialité (de poisson en devenir) jusqu'à ce qu'un scientifique

88 Ces « grains d'énergie » – ou « grains de lumière » – désignent généralement les « photons » (terme formé sur le grec signifiant lumière, 1927, CNRTL), originellement dénommés « quanta de lumière » par Albert Einstein.

89 Dans la plus pure tradition judéo-chrétienne, ce PHYSICIEN-PÊCHEUR semble faire écho au SAVANT-PÉCHEUR (2.7.2).

observe l'électron, perturbe le système, réalise la mesure (jusqu'à ce que le pêcheur introduise sa canne à pêche dans l'eau). A ce moment-là, et à ce moment seulement, l'électron « se sachant » observé épouse sa forme corpusculaire (le poisson prend sa forme de poisson, se matérialise, se concrétise). Cette allotopie halieutique permet de mieux comprendre le rôle de la mesure, de l'observation et/ou de l'esprit[90] dans cette « fabrication du réel » (Thuan, 1998). Ainsi, *l'utilisation de cette image sur-réelle est tout particulièrement judicieuse afin de projeter la physique dans le monde méta-physique* en fusionnant plus que l'onde et la particule, le monde physique à celui psychique.

Cette allégorie faisant du « poisson pensée » – ou « poisson quantique ne se matérialisant qu'en se sachant observé » (CQ : 11) – une potentialité de tous les possibles, recèle une multitude de sens à explorer[91]. De plus, la difficulté de sa résolution linguistique (*cf.* Kittay, 1987 : 93–95) exprime parfaitement la scission encore existante entre la physique classique (où cette image est oxymorique) et celle quantique (où cette figure devient métaphorique, le cadre référentiel étant redéfini). Néanmoins, la compréhension totale de ce phénomène exige une construction mentale relativement importante. Vraisemblablement conscients de cette difficulté, ces mêmes auteurs proposèrent par la suite (Ortoli et Pharabod, 2011 : 103) une autre métaphore, moins riche symboliquement et épistémologiquement, mais plus directement accessible :

> Les grains de lumière, comme les grains de matière, sont des minotaures ; mi-onde, mi-particule.

Mi-onde, mi-particule // Mi-homme, mi-taureau, la particule possède, tout comme cet être composite, une double nature. La pertinence du choix de cet être hybride[92] doit une fois de plus être soulignée. Connu du plus grand nombre, *ce monstre prisonnier de sa propre condition incarne plus que la dualité première de la matière, celle de la nature humaine.* Tiraillé entre

90 L'une des grandes questions soulevées par le CQ (11) concerne « le moment où le poisson quantique se concrétise » ; quand il mord – ou quand l'électron interagit avec la sonde – (interprétation des matérialistes quantiques), ou quand on le voit – moment de l'observation – (interprétation des idéalistes quantiques). Il s'agit en fait du problème de la mesure, tel qu'il est illustré par le chat de Schrödinger, *cf.* 2.1.2.

91 Concernant le symbolisme de cette image, *cf.* Clivaz (2014 : 251–260).

92 D'autres êtres composites auraient pu prétendre à cette construction analogique : « sirène », « centaure », « harpies », « sphinx », *etc.*

cœur et raison, le minotaure semble également représenter le physicien, perdu dans un nouveau labyrinthe structurel. Ainsi, la métaphore holistique du PHOTON-MINOTAURE, tout en facilitant la visualisation de ce que peuvent être les composants élémentaires de la matière, s'inscrit dans un fonds mythologique ancestral et induit un symbolisme accru ainsi qu'une forte prégnance. Une autre adaptation occidentale, ainsi que la vision orientale de cette même vérité scientifique, nous sont proposées par l'astrophysicien d'origine vietnamienne, Trinh Xuan Thuan :

> *Comme Janus, l'électron a deux visages* : il est à la fois particule et onde. Il n'est particule que quand nous l'observons. Loin du regard scrutateur, il arbore son visage d'onde. (CH : 159)
> *Comme le Yin est complémentaire du Yang*[93]*, l'électron a deux visages* qui se complètent l'un l'autre : il est à la fois particule et onde. (CH : 339)

Cette même *construction totalisante du Yin et du Yang* – tentant d'unifier les deux « visages » de l'électron – est de plus judicieusement associée au « principe de complémentarité » (Niels Bohr). Si l'analogie du minotaure insiste sur l'essence duelle de toute particule, celle du *taijitu*[94] souligne l'impossibilité de voir les deux « faces » d'un même objet simultanément, tandis que la métaphore du dieu bifront *Janus* – gardien du temps et des portes – privilégie le/les choix à réaliser face aux différents chemins possibles[95] et intègre une dimension dynamique non négligeable.

---

93 Les expériences de Young, à la base de cette nouvelle physique, ont-elles inspiré, par paronymie, cette analogie ?

94 Il n'est pas anodin de constater que ce symbole taoïste porte aussi le nom de « poissons Yin et Yang » en Chine.

95 De la sorte, cette métaphore exprime davantage le système quantique probabiliste en pouvant, notamment, être associée à la réduction du paquet d'ondes.

Finalement, *la métaphore du cylindre*[96], largement diffusée sur internet, reprend l'idée d'une entité bi-face. Selon la manière d'observer – d'illuminer – le cylindre, celui-ci laissera apparaître une forme rectangulaire (le comportement ondulatoire) ou une forme circulaire (le comportement corpusculaire).

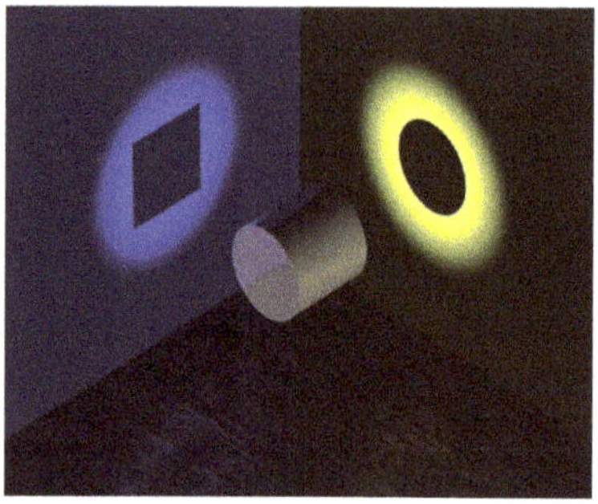

Figure 8 : La métaphore du cylindre. Selon les focalisations, un même objet offre des aspects différents.

Outre le fait que cette métaphore met l'accent sur le rôle de l'observateur (selon son point de vue, l'objet diffère), *cette dernière reprend l'héritage philosophique platonicien*, où seules les ombres des objets – et non les objets en eux-mêmes – peuvent être appréhendées. Bien que cette analogie soit de loin la plus directement compréhensible (visible), celle-ci évoque indubitablement l'allégorie de la caverne et induit une conception toute idéaliste de la réalité (1.2.3).

Ces exemples de figurations nous permettent de dégager l'évolution de cette dualité onde-corpuscule ; considérée à son origine davantage comme une expérience de pensée, la vision de ce phénomène se dégage progressivement du champ de la mythologie pour s'engager dans celui de l'optique, dans une simplification conceptuelle graduelle. Il ne fait guère de doute que ces différentes analogies ont nourri l'imaginaire des scientifiques et modelé les schémas de pensée des étudiants et chercheurs en physique.

96 Image de Jean-Christophe Benoist (2007) *in* <https://commons.wikimedia.org/wiki/File:Dualite.jpg>.

Sans aller jusqu'à affirmer que cette imagerie a permis, à elle seule, de penser – d'imaginer – un nouveau système de mesure capable de capter cette double nature lumineuse, nous constatons que *l'une des représentations marquantes de l'année 2015 est cette image réelle*[97], cette photographie obtenue par des chercheurs de l'EPFL, cet instantané capturant le double comportement – ondulatoire et corpusculaire – de la lumière.

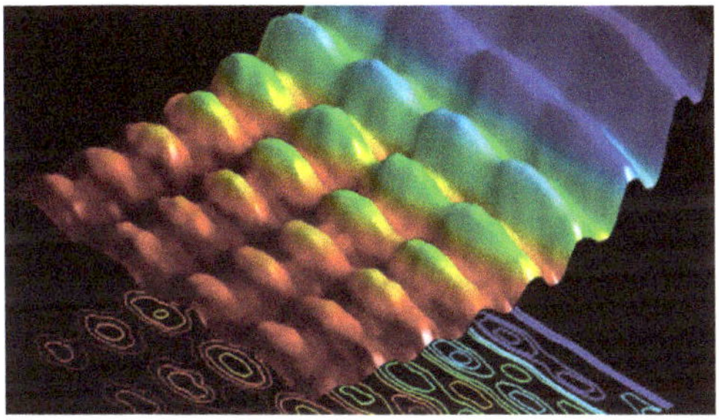

Figure 9 : Instantané réalisé par des scientifiques de l'EPFL montrant la dualité onde-corpuscule de la lumière.

Ainsi, l'imagination, loin d'être « un obstacle épistémologique » (Bachelard, 1996) est non seulement utile, mais nécessaire au progrès scientifique. Même si cette « folle du logis » (Malebranche) se doit d'être « bridée » (Gribbin, 1994 : 317) ou jugulée par la raison (« rationalité imaginative », Lakoff et Johnson, 1985 : 204), elle n'en demeure pas moins, au même titre que l'analogie, un processus indispensable à notre système représentatif. Et *si voir, c'est SAVOIR*, cette compétence créatrice première, à la source d'inventions heuristiques, doit être davantage encouragée dans le système éducatif.

2.4 L'intégration d'un nouveau paradigme

L'étude de cette imagerie spécifique démontre également comment les scientifiques tentent d'intégrer la relativité, ainsi que certains phénomènes quantiques, dans notre structure cognitive. Nous donnons à voir ici deux des techniques utilisées à cette fin.

97 Image tirée de <http://actu.epfl.ch/news/la-lumiere-montre-ses-deux-visages-sur-un-meme-cli/>.

« Théorème d'incertitude[98]» (Heisenberg, 1927), « théorèmes d'incomplétude » (Gödel, 1931), « principe de réfutabilité » (Popper, 1973), l'une des avancées épistémologiques majeures du 20e s. fut d'intégrer l'ignorance comme une partie indéfectible de notre connaissance (1.3.3). Mais comment inclure ces concepts d'« indéterminisme » ou d'« imprédictibilité » dans nos schémas conceptuels ? Afin de figurer ce système probabiliste – qui permet à tout objet quantique de présenter plusieurs « visages » simultanément (*cf. supra*) – une démultiplication des regards et des formes est pratiquée. Ainsi, les images relatives à l'atome – et/ou à ses composants élémentaires – se dédoublent, enflent, se multiplient. Sans revenir sur les exemples précédemment cités (2.1), ni présager de la persistance de phores traditionnels (2.8), nous pouvons synthétiser ces métaphores comme suit :

Images relatives à l'atome et/ou à son noyau	
L'ATOME-NOURRITURE Fruit (orange, poire, pomme), légume (lentille, petit pois), autres (gâteau, grain de riz, spaghetti, sel), *etc.*	EXEMPLE « Si les atomes avaient 100 mètres de diamètre, le noyau aurait la taille d'un petit pois ! » (NE : 32)
L'ATOME-OBJET Anneau, balle, boucle, brique, bulle, cigare, corde, ficelle, filament, lettre, nœud, nombre, pelote, ressort, trou, vibration, *etc.*	EXEMPLE « Les noyaux sont généralement sphériques. Parmi les plus lourds, certains affectent des formes de cigares ou de lentilles ; d'autres ressemblent à des poires. » (HE : 114)
L'ATOME-TERRITOIRE Edifice (cathédrale, salle de bal, stade de football), parcelle, paysage, vallée, *etc.*	EXEMPLE « Il existait une fenêtre par laquelle il [Bohr] pouvait examiner le comportement de l'atome, cette fenêtre était parée d'une vitre possédant des motifs aussi colorés et variés que les merveilleux vitraux qui ornent les murs des cathédrales gothiques. Ce vitrail de l'atome, c'était son spectre. » (CH : 325)

98 Le terme d'« indétermination » est aujourd'hui préféré à celui d' « incertitude ». En effet, le fait de ne pouvoir « connaître » certaines informations ne tient pas à une limite cognitive, mais bel et bien à un indéterminisme inhérent au système d'observation (Gunzig, 2011 : 135).

Images relatives aux particules subatomiques	
RÉIFICATION *Aspect corpusculaire* : astéroïde, balle, bille, boule, boulet, brique, caillou, grain, poupée russe, toupie, vibration, *etc.* *Aspect ondulatoire* : déluge, eau, écume, étang, flux, gerbe, goutte, gouttelette, mare, mer, nuage, onde, ondelette, ride sur l'eau, vague, vibration, *etc.*	EXEMPLE « Les quarks d'une même « saveur » ont tous la même masse, quelle que soit leur « couleur ». C'est comme si vous commandiez des boules de glace au dessert [...]. » (CH : 361) « Les électrons se meuvent librement au sein d'une « mer dégénérée » [...] la mer d'électrons [...]. » (DU : 199)
ZOOMORPHISATION Abeille, fourmi, monstre, mouche, oiseau, poisson, *etc.*	EXEMPLE « Chacun de ses atomes est constitué d'un noyau qui rassemble pratiquement toute la masse, entouré d'une volière d'électrons virevoltants [...]. » (DU : 192)
PERSONNIFICATION Amante, boxeuse, danseuse, diplomate, élève, enfant, entremetteuse, épouse, espionne, esprit, femme, jumelle, martienne, nouveau-né, parturiente, voyageuse, *etc.* *Attributs humains spécifiques* : empreintes digitales, durée de vie, identité, nom, peau, visage, *etc.*	EXEMPLE « Le neutron ressemble en tout point (à 0,1%) au proton, sauf que l'un possède une charge électrique et l'autre pas. La situation est analogue à celle de deux jumeaux identiques, à cette différence près que l'un porte des moustaches et l'autre pas. » (CH : 356).

Nous assistons donc à une accumulation des images utilisées afin de décrire – de définir – les minima de la matière. Certes, cet accroissement spectaculaire est à mettre en corrélation avec la pléthore de particules récemment découverte. Mais cette prolifération a également comme objectif de *montrer une réalité idéelle sous une pluralité d'aspects, d'imaginer une multitude de possibles* dans laquelle peut se mouler un objet quantique.

Il est important de noter que ce *polymorphisme figuratif* ne se cantonne pas à l'un ou l'autre objet physique, mais touche toutes les parties du Tout jusqu'à englober le Cosmos dans son intégralité. De la sorte, *l'Univers peut être tour à tour un animal, un mécanisme* (2.2.3), *une personne* (2.2.6) *ou un objet*, comme l'indiquent ces quelques exemples[99] :

99 Pour une vision synoptique, *cf.* le recueil des principaux phores et métaphores-images.

L'Univers-nourriture : champagne, œuf, orange, purée, soupe, *etc.*

L'Univers n'est encore qu'une pâte lisse et homogène [...] agitée de légères fluctuations qui [...] tendent à se concentrer davantage, pour former des grumeaux. Mais, *comme un cake qui gonfle dans un four, la pâte-Univers se dilate*, soufflée par l'explosion [...]. Tout ceux qui ont fait de *la pâte à crêpes* ont pu constater que *les petits grumeaux* se forment préférentiellement aux gros. Toutes proportions gardées on peut se demander si, dans *la pâte lisse de l'Univers primordial*, des fluctuations rassemblant des masses minuscules par rapport à celles des galaxies n'auraient pu former en tout premier lieu des petits corps gravitationnellement condensés [...] de trous noirs primordiaux. (DU : 597–598)
[...] pour que l'Univers observable triple de taille cent fois de suite et atteigne celle d'une *orange.* (CH : 416)

L'Univers-objet : caverne d'Ali Baba, gant, jeu, manège, miroir, peau de chagrin, tableau, toile, *etc.*

L'ensemble de tous ces processus [qui permettent la formation de l'Univers] est cohérent *comme les pièces d'un puzzle qui se mettent en place.* (NE : 88)
Comme dans un immense manège cosmique, elles [les étoiles] tournent autour du centre galactique. (CH : 164)
Le corps noir est une sorte de *radiateur* idéal [...]. (DU : 532)

L'Univers-océan : bain, eau, iceberg, mer, *etc.*

Phores associés : amarres, bouillonnement, corps flottant, cristaux, écueil, écume, embarquement, émergence, gel, mer, mousse, plongée, récif, sabordage, tourbillon, turbulence, *etc.*

L'Univers n'est qu'une bulle dans un hyperespace qui échappe à tous nos sens. (NE : 75)
Nous vivons en effet dans *un univers-iceberg* dont 90 à 98 % de la masse ne sont pas directement accessibles à nos télescopes [...]. (CH : 381–382)

L'Univers-terre : arbre, champ, désert, fruit, graine, paysage, pierre, terrain, territoire, *etc.*

Phores associés : moisson, pépinière, plateau, ramification, racine, vallée, *etc.*

Les branches d'univers (CQ : 110)
Les fermes cosmiques (HE : 164)
Mais, de temps à autre, leur [celle des comètes] tranquillité est troublée par le passage d'un nuage de gaz et de poussière, parmi les nombreux qui jonchent *le terreau galactique* [...]. (CH : 82)

Ces variations plurielles d'objets fluctuants sont donc un moyen d'intégrer la relativité einsteinienne dans nos modèles cognitifs. *Ces démultiplications des sens – aussi bien géométriques que sémantiques* – opérées grâce à ces « nébuleuses » de l'imaginaire, permettent non seulement de s'initier à un autre mode de pensée, mais aussi d'élargir nos horizons conceptuels.

2.4.2 L'écheveau figuratif

Un autre moyen afin d'intégrer des phénomènes quantiques dans la composition rhétorique est utilisé par certains scientifiques-vulgarisateurs. Si l'humanisation de particules élémentaires permet la visualisation d'entités invisibles (à l'œil nu), *la mise en évidence de liens de parenté entre ces ÉLÉMENTS-PERSONNES symbolise l'importance des différentes interactions au sein de la matière.* L'un des exemples les plus courus est *celui associant l'intrication quantique aux « particules jumelles*[100] *»*. Des « photons jumeaux » servent notamment à illustrer comment deux particules séparées dans l'espace peuvent, malgré tout, continuer de former une seule unité grâce à « un mystérieux lien télépathique » (CQ : 58 / 61).

Nous avons déjà décrit (2.1.1.2) comment la grande « famille cosmique[101] » s'étale progressivement jusqu'à représenter une population entière. Dans cette figuration d'une société clanique traditionnelle, ce qui importe désormais n'est pas tant la personnalité propre de l'individu que *la relation que celui-ci entretient avec le reste de la collectivité.* En effet, dans l'immensité spatiale, où tout semble afficher « un curieux air de famille » (CH : 374), les échanges entre les « individus » – et non l'« individu » en lui-même – priment. Le comportement social des éléments universels sert donc, à maintes reprises, afin de représenter les différentes interactions au sein de la matière ou certains principes physiques :

---

100 Cette analogie est à associer au « paradoxe des jumeaux », également nommé « paradoxe des horloges » ou « paradoxe de Langevin » (Barreau, 1985 : 9).

101 Nous donnons ici encore quelques exemples : « Toute une *famille* de particules » ; « les quarks d'une même *famille* » ; « la *famille* des leptons » (CH : 398 / 362 / 363) ; « Les étoiles *accouchent* d'autres étoiles depuis les origines… » (NE : 173) ; « Seule des quatre planètes telluriques, elle [la Terre] aurait eu la chance de capturer un *partenaire* idéal pour former un *couple* éternel. » ; « Les W et Z sont comme des *triplés* identiques qui ont été séparés à la *naissance* […]. » (CH : 58 / 374).

> Les supercordes ne vivent pas *des vies placides et isolées*. Elles bougent, interagissent, se connectent et se subdivisent. *Leur comportement en société* est très compliqué [...]. (CH : 402)
> Les bosons sont très *communautaires* : ils acceptent de *s'installer tous ensemble* [...]. Au contraire, les fermions sont des particules *asociales* : ils refusent de partager le même état. C'est le « principe de Pauli » : si un état d'énergie est occupé, les autres fermions doivent choisir d'aller ailleurs. (NE : 55–56)

Notons également l'utilisation de populations « extraterrestres » (*cf.* les PARTICULES-MARTIENNES, en 2.1.1.1) ou « exotiques[102] » afin de décrire ces divers échanges :

> Les astrophysiciens ont toujours aimé spéculer sur l'existence de formes exotiques de la matière, jamais observées en laboratoire mais *pouvant peupler les immensités cosmiques*. Avec les développements de la physique des hautes énergies, ils s'intéressent aujourd'hui aux très nombreuses espèces de particules prédites par les théories d'unification des interactions fondamentales, qui seraient susceptibles d'approvisionner l'espace intergalactique en cette « matière sombre » ardemment recherchée, détectée indirectement, mais encore insaisissable. (DU : 301)

A l'heure où l'un des grands défis de la physique se situe justement en cette réunification des quatre interactions fondamentales (interactions nucléaires faible et forte, gravitation et électromagnétisme), le fait de mettre en exergue un réseau complexe de corrélations et de rapports par le biais d'une population universelle est remarquable. En effet, les liens affectifs et/ou les relations humaines régissant nos familles et notre société parviennent à décrire parfaitement les différents rapports et intrications agissant au cœur de la matière, tout en intégrant un pathos, léger mais permanent, propre à l'identification. De plus, cet écheveau figuratif renforce la vision d'un cosmos vibrant de connexions permanentes, d'un Tout unifié par un entrelacement de correspondances subtiles. Les différentes « forces[103] » opérant dans l'Univers ne sont donc pas simplement représentées sous la forme d'analogies successives et indépendantes, mais ont été pleinement incorporées dans la trame même du discours, au

102 Cette analogie s'appuie sur le terme scientifique de « matière exotique ».

103 Le terme « force », impliquant une hiérarchisation des éléments, est désormais remplacé par celui d'« interaction » où l'influence peut s'opérer dans les deux sens sans faire intervenir aucune supériorité ou infériorité quelconque. Ainsi, l'utilisation de ce terme constitue un excellent indicateur qui peut impliquer soit un ancrage temporel spécifique (dont l'unité de mesure N, le Newton, constitue l'apogée), soit une vision d'un monde s'appliquant à préserver la réalité de la matière (optique rationaliste).

point de devenir chez certain auteur (Thuan, 2.6.2.2) l'essence même de la structure narrative.

Ces deux exemples d'intégration de nouvelles données physiques – par le choix ou l'adaptation de certains procédés rhétoriques – *symbolisent le changement de paradigme à l'œuvre ainsi que l'importance de cette imagerie afin d'assimiler un nouveau modèle conceptuel.*

2.5 L'acte de résistance et d'affirmation identitaire

Le choix d'une métaphore au détriment d'une autre ne s'effectue pas seulement dans une optique pédagogique ou conceptuelle. Cette section s'applique à *démontrer comment ces figures procédant par analogie construisent un ethos auctorial propre à développer les intérêts spécifiques d'une communauté (Amossy, 2009).* La première section (2.5.1), par le biais d'un exemple précis, explique comment certaines métaphores peuvent représenter un acte de résistance de scientifiques francophones face au pôle américain. Dans un deuxième temps (2.5.2), nous répertorions les différents visages sous lesquels les scientifiques-vulgarisateurs se présentent, avant de s'interroger sur l'importance de ces portraits dans la constitution d'un imaginaire social concernant la figure du savant et/ou du scientifique.

2.5.1 Le refus d'avoir la corde au cou

> En fait, les mathématiques développées au 19e siècle *pour décrire les vibrations des cordes dans les instruments de musique rendent bien compte des vibrations des supercordes.* L'énergie de chaque mode de vibration correspond à une particule dont la masse est égale, selon la formule d'Einstein, à cette énergie divisée par le carré de la vitesse de la lumière. Ainsi, le proton n'est autre que le trio de supercordes qui vibrent, chaque corde correspondant à un quark. Comme un trio de violoncelles nous enchante en interprétant un air de Mozart, les vibrations combinées des trois supercordes produisent la musique du proton qui se traduit en une masse, une charge électrique positive de spin de 1/2 quand cette musique est captée par nos détecteurs scientifiques. L'atome, qui est une combinaison de protons, neutrons et électrons, dispose, pour créer sa musique, de plus de musiciens encore dans son orchestre. Ces musiciens sont encore plus nombreux et le son devient encore plus ample et majes-

tueux quand il s'agit de la molécule, fait d'un ensemble d'atomes. Tout autour de nous, les supercordes chantent et vibrent, et le monde n'est qu'une vaste symphonie. La prochaine fois que vous écouterez une partition de Beethoven dans votre salon, dites-vous bien que, mêlées aux sons des violons, trompettes et autres tambours qui s'accordent pour créer la sublime musique qui vous transporte, se trouvent peut-être aussi (peut-être, car la théorie des supercordes n'est pas encore vérifiée expérimentalement) les vibrations de toute la matière qui vous entoure… (CH : 401–402)

La métaphore de la MATIÈRE-CORDE est sans aucun doute l'une des figurations les plus en vogue afin de décrire les différentes particules fondamentales. Reprise pas un nombre très important d'auteurs de tous les continents (*cf.* ci-dessus ou Greene, 2007 : 609–684), celle-ci sert à représenter *la théorie des (super)cordes*. Cette théorie du Tout fut notamment élaborée afin de réunifier les interactions élémentaires et propose d'imaginer les composants subatomiques sous la forme de « cordes vibrantes », et d'ainsi abandonner la traditionnelle analogie du « point » ou de la « bille » (2.3.1 / 3.1.4). En ce sens, *cette métaphore constitue une avancée remarquable dans l'histoire des sciences en remplaçant un phore statique et ponctuel par une entité dynamique et possédant « une certaine extension »* (Greene, 2007 : 637).

Néanmoins, la métaphore de la PARTICULE-CORDE fut tellement diffusée[104] que *celle-ci a non seulement intégré l'interdiscours scientifique* (en raison de la théorie éponyme), *mais qu'elle semble de plus attester de l'authenticité de ce modèle physique en excluant de ce fait d'autres théories* (comme celle de la gravitation quantique à boucles).

Afin de ne pas se laisser enfermer dans ce modèle unique, une stratégie discursive double est envisagée. Dans un premier temps, celle-ci consiste à substituer cette image en la remplaçant par des images similaires :

Les électrons sont désormais considérés comme *des vibrations électriques* […]. (CQ : 36)
Les particules élémentaires sont analogues à *des vibrations de bouts de ficelle* […]. (CH : 534)
Les constituants fondamentaux de la matière […] ne sont pas des particules ponctuelles de dimension 0, mais *des êtres longilignes* et vibrants appelés *« cordes »,* de dimension 1. (DU : 578)

104 Comme dans l'exemple ci-dessus, grâce à la métaphore filée de l'UNIVERS-SYMPHONIE ou INSTRUMENT DE MUSIQUE. La théorie des cordes fut de plus largement « mise en scène » grâce, notamment, à la très médiatisée série télévisée américaine « The Big Bang Theory », accueillant couramment des scientifiques de renom sur le plateau.

> Au lieu d'être de simples points mathématiques sans dimension, les particules de matière sont devenues *des cordes* infiniment minces se déployant dans une seule dimension, un peu comme *des spaghettis extrêmement fins*. (CH : 399–400)

Ces deux derniers exemples sont symptomatiques de la démarche recherchée. Il ne s'agit pas d'éliminer totalement le phore de la « corde » (et le modèle qu'il établit), mais bien de proposer d'autres représentations d'une réalité encore largement inconnue. Ainsi, les multiples analogies représentant la PARTICULE-CORDE sous des jours divers – « vibration », « bout de ficelle », « êtres longilignes », « spaghetti », *etc.* – induisent une variété de ce que peut être la matière ainsi qu'une incertitude sur l'essence même de ces entités. Ce procédé rhétorique de *dé-nomination*[105] permet ainsi non seulement de se libérer d'une appellation en phase de lexicalisation, mais aussi – et surtout – d'exprimer le fait que la véritable nature de notre Univers est encore inconnue.

Parallèlement, une *re-formulation* envisage les composants élémentaires sous des formes éloignées de celle de la « corde », comme des « tableaux de nombres » (CQ : 37), des « nœuds » (DU : 573), de l'« écume », des « boucles » ou des « trous » (DU : 560). Jean-Pierre Luminet est sans nul doute l'un des scientifiques qui exprime le plus clairement, notamment par son choix figuratif, sa volonté de refuser un monopole conceptuel, et la nécessité de rester ouvert à d'autres modes de représentations. *Cette palette de métaphores signifie dès lors bien plus qu'un ornement rhétorique ou un moyen didactique, un véritable garde-fou à une pensée unique.* L'une de ses conclusions, que nous reportons ci-dessous, résume bien cet acte de résistance :

> L'ambition de la théorie des cordes ne s'arrête pas à la réconciliation entre mécanique quantique et relativité générale, elle prétend également réussir à unifier les quatre interactions élémentaires connues. Pour cette raison, elle est devenue à partir de 1990 le modèle dominant des théories physiques. Parvenu à la fin de ce chapitre, le lecteur pourra avoir le sentiment d'une grande dispersion d'idées et de concepts, allant quelque peu à l'encontre du but visé, à savoir l'unification de la physique. Et il aura raison ! Il n'y a pas *une* théorie des cordes, mais une quantité phénoménale, au point que cette théorie ne peut *même pas être fausse.* Lee Smolin a en effet compté 105 paramètres libres (c'est-à-dire ajustables à volonté, sans contrainte expérimentale ou théorique), ce qui implique … 10^{400} variantes théoriques du formalisme des cordes ! Dans ces conditions, il est impossible de faire le tri, d'autant qu'il ne semble guère envisageable d'effectuer des expérimentations directes sur les dimensions sup-

105 Le préfixe « dé » doit être compris ici comme privatif.

plémentaires de l'Univers. Aujourd'hui, les physiciens qui croient en la théorie des cordes le font pour des raisons formelles, mais si celle-ci ne peut être réfutée, obéit-elle encore aux critères d'un modèle physique de l'Univers ?
En vue de la quantification de la gravitation, la théorie des cordes souffre d'un autre défaut majeur : elle présuppose un cadre d'espace-temps fixe et absolu, de même que la mécanique newtonienne et la relativité restreinte. Or, pour être en accord avec les principes fondamentaux de la relativité générale, une théorie quantique de la gravitation ne doit pas reposer sur un espace-temps donné *a priori*. A cet égard, le formalisme des cordes paraît moins adapté que celui des boucles, même si dix fois plus de chercheurs en ont fait leur sujet d'étude exclusif.[106] (DU : 591–592)

L'un des enjeux majeurs de la vulgarisation dite « à la française » (Béguet, 1990 : 21 ou Beacco, 1999 : 21) est justement d'éviter cette phagocytation culturelle en proposant d'autres modèles ou visions d'un même objet. Ainsi, la reformulation rhétorique s'oppose à une normalisation d'une appellation non vérifiée. Grâce à cette configuration discursive, l'énonciateur, ainsi que le groupe social qu'il représente, refusent l'imposition d'une « vérité » unique, revendiquent leur propre liberté de pensée et affirment *la nécessité d'un certain recul et d'une tempérance permettant le rééquilibrage des rapports de forces entre les différentes communautés scientifiques.*

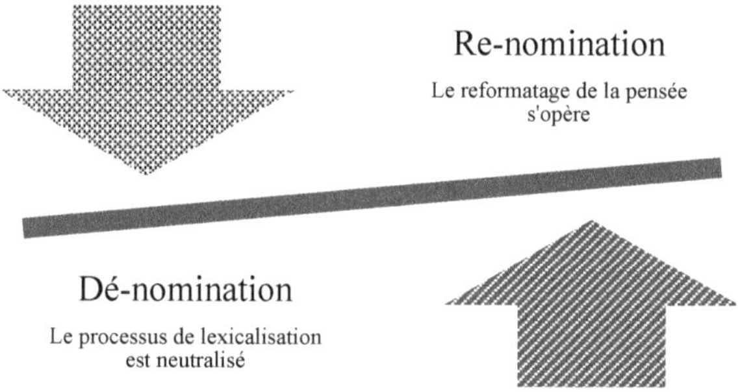

Figure 10 : Processus de reconceptualisation et de re-nomination.

106 Les passages en italique le sont dans le texte original.

2.5.2 Le scientifique entre en scène

> Les savants ne sont plus des êtres exceptionnels, des génies inquiétants, vivant à l'écart, mais des gens ordinaires. Tandis que se développent en même temps les chaires universitaires et les carrières scientifiques, le savant devient un scientifique, un fonctionnaire comme un autre. (Bensaude-Vincent, 2000 : 77)

Le savant d'autrefois ne serait donc plus qu'un fonctionnaire accomplissant les tâches demandées, un simple employé au service d'une administration ? Afin de répondre à cette question, nous allons nous intéresser dans cette section à l'image du scientifique telle qu'elle est proposée par le scientifique lui-même. Comment ce dernier se considère-t-il ? Sous quels aspects se livre-t-il ? Après certaines considérations terminologiques (2.5.2.1), nous inventorions les métaphores relatives aux « hommes de science » repérées par notre étude (2.5.2.2) pour finalement dégager l'évolution historique de cette imagerie spécifique (2.5.2.3).

2.5.2.1 Savant, chercheur, scientifique ... comment se présenter ?

« Savant », « scientifique », « spécialiste », « astronome », « physicien », « chercheur » ou « théoricien », tous ces noms peuvent désigner les auteurs des ouvrages considérés. Cependant, l'emploi de l'un ou l'autre de ces termes induit des acceptions particulières qu'il convient de prendre en compte dans la constitution de son ethos. Quatre distinctions méritent notamment d'être soulignées :

Le savant / le scientifique
Le savant – celui « qui sait beaucoup de choses, qui a un grand savoir, une grande érudition » (CNRTL) – est généralement opposé au scientifique[107] selon une différenciation temporelle. Celle-ci se situe aux alentours du 18e siècle, date à laquelle la raison prend définitivement le pas sur l'intuition et où doit être appliquée à la recherche la méthode cartésienne basée sur l'expérience. Le savant de jadis, désireux de comprendre le Tout, s'attache à saisir les correspondances entre les phénomènes ; le scientifique qui lui succède considère la partie et procède par preuves logiques et déductives. *La différence première entre « savant » et « scientifique », plus que diachronique, est donc une différence idéologique, où l'homme*

107 Première attestation en tant que personne (et non adjectif) en 1772 (CNRTL) pour la langue française et en 1840 pour celle anglaise – *scientist* – (Holton, 1981: 335).

moderne, « formé à l'esprit scientifique » (Bachelard, 1996), s'est libéré de toute considération religieuse.

Ainsi, le terme de « savant » dans des écrits contemporains s'applique aux « savants des siècles passés[108] » (HE : 200) ou permet d'afficher une volonté d'appréhender le tout dans sa globalité :

> Car il [le scientifique] est aussi un « savant », qui a le devoir de faire partager son savoir aux autres êtres humains. (NE : 18)
> La lumière n'est ni onde ni corpuscule, mais les deux à la fois ; ce sont là deux aspects complémentaires du même phénomène [...] se révélant au savant [...]. (DU : 53)

L'emploi de cette notion hors du cadre temporel ou qualitatif le délimitant généralement, est ainsi très révélateur :

> Un savant qui explore le paysage mathématique dans l'espace mental [...]. (CH : 517)
> [...] de personnes capables de calculs mentaux prodigieux [...] de « savants autistes [...] ». (CH : 524)

T.X. Thuan utilise ici le terme « savant » comme un exact synonyme de « scientifique ». La vision fortement holistique de cet auteur est ainsi d'ores et déjà visible, grâce à l'attention portée à cette unique dénomination.

Le scientifique / Le spécialiste

Si « le savant d'hier était homme de culture, le scientifique d'aujourd'hui est homme de technique » (Levy-Leblond, 1981 : 58–59). L'une des conséquences du réductionnisme cartésien fut la segmentation du champ d'investigation de la connaissance ainsi que l'augmentation du nombre de scientifiques se spécialisant dans une discipline particulière. Dans cette optique, *le « scientifique » désigne un terme générique opposé aux différents « spécialistes »* – ou « experts » d'une matière spécifique (« épidémiologistes », « écologistes » (CH : 184 / 183) « astrophysiciens » (HE : 157), *etc.*).

108 « Le monde des savants [celui de Galilée ou de Léonard de Vinci] » ; « Le savant néerlandais Christiaan Huygens » (DU : 39 / 41) ; « Mais si la science a des limites, qui reculent au cours du temps grâce aux découvertes et aux études menées par les « savants » [...] » (NE : 16).

L'astronome / L'astro-physicien

Le « physicien » – étudiant la nature – tout comme l' « astronome » – observant les astres – sont des appellations utilisées depuis l'Antiquité[109]. Néanmoins, la spécialisation des disciplines a induit une recatégorisation sémantique. Il revient ainsi au physicien l'étude des constituants fondamentaux de l'Univers, tandis que l'astrophysicien remplace l'astronome quant à l'étude des lois des corps sidéraux. Sur un plan discursif, si le terme « physicien » – synonyme d'« astronome » – est utilisé de façon pertinente alors qu'il se rapporte à l'Antiquité, *celui d'« astrophysicien »*, bien qu'existant (DU : 244 / 335 / 660 ; CH : 56) *semble remplacé par celui d'« astronome*[110] *»*. Outre certains avantages lexicaux (comme celui d'éviter des redondances phonétiques), la persistance de cette appellation doit être soulignée. En effet, l' « astronome » désigne aussi bien le professionnel que l'amateur[111], le scientifique chevronné que le simple débutant. Parfait trait d'union entre le savant antique et le scientifique contemporain, entre l'apprenti et le professionnel, *la dénomination d'« astronome » est par excellence un terme de vulgarisation scientifique, permettant aussi bien un rapprochement temporel que situationnel.*

Le chercheur / Le théoricien

Le « chercheur » – « personne qui essaie de découvrir » – et le « théoricien » – « personne qui élabore, formule et défend une théorie » (CNRTL) – ont fait leur apparition récemment :

---

109 La distinction première entre ces appellations se situe sur un plan diachronique. Les termes « physique » (2e s. av. J.-C.) et « astronomie » (déjà attesté sous Sénèque, 1er s. ap. J.-C.) sont les termes les plus anciens. Suit la « cosmologie » (16e s.) et enfin l'« astrophysique » (1928).

110 La distinction entre l'« astrophysicien » – théoricien des lois physiques – et l'« astronome » – praticien et observateur du ciel – a de nos jours pour ainsi dire disparu, tout comme l'idée que l'astronome s'occupe également d'astrologie (discipline réfutée en tant que science depuis le 19e s.).

111 Fait rarissime en science, les milliers d'astronomes amateurs participent pleinement aux travaux de recherche. L'*Union Astronomique Internationale* (UAI), fondée en 1919, a justement comme but premier de coordonner les travaux des astronomes, aussi bien professionnels qu'amateurs, au niveau mondial. Il est à souligner que le terme « amateur » n'est nullement péjoratif et que ces amoureux du ciel, s'ils ne sont généralement pas férus en physique, possèdent souvent des talents en informatique et en « bricolage » tout à fait appréciables.

> C'est en notre siècle qu'est née la figure singulière et neuve du chercheur, dont le métier n'est que de produire du savoir nouveau, mais pas de le partager ni de l'appliquer. (Levy-Leblond, 2007 : 13)

Outre cette différence fonctionnelle, il est important de remarquer *le gouffre sémantique marqué du « savant » – celui qui sait – au « chercheur » – celui qui n'a pas encore trouvé.* Cette réorientation lexicale découle logiquement du constat épistémologique d'ignorance ayant secoué le 20e siècle. Elle implique également une redéfinition du statut social du scientifique ; le « chercheur[112] », loin de posséder la réponse à toutes les questions, s'essaye, hésite, doute. Détrôné de son piédestal et noyé dans la masse de plus en plus conséquente des scientifiques, le savant idéalisé de jadis semble effectivement s'être mué en homme somme toute assez ordinaire, parfois reconnu, souvent anonyme.

2.5.2.2 Miroir, mon beau miroir...

L'analyse des multiples figures analogiques de notre corpus se rapportant au « scientifique » (sous toutes ses formes) nous permet de dégager les différents stéréotypes sous lesquels se glisse le « savant-vulgarisateur ». Ce faisant, nous mettons en évidence un mouvement continu, *transformant progressivement une image positive du chercheur en une représentation beaucoup plus inquiétante, déplaçant insensiblement le physicien de la lumière aux ténèbres.*

Le scientifique bienveillant : l'homme normal, l'aventurier, le poète et l'artiste

L'une des conséquences de la révolution industrielle et technologique du 19e s. fut d'accorder à la Science et à ses représentants une confiance accrue. Ce positivisme favorisa ainsi l'image d'un scientifique bénéfique à l'ensemble de la société, incarnant les valeurs morales issues de la philosophie des Lumières, tels que le travail, le sérieux, la rigueur ou la persévérance. « Gagnant en dignité ce qu'il a perdu en puissance » (Bensaude-Vincent, 1978 : 73), *ce « savant-positif » se veut proche de ses concitoyens et profitable à la société.* Cette première représentation d'un scientifique utile et bienfaisant se traduit dans notre corpus par des analogies trans-

112 Notons ici que le « chercheur-théoricien », et suivant en cela la parcellisation de la connaissance, s'oppose au technicien, responsable de la mise en application des résultats théoriques obtenus.

formant l'activité du chercheur en autant de métiers usuels dont voici quelques exemples :

L'« agriculteur »	: Les savants *aux champs*[113] (DU : 35)
L'« artisan médiéval »	: Il [Wilson] a pour son travail la ferveur *d'un artisan médiéval*. (HE : 30)
L'« historien »	: Ainsi l'homme de science, loin d'observer une réalité éternelle et inchangeante, se transforme progressivement *en historien de la nature*, pour se rendre compte qu'il écrit sa propre histoire, son autobiographie. (HE : 202)
L'« ornithologue »	: Le physicien se trouve un peu dans la situation *d'un homme qui voudrait étudier un oiseau de nuit inconnu* [...]. (CQ : 39)
Le « sociologue »	: Les physiciens commencent seulement à comprendre *leur sociologie* [celle des supercordes]. (CH : 402)

Du Moyen Âge à nos jours – de l'« artisan » au « boursier » –, du manuel à l'intellectuel – du « potier » au « sociologue » –, *le physicien est un homme ordinaire*, fréquentant les « bistrots » (CH : 361), œuvrant pour le bien de la collectivité. Ce rapprochement des différentes classes sociales, tout à fait conforme à l'esprit de la VS, appelle cependant deux remarques. Les métiers choisis à titre comparatif avec celui de « scientifique » sont des professions que nous pourrions qualifier de « propres » ou de « nobles[114] ». De la même façon, du « couturier » au « botaniste », toutes ces professions exigent une certaine précision et habileté (aussi bien pratique qu'intellectuelle) qui concourt à rehausser l'image de sérieux, de finesse ou de netteté habituellement accordée au spécialiste.

Cependant, nous pouvons nous étonner de la discrétion d'une profession dans ce panel, celle du médecin. En effet, l'image du SAVANT-THÉRAPEUTE est emblématique de celle d'une Science positive, à même de « soigner » les maux de la société. Louis Pasteur (1822–1895), ayant libéré la société des ravages de la peste ou Marie Curie (1867–1934), dont la découverte de la radioactivité annonçait la guérison future de maladies incurables, furent deux personnalités ayant fortement influencé cette représentation favorable du chercheur. Malgré

113 Cette métaphore joue sur la polysémie du terme « champ », désignant aussi bien une étendue de terre que d'espace.

114 L'« agriculteur » nourrissant la patrie ou l'« instituteur » dans les mains duquel est déposé l'avenir de la société représentent, à ce niveau, des activités chargées en connotations constructives.

quelques métaphores sporadiques allant en ce sens[115], cette représentation du SCIENTIFIQUE-MÉDECIN, trop proche de celle du démiurge créateur, trop menaçante aussi, n'est pas à même de rassurer le lecteur. De plus, la physique quantique, contraire au bon sens, « folle » dans sa nature, ne peut qu'engendrer une image d'un scientifique désaxé. Nous comprenons dès lors pourquoi l'analogie à cette profession – récurrente dans l'imagerie collective (en termes positifs) jusqu'au début du 20e s. – fut généralement abandonnée. *A contrario,* l'apparente patine de normalité produite grâce à l'enduit de métiers courants redore l'activité scientifique d'une aura lumineuse.

A cette représentation d'un scientifique statique vient s'ajouter *celle dynamique de l'aventurier.* Ce dernier sort de son laboratoire, se met en mouvement, prend des risques. Ces images – de SCIENTIFIQUES-VOYAGEURS (CH : 351) ou d'ASTROPHYSICIENS-EXPLORATEURS (HE : 141) – sont tout à fait légitimes. En effet, nombre de chercheurs travaillent sur le terrain, parfois même dans des conditions difficiles. De plus, le raisonnement intellectuel perçu comme un « chemin », une « route » à suivre, ou l'existence comparée à un « voyage » sont des lieux communs presque surannés. S'appuyant sur cette imagerie traditionnelle, de multiples métaphores mélioratives sont régulièrement insérées dans le discours :

> *Un savant* qui explore le paysage mathématique dans l'espace mental *est tout autant un explorateur de l'inconnu* que l'astronaute américain *Neil Armstrong* (1930 –) sautillant sur la surface aride de la Lune ou que l'océanographe français -*Jacques-Yves Cousteau* (1910–1997) découvrant les splendeurs du monde sous-marin. (CH : 517)
> *Les pionniers de la nouvelle physique » ;* « Et pour commencer, *comme les voyageurs arrivant aux portes de Thèbes*, ils [les physiciens quantiques] avaient une première énigme à résoudre [..]. (CQ : 19)
> Comme toute grande théorie scientifique, *celle-ci est comme un trésor fabuleux et inépuisable* qui ne cesse de combler les physiciens de richesses inattendues. (CH : 287)

Dans la grande lignée des Bougainville, James Cook ou Alain Bombard, le scientifique se mue progressivement en homme hors norme, toujours premier en sa matière[116], doté de capacités, tout aussi bien psychiques que phy-

---

115 « Quoi qu'il en soit, *le virus quantique* poursuit ses ravages. Il s'introduit au cœur même de l'atome, aidé en cela par un jeune physicien danois, Niels Bohr. » (CQ : 28) ; « *Sous le scalpel des physiciens*, les atomes se séparent […]. » (HE : 63) ; « Avec *un tel bistouri, on dissèque les nucléons* et on met en évidence leur structure intime : les quarks. » (HE : 60).

116 Soit au niveau temporel (N. Armstrong, 1er homme sur la lune, les pionniers de la nouvelle physique, *etc.*), soit au niveau qualitatif.

siques, remarquables. « Pionnier », « alpiniste », « astronaute », « chasseur de trésor », ou « voyageur faisant face au Sphinx », *l'image ici construite du physicien – sur mer, sur terre ou dans l'espace – est celui du « héros », capable de tous les exploits.* Si le lecteur pouvait encore se comparer sans trop de difficultés à un homme ordinaire, cette identification semble plus délicate. « Être d'exception », « aventurier » ou « surhomme mythologique », le scientifique, incarnant toujours une force vive et amicale, fait appel aux rêves d'enfance ou au désir de célébrité de nombre d'adultes. L'image de la science, servie par de si illustres personnalités, s'en trouve grandie.

« Acrobaties mentales » (CQ : 79), « physiciens-dompteurs » (NE : 141), « acteurs de la saga quantique » (CH : 330), « astronomes-musiciens » (DU : 272), *la figure du SCIENTIFIQUE-ARTISTE ensuite sert régulièrement afin d'expliciter la démarche scientifique* :

> De fait, la comparaison entre création scientifique et création artistique est judicieuse. (DU : 142)
> Le plaisir esthétique qu'éprouve un mathématicien à faire des mathématiques est étonnamment proche de celui que peut ressentir un artiste pendant la création d'une œuvre d'art […]. (CH : 520)

Pourtant, l'avènement du cartésianisme – et de la scission du cœur et de la raison – devait venir à bout de ce savant idéaliste, intégrant l'entier de ses sens (aussi bien rationnels qu'émotionnels) dans sa méthode expérimentale. Le renouveau de cette analogie a donc de quoi surprendre. Les découvertes de la « nouvelle physique », relativisant le savoir induit par les perceptions issues de nos sens physiques, ont mis à mal ce principe de dualité, tandis que la notion de « sensibilité », que nous pourrions définir comme le produit de la réception de tous nos sens (aussi bien physiques qu'affectifs), revient au cœur de notre rapport au Réel[117]. La « raison pure » (Kant, 1781) ne suffisant plus à la connaissance de notre monde, il s'agit moins désormais de découvrir ou d'analyser que de créer, d'oser penser des théories nouvelles, d'imaginer. De la sorte, cet être insaisissable et irrationnel qu'est l'artiste est appelé en renfort afin de se dégager de cette impasse épistémologique. La figure du « poète », ainsi que certaines métaphores aériennes d'une grande force figurative, expriment tout particulièrement ce désir de libération, cette volonté d'élargir le champ cognitif par la puissance de l'imagination :

117 « La physique quantique porte non pas sur la réalité, mais sur la connaissance que nous en avons. » (CQ : 83). En ce sens, toute connaissance, même (et surtout ?) irrationnelle, doit être considérée.

> Au lieu d'une vue de fourmi limitée à la motte de terre ou à la touffe d'herbe voisine, Poincaré voulait se donner une vision d'aigle survolant montagnes et vallées. [...] Grâce à cette profusion de dimension, *Poincaré n'est plus fourmi, mais aigle. Il vole au lieu de ramper.* (CH : 128–129)

CHERCHEUR-POÈTE, HOMME-OISEAU, le scientifique réinvente son activité. Ce faisant, il permet à sa sensibilité esthétique de s'épanouir et intègre dans le cadre de son travail une part non négligeable d'inconscience. L'homme de science devient dès lors tout à fait déraisonnable.

Le savant fou : l'homme enfant, le génie maudit

Ayant franchi la frontière du monde rationnel, en acceptant sa part d'intuitivité et d'affect, le scientifique troque son habit de sage pour le vêtement désordonné du « fou ». La rassurante robustesse de l'homme de science, posé, réfléchi et fiable, se voit ainsi remplacée par l'image extravagante d'un savant quelque peu dérangé. Avec elle, certaines valeurs comme l'assiduité, l'effort, la ténacité au travail ou la patience s'évanouissent. Parmi ces « fous de science » (NE : 32), nous pouvons distinguer *l'homme enfant*, qui envisage sa recherche comme un « jeu » et non un travail, un « divertissement » et non un devoir. « Le jeu du plongement », celui du « Kruskal » ou de « Penrose » (DU : 453 / 463 / 477) sont autant de projections intellectuelles de problèmes physiques. C'est ainsi que la singularité est « en quelque sorte le joker », que l'espace-temps représente une « carte » (DU : 464–465) et que l'Univers est entrevu comme un « puzzle », dont la reconstitution revient aux astronomes (DU : 704). « Enfant curieux qui vous tape sur les nerfs avec ses interminables pourquoi » (CH : 422) ou « gamin facétieux » (CQ : 124), le *personnage d'« Alice au pays des merveilles »* (Lewis Caroll) *est généralement utilisé afin de décrire le mystérieux pays des quanta*[118] (Gilmore, 2006).

Il est important de noter ici que si cette folie douce d'un CHERCHEUR-RÊVEUR est plus ou moins acceptée[119], *celle d'un savant distrait est totalement*

118 Les allusions à ce royaume magique sont donc nombreuses, principalement axées sur les notions de « passages » (notamment *via* « l'effet tunnel », NE : 156), de « portes » (DU : 481) ou de « miroirs » (CH : 218). Dans ce monde inversé, incohérent, voire absurde, *le physicien se voit parfois transposé en « lapin blanc »* (s.e.), seul guide susceptible d'aider le lecteur à trouver son chemin. Car voici bien le plus grand danger à demeurer trop longtemps dans le monde de la physique quantique. A l'instar du pays des merveilles où la logique semble remplacée par le non-sens, le PHYSICIEN-LAPIN pourrait bien perdre la tête.

119 « Je me demande comment il est possible que les lecteurs et les auditeurs [...] ne prennent pas les scientifiques pour des cinglés ? » (NE : 44) ; « Les autres physiciens [...] ont peur de passer pour des illuminés. » (CQ : 108).

rejetée. Permettant notamment de « contester une supériorité qui ne se fonde pas sur des réalités matérielles » (Noiray, 1998 : 148–149), ce stéréotype a pourtant traversé l'histoire des sciences ; du mathématicien Thalès de Milet (625–547 av. J.-C.), tombant dans un puits en regardant les étoiles, au professeur Tournesol (Hergé), en passant par l'éminent Otto Lidenbrock (J. Verne) ou le savant Cosinus (Christophe) – prenant son mouchoir ou sa redingote pour un torchon – l'archétype du professeur sympathique, bien que quelque peu fantasque et asocial, connut un succès considérable. *L'absence de cette figure dans notre corpus ne nous semble ainsi point fortuite.* Plus que l'aspect physique, pas forcément flatteur, découlant de cette image[120], ces caractéristiques ne semblent guère appréciées. A l'heure où les scientifiques détiennent le pouvoir d'exterminer toute vie, nous pouvons comprendre que le modèle d'un chercheur grotesque, commettant bévues sur loufoqueries, exalté et impatient jusqu'à l'irritabilité ne soit pas franchement désiré.

Pour ces mêmes raisons, nous aurions pu nous attendre à l'absence d'une autre figure récurrente, celle du *génie maudit. Néanmoins, les métaphores du SCIENTIFIQUE-MAGICIEN, ALCHIMISTE ou SORCIER sont bien présentes dans notre corpus.* Même si certaines de ces analogies visent une mise en garde contre « certains scientifiques [...] charlatans sans scrupules » (CQ : 118) ou contre « les risques à jouer à l'apprenti sorcier avec les gènes humains » (HE : 224), d'autres représentations – de « magicien[s] de la physique moderne » (CH : 233), d'« alchimistes » ou d'« apprentis sorciers » (NE : 13 /164) – dotent le scientifique d'une puissance décuplée. La figure du « sorcier », tout particulièrement, implique une rupture d'ordre éthique. Si le « magicien » ou l'« alchimiste » peuvent s'envisager sous des connotations positives (magie blanche, alchimie exotérique), le « sorcier », faisant appel à des puissances démoniaques (2.7) afin de posséder une connaissance supérieure, ne peut que représenter une entité maléfique. *Cette tentation de flirter avec les limites – aussi bien intellectuelles que morales* – se retrouve particulièrement sous la plume de J.-P. Luminet :

> « En préparant convenablement la matière, *un hacker* pourrait programmer le trou noir pour qu'il effectue n'importe quel type de calcul. » ; « Face à [...] l'« infiniment petit » et l'« infiniment grand », le physicien peut adopter *une attitude « schizophrénique »* [...]. » ; « *C'est avec une joie presque sadique que nous [astrophysiciens] nous employons à décrire les apocalypses* célestes selon des degrés ascendants: [...]. *Une telle*

120 Le savant distrait est généralement représenté comme un être filiforme chaussant des lunettes rondes et présentant un crâne proéminent, chauve ou carrément hirsute.

délectation eschatologique vient du fait que ce type de projection dans le futur permet d'éprouver la puissance prédictive de nos modèles. » (DU : 553 / 561 / 775)

« Pirate informatique », « physicien schizophrène » ou « astrophysicien sadique se délectant d'apocalypses », le pouvoir de ces mauvais génies est d'autant plus redoutable qu'il amalgame l'occulte héritage de ses ancêtres aux découvertes de la science moderne. Pourtant, et si cette dernière citation nous présente un physicien immoral, aucune ne fut trouvée comparant le physicien à un être amoral. Il est ainsi rassurant d'établir l'absence totale des monstrueux docteurs Moreau (G. Wells), Frankenstein (M. Shelley), Jekyll (R. Stevenson) et autres Cornélius (G. Le Rouge) et de constater que « nos » scientifiques n'ont pas franchi le cap.

Les gardiens de l'ordre : le chevalier et Sherlock Holmes
Sur cette ligne fragile séparant le Bien du Mal, deux gardiens veillent au respect de l'ordre. « Physicien [qui] résiste mal à la tentation de jouer au prophète » (HE : 162) ou qui part « à la recherche du Graal de la physique » (CH : 29), *la figure du chevalier*, tout d'abord, apparaît à maintes reprises (souvent de manières implicites). « Armé d'équations » (CH : 330) ou préservant « les lois les plus sacrées de la physique » (CQ : 25), ce chevalier de la table ronde s'ancre dans une tradition judéo-chrétienne parfaitement acceptée – et revendiquée – par le grand public. Modèle d'intégrité et de courage, ce croyant sert un idéal et incarne les valeurs du mythe chevaleresque. Le SCIENTIFIQUE-CHEVALIER symbolise de plus, mieux que toute autre représentation, le combat intérieur inhérent à la recherche. Religion ou science, croyance ou savoir, la sempiternelle relation entre ces deux modes de connaissance – inconciliables pour les uns, indissociables pour les autres – est au centre de cette analogie réunissant la sphère rationnelle à celle irrationnelle. *Ce chevalier exemplaire, homme de cœur autant que de raison, est à même d'assurer le passage du monde « physique à la métaphysique »* (CQ : 5).

Mais le personnage le plus actuel afin de camper le scientifique est sans nul doute celui du *détective*. L'« analogie entre l'image que les logiciens donnent des mathématiques et la structure posée dans le roman policier » (Cassou-Noguès, 2007 : 101) a été largement commentée. Usant tous deux du même raisonnement hypothético-déductif, le scientifique, tout comme l'enquêteur, s'efforce de creuser sous la surface et de comprendre ce qui n'est pas directement visible. Ainsi, il est tout à fait usuel que la trame narrative des ouvrages de VS suive celui de ces « romans-problèmes » (Lits, 1993 : 39) d'Edgar Poe, de Maurice Leblanc ou d'Agatha Christie :

> Comme à la fin d'un roman policier d'Agatha Christie, arrive le moment fatidique où le détective rassemble tous les protagonistes de l'affaire au salon pour leur exposer la solution du problème. Avec, au bout du compte, le nom du coupable. Comme dans le cas d'Hercule Poirot, l'enquête n'a pas été si facile et l'astronome raconte d'abord comment il s'est fourvoyé sur plusieurs fausses pistes. (CH : 57)

Les occurrences réunissant le champ de la physique à celui de la criminologie sont multiples et variées : ASTRONOME-DÉTECTIVE (CH : 56), ÉQUATION-ÉNIGME (CQ : 19), OBJET-COUPABLE, EFFET-ASSASSIN, FLOU QUANTIQUE – BRUME OU INFORMATION-INDICE (CH : 39 / 486 / 60), de nombreux termes pivots sont tout à fait propices à cette activation métaphorique[121]. Puisque « le chercheur, comme le détective, s'intéresse plus aux infractions qu'au respect des lois » (Levy-Leblond, 2010 : &20), il n'est guère étonnant de constater que l'un des personnages préférés des vulgarisateurs[122] est celui de Conan Doyle. Pourtant, le fait de choisir *Sherlock Holmes* – au détriment d'un « Maigret » ou d'un « Colombo » – n'est en rien insignifiant ; excentrique bien que scientifique averti, cocaïnomane aussi bien que sportif accompli, égoïste capable de grande générosité, artiste faisant preuve d'une rigueur draconienne, cet être parfaitement incontrôlable et dichotomique dépasse les normes en vigueur pour se complaire dans une aura d'exceptionnalité. *Ni tout à fait bon (ce rôle est conféré au docteur Watson), ni franchement mauvais (attribution du professeur Moriarty), ce détective privé épris de liberté incarne un esprit supérieur capable de tous les excès.* Il rejoint en cela l'image romantique des savants maudits et se situe à la frontière de la déraison.

Soulignons encore que ces deux gardiens de l'ordre s'inscrivent dans cette même « lignée de héros solaires » (Durand, 1984 : 184) si attirants et que la « quête religieuse », l'« enquête policière » ou le « questionnement scientifique » représentent trois « instants » distincts d'une même recherche fondamentale, trois facettes d'un même point d'interrogation.

---

121 « Voici donc le lithium élevé au rang d'énigme. » (NE : 205) ; « Ce scénario de l'astéroïde meurtrier [...]. » ; « Pour découvrir le coupable des meurtres de dinosaures [...]. » (CH : 78 / 79) ; « La lumière assassinée » (DU : 361).

122 « Comme Sherlock Holmes reconnaît l'identité du criminel aux empreintes laissées involontairement par ce dernier, l'astrophysicien expérimenté reconnaît les éléments chimiques présents [...]. » (CH : 326) ; « De plus en plus élémentaire ! » ; « « Element-Terre », mon cher Watson » ; « « Element-Air », mon cher Watson » (NE : 65 / 108 / 112).

PORTRAITS DU SCIENTIFIQUE : DU CHERCHEUR BIENVEILLANT AU GÉNIE MAUDIT						
Scientifique bienveillant		**Brisure du cadre rationnel**	**Savant fou**			
Homme ordinaire	*Aventurier*	*Artiste – Poète*	*Homme enfant*	*Savant distrait*	**Brisure du cadre éthique**	*Génie maudit*
Domaine de la raison / Physique		Intervention du cœur	Domaine de l'irrationalité / Métaphysique		Intervention du génie	Amoralité
FIGURES Agriculteur Artisan médiéval Botaniste Boursier Couturier Economiste Ecrivain Historien Horloger Institutrice Médecin Ornithologue Potier japonais Sociologue	FIGURES Alpiniste Astronaute Chasseur de trésor Explorateur Navigateur Océanographe Pionnier Voyageur mythique	FIGURES Acrobate Acteur Artiste Dompteur HOMME-OISEAU, aigle Jongleur Léonard de Vinci Musicien Peintre Philosophe Poète	FIGURES Alice au pays des merveilles Enfant curieux Gamin facétieux Joueur Naïf Petit enfant d'homme	FIGURATION REJETÉE	FIGURES Alchimiste Apprenti sorcier Avocat du diable Beau diable Chasseur Charlatan Chevalier du Graal Détective (Poirot, Watson et surtout Sherlock Holmes) Dieu Illuminé Faust Fou de science Malin Prêtre Prométhée Prophète	FIGURES RARES Cinglés Hacker Schizophrène Sadique

Portraits du scientifique : du chercheur bienveillant au génie maudit						
Scientifique bienveillant		**Brisure du cadre rationnel**	**Savant fou**			
Homme ordinaire	*Aventurier*	*Artiste – Poète*	*Homme enfant*	*Savant distrait*	**Brisure du cadre éthique**	*Génie maudit*
Domaine de la raison / Physique		Intervention du cœur	Domaine de l'irrationalité / Métaphysique		Intervention du génie	Amoralité
Caractéristiques Fiable Laborieux Modeste Persévérant Rigoureux	Caractéristiques Audacieux Fort (physiquement et psychologiquement) Robuste Valeureux	Caractéristiques Intuitif Inventif Sensible	Caractéristiques Capricieux Curieux Facétieux Fantaisiste Rêveur	Caractéristiques Bizarre Extravagant Imprévisible Incontrôlable Ridicule	Caractéristiques Egotiste Exalté Délirant Impatient Irascible	Caractéristiques Absurde Dangereux Intolérant Irresponsable Monomane Schizophrène Séducteur

2.5.2.3 L'exposition des autoportraits : une galerie d'un autre siècle

Plusieurs constatations découlent de cette imagerie propre au scientifique. Premièrement, nous voyons que le chercheur est tout sauf un fonctionnaire. Comme déjà souligné, cette grande diversité des images rhétoriques servant à désigner le « scientifique », ainsi que cette richesse figurative (et ceci dans tous les ouvrages étudiés) démontrent à la fois un réel appétit d'observer et de donner à voir une même réalité – ou personnalité – sous des angles différents afin d'intégrer le principe de relativité (2.4) ou pour ne pas se laisser enfermer dans une représentation unique et réductrice (2.5.1). Ensuite, et comme nous pouvions nous en douter, la grande majorité des figures métaphoriques incluent des sèmes revalorisants, améliorant d'autant l'image globale du physicien.

Trois mouvements spécifiques sont à relever.

1. Du statisme au dynamisme : la revalorisation par le rythme

Le premier mouvement observable est celui menant le lecteur d'une imagerie statique à une représentation dynamique. L'« aventurier », suivant l' « homme ordinaire » (rassurant mais immobile, voire soporifique) impose une certaine cadence physique qui se verra amplifiée par une animation intellectuelle. Progressivement – du « poète » au « savant maudit » – l'agitation mentale va *crescendo* et entraîne le lecteur, jusqu'à la folie ou à la quête effrénée, dans un tourbillon de plus en plus rapide.

2. De l'ordinaire à l'extraordinaire : l'appât de la séduction

De la même façon, un glissement graduel transforme l'image d'un chercheur « normal » en un « super-héros », capable de toutes les prouesses. S'enfonçant dans le domaine du rêve (homme-enfant ou « artiste ») de la mythologie (« aventurier », « chevalier ») ou de la géotie (« savant maudit ») le scientifique creuse la distance avec son lectorat. L'homme commun, proche et utile à la société, se mue en original au risque de devenir marginal. Cette perte de familiarité se voit compensée par un gain en séduction, le pathos remplaçant peu à peu la raison. Le lecteur désormais charmé, pour ne pas dire ensorcelé, ne peut que suivre ce personnage d'une autre dimension.

3. Du Bien au Mal : la puissance du savoir

Le troisième mouvement, le plus évident, le plus dérangeant aussi, consiste en une translation fine déplaçant l'homme de science bienveillant vers un « savant dévoyé », ayant donné son âme au diable. La présence du Mal sert ici plusieurs aspects. Si le Génie ne peut faire son apparition sans intervention surnaturelle, le véritable intérêt ne réside pas dans une problématique d'ordre éthique, mais bien dans le surplus de pouvoir que ce passage du côté obscur apporte. Si la science fut pendant de nombreux siècles entravée par les pouvoirs temporels et spirituels, celle-ci se vit confier une véritable mission politique au 19e s., Auguste Comte plaçant en elle tout espoir d'une « *pax scientifica* » (Bensaude-Vincent, 1978 : 67). Les scientifiques, désormais « entre savoir et pouvoir » (Salomon, 2006), jouissent d'une puissance sans précédent. Les nombreuses représentations effleurant cette limite attestent de cette position centrale où le chercheur incarne une valeur refuge, seule entité capable de préserver le citoyen de tout danger. Défenseur de la Vérité – « Sherlock Holmes » – ou gardien du temple – « quêteur du Graal » –, le Scientifique frayant avec le Diable se voit sacralisé, déifié (2.7).

Le chercheur se cherche

Nous pourrions dénoncer cette manœuvre vulgarisatrice (pouvant être comprise comme une instrumentalisation de l'information au service de la science) ou cette insistance à vouloir installer le chercheur sur la frontière ténue entre le correct et l'impensable. Mais peut-il en être autrement pour un chercheur dont le travail principal est justement d'aller vers l'inconnu, de repousser les limites, de prendre des risques, d'explorer l'inexploré, de toucher l'intouchable, de se dépasser ? Sa fonction même ne le situe-t-elle pas en porte-à-faux perpétuel[123], dans une attitude de transgression permanente ?

Ce qui nous semble véritablement étonnant n'est ni cette stratégie visant à revaloriser son ethos auctorial, ni cette position de l'entre-deux, mais plutôt de constater que *la quasi totalité de ces analogies s'inscrivent dans une représentation stéréotypique issue du 19e siècle,* à mi-chemin entre le positivisme et le romantisme et que *les figurations novatrices sont rares*. En insistant sur un répertoire historique de savants populaires, et s'inscrivant de la sorte dans un héritage intellectuel, ces chercheurs jouent la carte de la sécurité et n'osent affirmer une personnalité individuelle qu'avec retenue[124].

123 Cette position de l'entre-deux – entre l'ignorant et le savant (Raichvarg et Jacques, 1991) – est par essence même celle si délicate du vulgarisateur.

124 Les nouveaux métiers propres au 21e s. sont pratiquement absents de cette galerie d'autoportraits, tout comme les figures féminines.

Nous pouvons ainsi déplorer le manque d'audace à l'œuvre de scientifiques, hommes du futur, semblant pourtant éprouver du mal à se réinventer.

De plus, *le décalage repéré entre l'image recherchée* – d'aventurier robuste ou d'esprit supérieur – *et celle induite par d'autres représentations* – enfant vulnérable, héros solitaire – *semble stigmatiser la crise identitaire que traverse la physique contemporaine.* Car si le scientifique d'aujourd'hui a accumulé un savoir bien supérieur à celui de ses ancêtres, ce dernier a perdu en assurance, le monolithe de connaissances antique ayant éclaté. Cette humanisation de l'homme de science peut certes être synonyme de fragilité. Cependant, le fait même d'entrevoir ses « faiblesses » peut être lu comme gage de sécurité et signe d'une certaine maturité intellectuelle. Quoi qu'il en soit, les figures du « chevalier du Graal », revendiquant son humilité en même temps que son élitisme, celle de Sherlock Holmes, recherchant la lumière en combattant ses démons, ou celle d'« Icare », acceptant la chute en s'élevant, représentent parfaitement la posture de l'homme de science moderne, en équilibre sur le fil du rasoir, en quête d'identité.

2.6 La formation de l'opinion publique

Diffuser des connaissances par le biais d'une imagerie métaphorique, c'est également imposer sa vision du monde. Grâce à quelques exemples choisis, nous montrons comment l'incrustation d'une image centrale parvient à modeler notre perception (2.6.1) et comment les traitements spécifiques d'une même métaphore filée peuvent induire des croyances divergentes (2.6.2) ou permettre la reconceptualisation cognitive d'une entité (2.6.3).

2.6.1 L'Univers-pyramide

L'Heure de s'enivrer (Reeves, 1986) se base sur la double analogie maîtresse représentant l'organisation de la matière comme une « pyramide de la complexité » (HE : 53–58) et considérant « la nature [...] comme un langage » (HE : 54). Selon la face de la Nature-pyramide-alphabet observée – selon la discipline envisagée –, les atomes sont des « phrases », des « mots » ou des « lettres », tandis que les sociétés d'organismes vivants (comme une ruche composée d'abeilles) se visualisent sous la forme de « collections » et de « livres[125] » :

Base de la pyramide	: Les mots sont les alphabets des phrases. Le langage est constitué par la pyramide de ces alphabets superposés. (HE : 55)
Face de la chimie	: L'eau est un mot composé de deux lettres, nommées hydrogène et oxygène. (HE : 56)
Face de la physique	: Tous les nucléons sont des mots dont les quarks sont les lettres. Tel est le résultat marquant de la physique des hautes énergies depuis une vingtaine d'années. (HE : 59)
Face de la biologie	: Ces instructions s'écrivent avec un alphabet composé de quatre lettres, A, C, G, T. Chaque lettre est formée par une molécule d'une quinzaine d'atomes nommée nucléotide. Les mots, obtenus par l'alignement dans un ordre précis de ces quatre lettres, sont les gènes. (HE : 61–62)

Les différentes projections proposées, fonctionnant toutes sur le même schéma, fournissent une bonne compréhension de l'organisation de la matière ainsi que des rapports entre ses constituants. A cette triple analogie, accordant à chaque élément sa place spécifique dans l'immense triptyque Univers, s'ajoute encore une dimension temporelle avec cette « chronologie de la complexité » (HE : 66). Grâce à cette unique « image de l'alphabet » (HE : 61), l'évolution de notre monde depuis le Big Bang est synthétisée, sa base représentant les débuts de l'Univers, et son sommet « la vie intelligente » (HE : 68). Finalement, un renversement du tétraèdre permet d'envisager une « autre propriété de la structure des alphabets [...] l'accroissement du nombre des espèces » (HE : 64). Les subtiles variations (pyramides spatiale, temporelle, puis inversée) d'une figure géométrique basique donnent ainsi à voir la « vaste fresque de la connaissance » (HE : 200) dans son intégralité.

Notons encore que l'utilisation récurrente d'un champ sémantique lié à la construction[126] – « base de la pyramide en béton armé », « principe de soudure », « bulldozer thermique », *etc.* (HE : 63 / 102 / 151) – ainsi que

125 Pour un regard synoptique ou davantage de précisions, *cf.* Clivaz (2014 : 260–279).

126 « Au bas, c'est *le gros œuvre, le béton armé, l'infrastructure* quasi inaltérable, le règne de la puissance et de la solidité. » ; *« édification de la pyramide » ; « rez-de-chaussée », « niveaux supérieurs » du bâtiment, « voisins de palier »*, *etc.* (HE : 63 / 171 /185 / 65).

d'autre métaphores ciblées[127] interviennent régulièrement afin de « solidifier ce bâtiment du savoir » (3.3). C'est dans cette construction mentale que la fameuse métaphore de « l'homme, poussières d'étoiles » intervient :

> A l'échelle de la masse et du volume, l'homme n'est rien : une poussière infime dans un espace sans bornes. Mais, selon le critère beaucoup plus significatif de l'organisation, il se situe très haut. A notre connaissance, il occupe l'échelon le plus élevé, celui duquel on peut voir l'univers et se poser des questions sur son origine et sur son avenir. (HE : 203)

De la sorte, soit d'un point de vue pédagogique, soit épistémologique[128] *cette mégamétaphore architecturale (3.2.7) – s'inscrivant de plus dans l'imagerie ancestrale de l'*UNIVERS-*LIVRE (2.2.3) – est tout à fait judicieuse.* Cependant celle-ci, comme toute métaphore, induit un regard particulier. Si la pyramide permet la mise en évidence d'un savoir qualitatif (les différents niveaux de la pyramide) et quantitatif (la multiplicité, présente au bas de la pyramide, se réduit progressivement pour ne représenter qu'un nombre restreint), *celle-ci est également une figure réductionniste par excellence.* De plus, au symbolisme de « la pierre levée, masculine » (Durand, 1984 : 142) se surajoute celui du feu, représenté par un triangle (selon la théorie des solides de Platon). Quelle que soit l'image induite par la « pyramide » – montée en puissance par paliers successifs, élément igné ou arme – *cette figure aux arêtes tranchantes stigmatise bien une souveraineté guerrière et masculine.*

Mais, et plus inquiétant sans doute que cette « pierre de virilité », l'organisation sociale sous-entendue par cette métaphore nous semble plus délicate. En effet, la problématique démographique, largement enseignée dans les écoles *via* la « pyramide des âges », ne peut que venir à l'esprit du lecteur. Car si tout, dans l'Univers, est structuré à l'image de la « pyramide », la société, elle aussi, doit suivre ce modèle. Une hiérarchisation par le haut permet certes agencement et ordination, dans une clarté graduelle plus qu'appréciable en termes de vulgarisation efficace. Néanmoins, et

---

127 Il s'agit notamment des figurations développant les différents « échelons de la pyramide », celle de la « flèche » ou celles des « poupées russes » : « Ces nouvelles particules pourraient, elles-mêmes, être constituées d'autres éléments, comme ces poupées russes qui en hébergent toujours de plus petites en leur intérieur. » (HE : 155).

128 Selon l'angle considéré, l'homme est tout ou/et rien (système complexe le plus abouti ou simple mortel). De plus, la pyramide permet à tout moment d'ajouter des étages supplémentaires ou de s'interroger sur l'essence même du pyramidion.

reprenant en cela la sélection naturelle darwinienne, *cet archétype de l'aristocratie induit une société profondément élitiste, voire inégalitaire.* Ainsi, et selon le regard adopté, cette PYRAMIDE-ALPHABET peut être considérée comme un outil de guerre au service de la formation de l'opinion publique ou comme un fantastique monument érigé à la transmission du savoir. Au-delà de cette perspective, la question aujourd'hui n'est plus de savoir si l'homme se situe « dans la descendance des dieux » ou « l'ascendance des singes » (Salazar, 2002 : 206) mais de savoir où il va. Ainsi, cette « pyramide » et son mode de lecture particulier peuvent être un moyen efficace de « lire » l'Univers et d'y trouver « le » sens.

2.6.2 L'Univers-personne

L'un des moyens les plus courus de la VS est le procédé de personnification (2.1.1.2). Trois des ouvrages étudiés basent leur image centrale sur cet effet figuratif en dotant d'attributs humains des objets physiques inanimés. Nous synthétisons ci-dessous ces trois traitements figuratifs afin d'humaniser et de rendre familier notre univers.

2.6.2.1 La vie de l'Univers

La métaphore constituant le titre même de l'ouvrage de S. Vauclair – *La Naissance des éléments* (2006) – annonce cette socialisation des éléments du cosmos. De la sorte, sa redondance, sous une forme ou une autre dans le livre, est plus que logique, prévisible : « naissance de l'Univers » (NE : 70 / 73 / 75 / 209) ou « Univers naissant » (NE : 80 / 93), naissance des éléments (NE : 11), des étoiles (NE : 171), des galaxies (NE : 92 / 188) ou des comètes (NE : 113 / 115), puis naissance de l'humanité (NE : 17 / 106), la genèse de tout ce qui fait notre monde constitue le fil rouge du discours. Les trois phases menant au monde – procréation, gestation, naissance[129] – sont ainsi régulièrement présentées, tout comme la « durée de vie » des éléments menant notamment le « jeune Soleil à la vieillesse puis à la mort de l'étoile » (NE : 173 / 215).

---

129 « [...] qu'un troisième hélium vienne *s'accoupler* au bérylium... » ; « *Les embryons stellaires* » ; « S'il faut que des étoiles existent déjà pour provoquer *la naissance* des autres [...] » (NE : 177 / 175 / 173).

Du « berceau au tombeau[130] », les étoiles « accouchent d'autres étoiles depuis les origines » (NE : 173), en suivant une série de cycles générationnels. Ces « épisodes » de vie se calquent sur le cycle féminin ; les sautes d'humeur des étoiles au cours de leur « astration[131] » (NE : 186) ou l'importance de cette VOIE-LACTÉE-MAMAN qui recueille « deux cents milliards d'étoiles batifolant dans un bain de gaz interstellaire » (NE : 170) constituent de bons exemples de *cette féminisation de l'Univers.* Parallèlement à ce processus, la métonymie filée du « *bébé-humanité* » dédouble cette analogie en renforçant d'autant plus l'idée de successions matrilinéaires :

> « L'humanité toute entière ressemble à ce *petit enfant*, lorsqu'il commence à quitter son *berceau.* » (NE : 14) ; « Elle [l'humanité] est encore si *jeune* ! » ; « [...] comme si elle [l'humanité] se trouvait dans une phase *d'adolescence.* Espérons qu'elle réussira à devenir *adulte* ! » (NE : 14–15 / 220–230)

La signification de cette imbrication de mécanismes est double : tout d'abord, narrer la « vie et l'histoire de l'Univers » (NE : 10) – de la naissance à la mort – revient à lui attribuer un début et une fin. Plus qu'une simple humanisation du cosmos, plus qu'une appropriation du réel *via* une existence familière, *cette métaphore structurante signifie la mise à mort d'un Tout que l'on croyait éternel*[132]. Ensuite, *la mise en parallèle des « enfants univers et humanité »*, suivant le même destin et étant tous deux susceptibles d'extinction, *doit permettre à « l'homme de prendre conscience de son immense responsabilité »* (NE : 230). Ainsi, ce procédé de personnification est ici utilisé afin de mettre en garde chaque lecteur de sa propre finitude, d'inculquer au « bébé-humanité » l'importance d'une responsabilisation globale et de développer en lui une « conscience planétaire » (NE : 15).

---

130 « Les grandes nébuleuses qui se trouvent dans les galaxies, *berceaux d'étoiles naissantes ou linceuls d'étoiles mortes*, sont loin d'être calmes ou tranquilles » (NE : 200).

131 « Le « processus s1 » qui se produit au cours de *la vie « calme » des étoiles*, et le « processus r2 », qui se produit au cours *des phases explosives* » (NE : 184).

132 L'une des révolutions majeures du 20e siècle fut celle inversant le regard de l'homme par rapport à son « lieu d'habitation », ce dernier devenant infini dans l'espace mais fini dans le temps, alors qu'il avait été, pendant des millénaires, fini dans l'espace et infini dans le temps.

2.6.2.2 L'Univers a un cœur

Le Chaos et l'Harmonie (1998) de T.X. Thuan présente un déferlement figuratif. Par « déferlement », nous entendons tout d'abord le nombre plus qu'important des différentes analogies à la base de cette personnification de l'Univers courant sur six cents pages. Mais nous désignons également une fluidité métaphorique poétique, où les champs sémantiques dévolus aux astres et aux hommes s'interpénètrent, se chevauchent ou se jouxtent, pour finir par fusionner. L'extrait ci-dessous – tiré d'un passage intitulé « La Terre accouche de la Lune » – peut donner une idée de ce « souffle métaphorique » :

> De ce *jeu* sont nés le Soleil avec son *cortège* de huit planètes (on pense que Pluton est un très gros astéroïde orbitant aux confins du système solaire) et les « planètes géantes » avec *leur ribambelle de lunes* (Jupiter en a seize connues, Saturne près de deux douzaines). *L'embryon de la Lune* s'est développé *au sein* d'un anneau de matière gravitant autour de la Terre. (CH : 57–58)

Si la figuration de la genèse de l'Univers, de sa durée de vie ou de ses différentes phases (enfance, vie active, mort, *etc.*) s'apparente à celle proposée par S. Vauclair, deux grandes différences doivent être soulignées. Premièrement, cet auteur privilégie les relations de parenté de cette « population cosmique » au détriment de celles de succession. Au sein de cette « famille sidérale », les liens affectifs mis en exergue développent un pathos puissant, notamment par le biais de ces « couples », « mariages », « alliances » et autres « unions » (CH : 226 / 380 / 416) :

> Tout comme les êtres humains, les étoiles aiment bien vivre en couple. Seulement, les liens qui les unissent ne sont pas ceux de l'amour et de la tendresse, mais ceux de la gravité. […] En général, les étoiles en couple n'ont pas la même masse […]. L'étoile massive a besoin de beaucoup d'énergie […]. Sa compagne moins massive est, par contre, beaucoup plus frugale et parcimonieuse. Moins lumineuse, elle dépense moins d'énergie et économise son carburant, ce qui lui permet de vivre beaucoup plus longtemps que sa partenaire. (CH : 299–300)

Ensuite, la présence charnelle des éléments du Cosmos est décuplée, le « corps » de ces « individus », et surtout leur « cœur », faisant l'objet d'une attention particulière. Par exemple, les particules élémentaires peuvent être « obèses », « corpulentes » ou « rondes » (CH : 378 / 383), « notre planète a un cœur », tandis que la « lumière [qui] n'aime pas perdre du temps » ou que « le photon, les W et Z se sont retrouvés avec des larmes de joie » (CH : 56 / 258 / 376). Il va de soi que « l'utilisation du mot cœur développe et accentue l'anthropomorphisme » (Loffler-Laurian, 1994 : 74). Cependant, ce traitement métaphorique qui s'applique à animer – à donner une âme – à tous les éléments de l'Univers dans une écriture romantique et atemporelle vise clairement un objectif supérieur. *Car ce cœur pouvant être tour à tour organique, siège des sentiments, ou centre de la conscience, permet un glissement graduel du corps au cœur jusqu'à l'esprit. De ce fait, cette vision holistique et martelée d'un Tout aimant permet le passage subtil de l'anthropomorphisme au principe anthropique*[133] arguant que Tout n'a été créé et conçu qu'afin de permettre la « venue au monde » de l'humanité :

> Je pense que notre capacité à comprendre l'Univers n'est pas le résultat d'un heureux hasard. Elle a été « programmée » à l'avance, tout comme l'univers a été réglé de façon extrêmement précise, dès sa naissance, pour l'apparition de la vie. (CH : 530)

Ce traitement métaphorique marqué permet de la sorte, par le biais d'unions ou de mariages, d'imposer « l'intime connexion cosmique entre l'homme et le monde » (CH : 531) ou d'affirmer, *via* l'UNIVERS-PERSONNE douée de conscience, la préséance d'une « force première ».

2.6.2.3 L'Univers à fleur de peau

Finalement, *Le Destin de l'Univers* (2006) de J.-P. Luminet propose une troisième manière d'utiliser cette structure analogique. Sans revenir sur la permanence de la construction métaphorique permettant d'humaniser le Cosmos, cet ouvrage de neuf cents pages présente deux particularités majeures. Tout d'abord, « le cœur » des étoiles ou de la matière ne sert plus l'émotionnalité mais se contente de désigner un « muscle palpitant », un organe « se gonflant et se rétractant » (DU : 276 / 257). De nombreuses métaphores organiques proposent un regard froid et anatomique, où l'Univers est réduit à un « corps », une « chair » :

---

133 Concernant ce principe anthropique ou téléologique : « C'est comme si les molécules avaient toutes un même grand dessein, comme si elles portaient en elle un vaste plan non contenu dans les lois physiques qui ne régissent que les comportements locaux. […] Ce concept de « téléologie » (du grec *teleos* qui signifie « fin ») signifiait que tous les êtres vivants tendaient vers une cause finale. L'Univers lui-même était un organisme géant évoluant conformément à un grand plan cosmique vers une destinée prédéterminée. Cette idée d'une harmonie holistique se situe à l'opposé de la vision « atomiste » […] » (CH : 429).

« L'espace n'est pas un réceptacle passif empli de matière et de rayonnement, c'est une entité physique et dynamique qui a une « chair ». Cette chair c'est l'énergie du vide. » ; « Le cœur de fer ne débite plus d'énergie. [...] Le cœur de matière dégénérée lâche subitement et s'effondre. » (DU : 800 / 211)

Cette optique clinique porte ainsi à considérer les phénomènes sidéraux en termes d'anomalies[134] ou de symptômes : « essoufflements », « bouffées de chaleur », « hémorragies », « fièvres » et « vomissements » font partie intégrante d'un métabolisme cosmique altéré[135]. En plus de permettre à cet UNIVERS-CORPS de se concrétiser dans une rude – mais authentique – matérialité, le fait d'envisager ce Tout comme un ensemble malade plutôt que sain est riche en significations. Car si la maladie exprime « l'expression analogique fondamentale du mal » (Schlanger, 1995 : 177), celle-ci désigne aussi un trouble, une perturbation, un désordre du système. *Le fait même de considérer un Univers malade laisse envisager un déséquilibre interne qui implique une extériorité. Notons également que cette introspection chirurgicale du cosmos* est renforcée par plusieurs techniques argumentatives[136] ainsi que par *un zeste d'érotisation* permettant, si ce n'est d'autopsier l'Univers, de le saisir à fleur de peau :

« *Les frôlements* de nombreuses étoiles réunies dans un espace exigu ne pouvaient que favoriser *la formation de couples* ! » ; « On estime que la moitié des étoiles de la Galaxie *vivent en couple*. Certaines *entretiennent même des relations [gravitationnelles] très étroites avec deux, trois, voire quatre partenaires.* » ; « De gigantesques *tremblements* d'étoile » ; « *Le rougissement spectral* » ; « Elle [l'étoile] commence à s'évaporer, à *se dépouiller peu à peu de ses oripeaux* périphériques,

134 Nous avions déjà rencontré cette approche avec l'image du PHYSICIEN-DÉTECTIVE, s'intéressant davantage aux infractions des lois qu'à leur régularité (2.5.2.2).

135 « *Le souffle court* » ; « Cette période de l'évolution stellaire propulsera le Soleil dans une seconde phase de dilatation [...] marquée par *des bouffées de chaleur.* » ; « Le Soleil n'aurait pu *vivre* que 100 millions d'années compte tenu *de l'hémorragie* d'énergie qu'il subit chaque jour. » ; « Pour découvrir des trous noirs dans les sources X, il faut trouver mieux que *leur fébrilité* ! » ; « *Des épisodes de fièvre intense et subite*, connus sous le nom de novae. » ; « Ses [celles du Soleil] couches extérieures *vomissant* continuellement dans l'espace du gaz et de la poussière. » (DU : 341 / 179 / 163 / 648 / 203–204 / 179).

136 Comme l'emploi courant d'adverbe d'intensité, la concision de nombreux adjectifs ou l'utilisation d'une nomenclature démographique réaliste propre à désigner les différentes classes de la « population galactique ». *Cf.* Clivaz (2014 : 298–320).

> jusqu'à ce que *son cœur* thermonucléaire *soit mis à nu.* » ; « Des étoiles *agitées de brutales éruptions* de rayons X durant quelques secondes. » (DU : 680 / 202–203 / 293 / 343 / 729 / 639)

Toutes les métaphores ayant trait à la séduction, au derme, aux poils ou à la chair s'inscrivent sur cette frontière séparant les mondes intérieur et extérieur. Il s'agit donc ici, par le biais analogique, de briser cette barrière, de passer sous sa peau, d'ouvrir ce corps, de découvrir « la structure intime de la matière » (DU : 161).

Parallèlement à cette description médicale, et afin de contrebalancer une éventuelle froideur pathétique, une figuration exacerbée irise certains passages de couleurs poétiques, comme dans cet extrait[137] :

> Une de ces *belles* **pouponnières** d'étoiles, lieu de prédilection pour **la naissance de jeunes** étoiles, est la *nébuleuse* **Trifide**, située à plus de 5 000 années-lumière dans la constellation du Sagittaire. *Imagée en infrarouge*, elle *dévoile* quatre « **incubateurs stellaires** », *concentrations de matière* comprenant une trentaine d'étoiles à **l'état embryonnaire**. Cette *nébuleuse* possède en son centre une seule étoile *massive* **âgée de 300 000 ans**, dont les *vents* et les émissions de radiations avec leurs ondes de choc ont donné à la *nébuleuse* son aspect *caverneux* et **créé les embryons.** [...] Plusieurs mécanismes sont connus pour perturber un *nuage* et y déclencher **l'accouchement** des étoiles. Dans les galaxies *spirales*, les étoiles sont principalement rassemblées dans de gigantesques **bras** émanant d'un renflement *central* appelé *« bulbe »*. [..] c'est ainsi que le Soleil, **dans les bras d'Orion**, effectue le tour complet *du centre* de notre galaxie en 250 millions d'années environ. (DU : 154–155)

Ces différents registres métaphoriques (métaphores organiques, sexuelles, poétiques, *etc.*) servent tous à activer une intense corporalisation du cosmos. Car cette figuration spécifique insiste tout particulièrement sur les rapports de contraste et de densité (en alternant gravité et légèreté, ombre et lumière, écriture réaliste et poétique, *etc.*) et sur l'épaisseur encore insoupçonnée que réserve nombre d'objets physiques (2.6.3).

Nous voyons ainsi comment un même procédé métaphorique, traité différemment, aboutit à trois visions originales. De la sorte, pendant que S. Vauclair célèbre l'histoire et la vie de l'Univers – en s'appliquant à éduquer une humanité adolescente quelque peu irresponsable –, T.X. Thuan partage sa vision bouddhiste d'un « Univers conscient de lui-même »,

137 Nous avons indiqué en caractère gras les phores servant à l'humanisation des étoiles et en italique les termes conférant à l'ensemble de la densité (profondeur ou onirisme). On remarquera également, toujours dans cette optique de densité maximale, « le poids » des chiffres.

d'une « cosmologie moderne [a] ayant redécouvert l'ancienne alliance entre l'homme et le Cosmos » (CH : 550), tandis que J.-P. Luminet, grâce à une écriture puissante et pénétrante, essaie de briser le cadre, de découvrir une nouvelle extériorité, d'autres univers…

	Traitements de l'Univers-personne		
	1. La Naissance des éléments	*2. Le Chaos et l'harmonie*	*3. Le Destin de l'Univers*
	L'Univers possède une histoire, *i.e.* un début et une fin. Limité dans le temps, l'Univers est infini dans l'espace.	Tous les éléments sont reliés par un principe supérieur, un centre premier, un cœur.	La finitude de l'Univers – aussi bien spatiale que temporelle, est remise en doute. L'existence d'autres univers n'est ainsi pas exclue.
L'Univers possède	Une vie	Un dessein	Un destin

2.6.3 Le trou plein

Les Trous noirs : voici le titre original (1987) du *Destin de l'Univers* (2006). Dans une logique mathématique parfaite et une composition savamment structurée, Jean-Pierre Luminet s'applique à redéfinir notre conception d'un trou noir. *Cette reconceptualisation s'effectue en deux temps.* Premièrement, deux mouvements figuratifs contraires – bien que complémentaires – aboutissent à *brouiller la vision traditionnelle de cet objet physique. Secondement, une nouvelle vision de cette entité est proposée dans un renversement total des perspectives.* Nous ne donnons à voir ici qu'une synthèse de ce traitement rhétorique particulièrement bien construit[138] :

1. Mouvement graduel double de déconceptualisation
Le mouvement initial (s'appuyant sur le mécanisme de personnification de l'Univers traité *supra*) transforme progressivement un Trou-Noir-Homme en un Trou-Noir-monstre pour aboutir à un Trou-Noir-Chose-Dévorante. Parallèlement, un deuxième mouvement tend au contraire à

138 Pour davantage d'informations et d'exemples, *cf.* Clivaz (2014 : 308–320).

rapprocher cette « variable » en la présentant sous une multitude d'objets menus et familiers :

> « Un trou noir grandit en *avalant* de la matière et que *de nain il peut se transformer en géant.* » ; *« Un Gargantua de l'espace »* ; « Va-t-il [le trou noir au centre de notre galaxie*] dévorer* la Terre et nous avec ? » ; *« Le trou noir ordinateur » ; « Les mini-trous noirs »* : « Si les trous noirs peuvent être considérés *comme des ordinateurs*, l'espace-temps peut l'être également. » ; « [...] *au plus grand ordinateur possible* : l'Univers tout entier. » ; « On voit ici resurgir *l'image fantasmatique du trou noir, bête tapie au fond de l'univers, à la puissance de destruction inimaginable*. Ici, *gros comme une tête d'épingle*, croisant la Terre dans sa dérive aveugle, le mini-trou noir se serait contenté de la trouer de part en part *avec l'aisance d'une balle de revolver qui traverse une motte de beurre.*[139] » (DU : 348 / 751 / 302 / 547 / 597 / 556 / 557 / 601)

Gigantisme, unicité, monstruosité, le premier mouvement observé tend à déifier une entité puissante mais lointaine, dans une ère (aire) mythologique irréelle. Le second, soignant le rapetissement, la multiplicité et la familiarité, inscrit le trou noir au cœur de la matière, ainsi que dans notre vie quotidienne. Eloignement et rapprochement, la nature du trou noir, tour à tour inaccessible et coutumier, distant et proche, semble se liquéfier. Cette déstabilisation parfaitement maîtrisée permet une remise en question radicale de ce tout, de ce rien. De tailles multiples, de nombre indéterminé, *à la fois homme, animal et objet, ce « monstre » polymorphe* semble pouvoir épouser les contours de tous les « êtres » existants jusqu'à englober l'Univers lui-même dans sa panse. Telles les prémisses majeures et mineures d'un syllogisme titanesque, cette *tabula rasa* débouche sur une conclusion imparable : *tout est trou noir*. Ainsi phagocytés, *« nous vivrions dans un trou noir gargantuesque »* (DU : 824).

2. Mouvement de reconceptualisation

Après avoir « parasité » les esprits en présentant un Réel sous des visages aussi pluriels que déroutants, la possibilité d'un « monde à l'envers, d'un monde inverti[140] » (DU : 403 / 402), est évoquée. Un mouvement vertical plonge dans des abîmes insondables où le vide est plein, le noir blanc et le temps espace :

---

139 Pour des raisons évidentes de simplifications, nous présentons ces mouvements de manière linéaire, mais il est évident que ceux-ci peuvent se cumuler, se chevaucher ou se jouxter comme dans ce dernier exemple.

140 « L'espace proche du trou noir est « retourné comme un gant » et les notions d'intérieur et d'extérieur sont inversées » (DU : 401). On rapprochera ce mécanisme de celui opéré en 2.5.1.

« L'avènement du trou noir quantique, en 1974, va confirmer sa couleur noire mais lui ôter son dernier attribut classique : celui de trou. » ; « Il ne fait pas noir à l'intérieur d'un trou noir, puisque les rayons lumineux y pénètrent. » ; « Les trous blancs primordiaux » ; « Peut-on envisager une hiérarchie de trous noirs-univers emboîtés les uns dans les autres ? » ; « Pensons aussi à *l'univers-champagne* de Linde, dans lequel notre univers ne serait *qu'une bulle parmi beaucoup d'autres, un trou noir-univers.* » (DU : 521 / 444 / 469 / 826 / 827).

Le destinataire de cet ouvrage de VS, déstabilisé dans ses certitudes, chute lui-même dans le gouffre inversé « trou noir ». Entraîné dans une spirale tournoyante et vertigineuse au cœur de la science ou jusqu'aux entrailles du Cosmos, le lecteur est amené à redéfinir sa notion d'« univers » et à reconceptualiser celle d'« espace ». La métaphore a donc permis cette digestion, cette réappropriation de sa sphère propre. *Son processus a induit un nouveau regard, une réorganisation cognitive efficiente.* Du thème d'un Univers objet, tel qu'il est décrit par le langage scientifique, à la personnification, à la zoomorphisation puis à nouveau à la réification, les multiples métaphores du *Destin de l'Univers* ont permis de casser le cadre référentiel, d'ouvrir des « portes » vers d'autres mondes, d'envisager « une infinité d'univers extérieurs et intérieurs » (DU : 481).

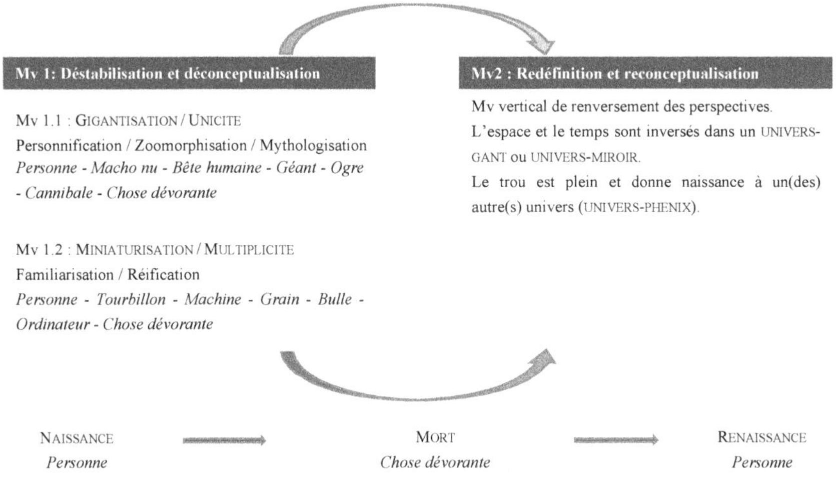

Figure 11 : Traitement métaphorique du « trou noir » dans *Le Destin de l'Univers*.

2.7 L'orientation de la recherche

Le changement de paradigme opéré par l'avènement de la « nouvelle physique » a définitivement brouillé la frontière déjà tenue séparant la physique de la métaphysique. Religiosité, mysticisme, paranormal ou surnaturel, il est clair que la science ne pourra progresser qu'en investissant les domaines de l'irrationnel, du spirituel. Après avoir résumé le positionnement de nos auteurs face à cette possible dérive (2.7.1), nous présentons quelques aspects de cette imagerie issue de cette optique spécifique (2.7.2 / 2.7.3).

2.7.1 Contre le retour du charlatanisme

« Science et Religion » : il n'est guère surprenant de retrouver ce vieux couple dans des ouvrages de vulgarisation. La science, dont l'un des combats les plus constants fut justement de lutter contre la superstition, la crédulité ou les comportements irréfléchis induits par le respect du dogme établi, s'est toujours appliquée à démontrer les dangers liés à une religiosité excessive. Par contre, ce qui est plus étonnant est de constater l'intérêt que cette question revêt à l'heure d'une scientificité assumée. Ainsi, quatre de nos auteurs insistent sur l'extrême importance à accorder aux interprétations susceptibles de découler des découvertes scientifiques. *Le Cantique des quantiques* de S. Ortoli et J.-P. Pharabod, tout particulièrement, prévient d'un éventuel « détournement [...] des aspects révolutionnaires de la physique moderne » par des « adeptes des religions orientales et les partisans de la parapsychologie » (CQ : 6). Cet ouvrage semble être totalement bâti en réaction à *cette possible dérive mystique*, où la science non seulement ne pourrait plus tempérer les ardeurs fanatiques, mais leur servirait d'alibi[141]. Il est en effet fort facile de s'insinuer dans le « flou quantique » ; le vide laissé par l'affirmation de la non-connaissance de certains

141 Parmi les multiples mises en garde de cet ouvrage, citons : « Puisse ce livre [...] permettre aux idées nouvelles de balayer le fatras de croyances pseudo-scientifiques. » ; « Dans le premier cas on cherche une justification scientifique dans la théorie quantique. Celle-ci, dans le second cas, vient étayer les mystères et les ellipses d'une religion [...]. » ; « Pour certains scientifiques au contraire, l'intérêt majeur de la théorie quantique tient à ce qu'elle peut fournir une base scientifique à leur religion » (CQ : 7 / 112 / 113).

phénomènes physiques est *de facto* rempli par d'occultes croyances. De la sorte, S. Vauclair dénonce un homme qui « oublie de réfléchir sous l'emprise d'un fanatisme, d'un ensorcellement religieux ou autre (lavage de cerveau) ou d'une excitation collective (effet de foule) » (NE : 149), tandis que H. Reeves, usant d'un style pamphlétaire, s'en prend tout particulièrement aux créationnistes désireux de poursuivre un enseignement scientifique basé sur un socle biblique[142]. Notons également l'attitude inverse de T.X. Thuan qui fait l'éloge de la téléologie[143] et s'évertue à démontrer l'existence d'une Cause première.

Décidément, André Malraux avait vu juste : *« le 21e siècle sera mystique ou ne sera pas. »*

2.7.2 La bombe atomique, déesse du mal

> Tout embryon de la science offre ce double aspect ; monstre comme fœtus ; merveille comme germe. (Hugo, 1980 : 143)

La bombe atomique (également nommée bombe A, bombe à fission ou bombe nucléaire) constitue la première arme de destruction massive et signifie une rupture sans précédent dans l'histoire des sciences. Elle est la preuve « explosive » de la justesse des prédictions quantiques, mais également le symbole de l'horreur et de la dévastation. Alors que la plupart des auteurs présentent cet « enfant de la physique » avec retenue et neutralité[144], H. Reeves (*L'Heure de s'enivrer*) nous fait assister à la « naissance d'une déesse ». Par un procédé analogue à celui utilisé par J.-P. Luminet afin de déifier le « monstre-trou-noir » (2.6.3), la bombe se pare des attri-

142 *Cf.* le passage « Darwin au bûcher » (HE : 211–215) dont voici un extrait : « Ronald Reagan, président des Etats-Unis, donne le ton dans une interview musclée : « La théorie de l'évolution est une théorie scientifique comme les autres. Les biologistes ne la considèrent plus comme aussi infaillible que dans le passé. Mais si on doit l'enseigner dans les écoles, je crois que la version biblique de la création doit aussi être enseignée dans les écoles ». » (HE : 212).

143 « Nous sommes ainsi de nouveau amenés à la conclusion qu'un principe d'organisation global, de nature holistique, qui ne peut être réduit au niveau des particules élémentaires, mais ne contredit pas pour autant les lois qui les régissent, guide l'évolution de la biosphère » (CH : 466). Notons aussi que J.-P. Luminet ne s'inscrit pas dans cette thématique particulière.

144 Concernant les autres traitements de cette bombe atomique, à la fois prouesse technologique et instrument de mort, *cf.* Clivaz (2014 : 198–212).

buts propres à l'être humain, puis gagne en puissance, jusqu'à devenir une entité surnaturelle dotée de capacités supérieures au commun des mortels, comme l'autogenèse :

> « La bombe est parmi nous » ; « *L'accouchement* est long et difficile. » ; « Peu après, *elle montre son vrai visage.* » ; « La bombe gagne en puissance. » ; « Et elle prolifère. » ; « Plusieurs d'entre elles nous sont destinées et portent le *doux nom* de Paris. D'autres s'appellent New York, Moscou, Pékin. » ; *« La bombe se fait naître... »* ; « A un rythme infernal, elle se développe, se perfectionne et *fait des petits.* » ; *« De toutes les divinités, la bombe* est sans doute *la plus despotique, la plus cruellement exigeante.* » (HE : 23 / 25 / 24 / 36 / 24)

Grâce à une invention rhétorique finement échafaudée (structure cinématographique antithétique, personnification, densité graduelle, réitérations, figures analogiques nombreuses, *etc.*), la « *déesse Bombe* » (HE : 38), arborant désormais un B majuscule, est officiellement sacralisée. L'un des moyens les plus judicieux afin d'intégrer cette « superbombe » (HE : 25) est de l'enchâsser dans deux imageries ancestrales (mythologique et religieuse) dont voici quelques exemples.

	Thème	*Phore*
Images analogiques mythologiques		
« ce cheval de Troie » (24)	Bombe 2ème guerre mondiale	Cheval de Troie Guerre de Troie (s.e.)
« comme des vestales romaines, ses disciples se consacrent entièrement à son service » (24)	Physiciens Physiciens Bombe	Vestales romaines Disciples Déesse
« d'autres adorateurs plus zélés encore qui, nombreux, attendent avec impatience l'occasion de la servir » (25)	Bombe Physiciens Recherche	Déesse (« divinité » : 24) Adorateurs zélés Service
« des disciples exemplaires » (28)	Physiciens	Disciples exemplaires
Images analogiques religieuses		
« le processus infernal » (36)	Invention de la bombe	Enfer
« après la guerre sainte contre le nazisme, la guerre sainte contre le communisme » (36)	2ème guerre mondiale et guerre froide	Guerres saintes

	Thème	*Phore*
« tout aussi religieusement inspiré, le sénateur Brian Mc Mahon » (36)	Mc Mahon, Président de la commission de l'énergie atomique (Congrès américain, 1950)	Fidèle
« ce « dépôt sacré » [...] confié presque par droit divin » (36)	Bombe	Dépôt sacré
« l'appel de la bombe » (38)	La bombe ordonne	L'appel de Dieu

Les imageries mythologique et religieuse s'unissent à plusieurs reprises, comme ci-dessous, où la bombe est tour à tour un « mythe » et un « être diabolique » :

> On risque d'oublier, *en mythifiant la bombe*, en y voyant *l'incarnation d'un être diabolique*, qu'elle a des ancêtres notoires. (43)

Des phores tels que « philtre » (38 / 40), « force » (36) ou « prêtre » (38), pouvant appartenir aux deux imageries, permettent *cette imbrication conceptuelle* et cette fusion temporelle. L'amalgame entre ces deux champs sémantiques atteint son paroxysme avec *la mise en parallèle de « Prométhée »,* « créateur de la race humaine » selon la mythologie grecque (Graves, 2009 : 234) *et de « Faust »* qui, par son pacte avec le Malin, s'inscrit dans la tradition judéo-chrétienne :

> « Libérer l'énergie des étoiles, c'est, *à l'exemple de Prométhée*, arracher le feu du ciel. C'est la nature contrôlée, maîtrisée, dominée comme jamais auparavant dans l'histoire des hommes. Le physicien devient *démiurge.* » ; « *Comme Faust accepte le pacte avec Méphistophélès*, les physiciens font *alliance* avec l'armée pour accéder à un niveau supérieur de science et de puissance. Mais Faust porte seul les conséquences de son geste. Le poids des expériences de Los Alamos retombe sur l'humanité entière. » (HE : 34)

Ce faisant, le mariage entre le monde rationnel – considérant la bombe comme une invention scientifique – et celui surnaturel – voyant en cette force le « feu du ciel » (*cf. supra*) – est consommé. Oscillant en permanence entre mythologie et sorcellerie, l'image ainsi dégagée, regroupant les âges et les grandes traditions, se veut universelle, incontournable, authentique. *Mais la puissance de cette « intrication » provient de l'impact psychologique opéré et de la révélation de nos propres faiblesses.* A la différence de Faust, marchandant un savoir dans le cadre d'un contrat engageant deux parties, Prométhée n'envisage aucun échange et vole un « bien » qui ne lui appartient pas. Le PHYSICIEN-DÉMIURGE, « arrachant » l'énergie nucléaire, n'est pas seulement coupable d'avoir vendu son âme au diable. Sa véritable faute est celle de son insoumission. L'image de l'Homme faible et pécheur[145] est ainsi résumée dans une phrase de trois mots, *véritable métaphore vive* (Ricœur, 1975*) et point d'orgue du chapitre : « Nous sommes elle [la bombe] . »* (HE : 42).

Le Mal est en nous, nous sommes la Bombe. Voilà un électrochoc qui devrait définitivement réveiller – éveiller – le lecteur. Car tel est bien le but de ce chapitre introductif : permettre une prise de conscience salvatrice. Très éloigné d'une présentation scientifique de la bombe atomique, H. Reeves utilise cette réalisation de la physique quantique comme *révélateur psychologique de notre intériorité.* Usant de toutes les cordes du pathos et faisant vibrer nos peurs, l'auteur s'applique à les révéler, tout en enfermant le lecteur dans une position d'infériorité. Cette rhétorique émotionnelle, clairement argumentative et infantilisante, vise la réaction opposée, celle d'une libération de son esprit critique : « Le sort du sens est entre nos mains. » (HE : 21). *Il est ici primordial de souligner que cette prise de conscience s'appuie largement sur l'utilisation d'imageries premières (2.8), ancrées au plus plus profond de notre inconscient.*

2.7.3 La SCIENCE-RELIGION et le PHYSICIEN-DIEU

Les métaphores signifiant ce retour d'une imagerie mystique, voire ésotérique, sont nombreuses et constantes. Les titres mêmes des ouvrages de S. Ortoli et J.-P. Pharabod – *Le Cantique des quantiques* (2007) ; *Métaphysique quantique* (2011) – sont des bons indices de cette tendance. Hormis certaines images à connotation religieuse comme celle du LECTEUR-PROFANE (CQ : 37) ou celle du « poisson quantique » (2.3.2) transformant

145 « Les physiciens ont connu le péché » aurait dit Oppenheimer, directeur scientifique du projet Manhattan et considéré comme « le père » de la bombe atomique.

l'homme de science en « roi-pêcheur méhaignié[146] », une figuration et un thème sont à relever.

Le phore de la « cathédrale », tout d'abord, est utilisé à maintes reprises et désigne aussi bien un atome (2.1.2), qu'une planète ou qu'un accélérateur de particules[147]. Le thème du « physicien » – ou du « chercheur » – ensuite se voit transformé par le biais métaphorique en « hérétique », en « apprenti sorcier », en « beau diable » en « prophète » ou en nouveau « dieu » (2.5.2.2) d'une SCIENCE-RELIGION de plus en plus redoutable :

> « Enfin une sorte de *nouvelle religion* que nous avons appelée « syncrétisme quantique », est en train de naître » ; « *[...] les lois les plus sacrées de la physique traditionnelle.* » ; « La mise en évidence d'états « enchevêtrés » à longue distance [...] avec toutes *leurs diableries surprenantes mais attestées.* » (CQ : 125 / 25 / 133–134)
> Ainsi, pour satisfaire notre curiosité, *assumons le rôle d'un dieu tout-puissant* qui donnerait à Jules *le pouvoir surhumain* de résister aux forces de marée démesurées jusqu'à lui permettre d'atteindre la singularité ultime. (CH : 285–286)
> *En ordonnant les lettres de ce livre*, je communique beaucoup d'informations à mes lecteurs – c'est en tout cas mon but ! Si je m'amusais soudain à disposer les lettres au hasard, le contenu informatif deviendrait pratiquement nul, hormis le fait qu'il existe *un auteur.* (DU : 506)

Soulignons ici que *cette sacralisation de la science et de ses représentants* s'opère souvent par des procédés analogiques implicites tout à fait « malins », comme dans ce dernier exemple où le lecteur entrevoit derrière « cet auteur ordonnant les lettres de ce livre » l'image de l'Auteur de la Création, du Grand Ordonnateur des différents corps sidéraux. Il va de soi que ce genre de figurations rehausse l'idée que le public se fait de la Science. La revalorisation de l'image du scientifique, plus particulièrement, installe ce dernier dans un statut sacerdotal, le dote d'un caractère aussi puissant que sacré et le transforme en intouchable.

Cependant, *ce retour en force d'une imagerie religieuse et/ou mystique indique également clairement cette orientation spiritualiste de la Science.* Cette dernière, axant notamment ses recherches sur le cerveau, est (sera) confrontée non seulement aux délicats problèmes de la définition de la conscience (et de l'inconscience) ou de l'esprit, mais plus encore aux dif-

---

146 Selon la tradition arthurienne, le poisson est le symbole du Christ (*via* l'ichtus chrétien), tandis que le Roi pêcheur, « blessé » par le manque de questionnements de ses visiteurs, est le gardien du graal.

147 *Cf.* HE (30) ou « Le LHC ou la cathédrale du 21e siècle » *in* « <http://www.sciencepresse.qc.ca/actualite/2008/09/10/lhc-cathedrale-21e-siecle> ».

ficultés à juguler les multiples interprétations qui ne manquent (manqueront) pas de découler de ses résultats. Les rapports entre science et grand public présentent, plus que jamais, des risques non négligeables. Entre vulgarisation et dérive mystique induite par celle-ci, entre acceptation de phénomènes déraisonnables[148] dans le cadre d'une recherche contrôlée et croyance aveugle aux pouvoirs occultes, la frontière semble extrêmement fragile. Car comment accepter l'étrange sans tomber dans le merveilleux, comment penser l'absurde sans envisager le magique ? Dans tous les cas, *ces différentes figurations sont autant d'indicateurs psychologiques* permettant de repérer l'imaginaire des scientifiques-vulgarisateurs, d'anticiper l'évolution d'une Science en mutation rapide et *de prévenir les dangers liés à ce nouveau « crédo superstitieux »*.

2.8 L'importance de l'imagerie première

Ce dernier avantage représente en fait *le bénéfice le plus conséquent repéré par notre étude*. Celle-ci nous a en effet permis de *démontrer la persistance d'un fonds conceptuel premier* dont, semble-t-il, nous ne pouvons nous départager. Cette imagerie première – repérable chez tous les auteurs considérés – est constituée d'images « originelles », aussi bien collectives qu'individuelles. *Ces chaînes des origines (2.8.1), qui aliènent l'homme à sa propre condition,* révèlent ainsi un problème épistémologique essentiel (2.8.2).

2.8.1 Les chaînes des origines

Ne cachons pas notre surprise ! Nous pressentions bien qu'enfouies sous des métaphores modernes et vives se cachaient des figurations originelles… mais nous ne nous doutions pas de l'importance de celles-ci. Images « premières » issues d'un fonds traditionnel ancestral (mythologique ou religieux) ou images provenant de notre enfance, ces représen-

148 *I.e.* contraire à la raison, car n'ayant pas encore été compris par cette dernière.

tations acquises lors de nos premières années d'existence[149] façonnent de manière profonde et permanente la vision que nous construisons de notre univers. Les trois sous-points ci-dessous donnent une idée de la prépondérance de ces marqueurs conceptuels primitifs dans la formation de notre cadre de pensée.

2.8.1.1 Les eaux originelles

> L'Univers [...] *comme un gros nuage* dense devant le Soleil. (NE : 88)
> Le vide quantique n'est pas le néant ; il doit être pensé *comme une mer fluctuante* d'où peuvent émerger et disparaître des particules virtuelles. (DU : 801)
> L'analogie entre la surface d'un trou noir et *une bulle de savon* électrisée en mouvement [...]. (DU : 515).
> L'univers, [...] est *l'analogue du lac* Lagoda, toujours liquide, par cette froide nuit d'hiver 1942. Si la vague de froid était venue plus lentement, le lac aurait gelé et les chevaux auraient pu échapper à l'incendie et au tombeau de glace. Si l'expansion de l'univers avait été plus lente, la matière cosmique se serait complètement transmutée en noyaux de fer. (HE : 120)

Gazeuse, liquide ou solide, l'eau – par sa nature polymorphe – peut désigner la multitude des possibles, l'infinité des formes. Tour à tour limitée et illimitée, déterminée et indéterminée, continue et discontinue, cette *materia prima* plurielle sied admirablement à la description de la nouvelle physique et à son flou quantique. En outre, il est logique que des récits traitant en majorité de cosmogonie s'appuient justement sur cet élément premier[150], décrit dans toutes les genèses[151] et d'où serait justement issue la vie sur Terre. Plus particulièrement, l'analogie considérant l'espace (vide, air, *etc.*) comme un fluide (mer, océan, lac, *etc.*) est une analogie cruciale dans l'histoire des sciences qui permit de nombreuses avancées technologiques[152].

---

149 Et de nos premières expériences sensitives. Notons ici que notre étude ne permet pas de jauger si cette prédominance dans des récits cosmogoniques – désireux justement de signifier les origines – est voulue (consciente) ou subie (inconsciente).

150 Ici au sens temporel et non chimique.

151 Concernant cette dualité originelle, scindant l'espace en un haut – le ciel – et un bas – la terre – suite à la division des eaux d'en-dessus avec celles d'en dessous, *cf.* Gn. 1.6. Concernant cette section, *cf.* également 2.2.1 et 2.4.1.

152 Pensons à la mécanique des fluides, à l'analogie recherchée « entre la géométrie de l'espace-temps et celle des fluides turbulents » (DU : 565) de Wheeler ou celle de Léonard de Vinci appliquant ses découvertes issues de l'observation de chutes d'eau au domaine de l'aérodynamisme.

De plus, la réitération incessante de ce champ sémantique, le nombre plus que considérable d'occurrences analogiques ainsi que la multitude des thèmes s'y rapportant (Clivaz, 2014 : 2.3.3.1) indiquent que cette « Substance-Contenant » (Lakoff et Johnson, 1985 : 39) n'occupe pas simplement un rôle de figuration. ONDE-VAGUE, ATOME-GOUTTE, « mer d'électrons », « torrents de rayons X », TEMPS-FLEUVE, « déluge de neutrinos », TERRE-VAISSEAU, « pluie de rayons cosmiques », PULSAR-PHARE, PLANÈTE-ÎLE, ÉTOILE-BOULE-D'EAU, « mousse de spins », « écume quantique » tout, dans le cosmos peut être décrit sous l'une ou l'autre formes aqueuses. Il semble ainsi que cet UNIVERS-EAU – « océan, nuage ou iceberg » – nous renvoie à nos toutes premières expériences de vie, à ce liquide amniotique, à cette mère[153] (mer) originelle, à cette « voie lactée » natale.

De la même façon, la représentation traditionnelle de l'esprit (et de la conscience) en termes de fluide, de mer d'où « émerge l'activité neuronale du cerveau » (CH : 483) conforte l'idée selon laquelle *ces eaux cosmiques originelles ancrent irrémissiblement notre perception du monde à ces premiers instants*, à ces premiers lieux de vie. Notre « refus [pour les humains] de rompre les amarres qui nous [les] rattachent émotionnellement au cosmos » (DU : 832) trouverait ainsi son explication dans cette origine anténatale.

2.8.1.2 Le bestiaire métaphorique

Dans la tradition d'Esope ou de La Fontaine, le procédé zoomorphique attribuant à un objet des caractéristiques animales est, à l'instar de l'anthropomorphisme dont il s'apparente, un procédé courant dans la diffusion du savoir. *Les mammifères* décrochent la première place[154] à ce palmarès animalier. Tout particulièrement, les analogies mettant en scène des animaux domestiques[155] permettent le déclenchement d'un pathos favorable à l'acquisition de nouvelles données. Parallèlement à certains phores semblant figés à une figuration unique (*cf.* le « chat » ou le « papillon » en 2.1.2),

---

153 « L'eau et plus particulièrement la mer sont une projection de la mère » (Sauvageot, 1987 : 54).

154 Non par le nombre d'occurrences répertoriées, mais par la diversité de leurs représentations.

155 *I.e.* des êtres « proches » de nous, soit au niveau physique, soit émotionnel, familiers, connus.

d'autres « loups », « chevaux », « lièvres » ou « tortues » décrivent tour à tour l'« homme », le « hasard », « Mercure » et « Pluton[156] ».

Recherchant plus activement un impact phatique, le *« zoo » métaphorique* présente des *animaux exotiques* susceptibles d'activer l'imagination et la curiosité du lecteur. « Zoo des étoiles X », « zoo de particules » (DU : 623 / 578), NAINE-BLANCHE-ÉLÉPHANT (CH : 272), HOMME-AUTRUCHE (HE : 215), BACTÉRIE-GIRAFE OU MICROBE-RHINOCÉROS (CH : 461), ces animaux « étrangers » (exo-tiques[157]) sont ainsi à même de permettre la découverte de formes extra-ordinaires.

Notons également l'importance des *« animaux des deux eaux »* dans cette construction figurative. « Poissons solubles » (2.3.2) ou « poisson [avalant] un plus petit, lequel en avale un plus petit, qui en avale un encore plus petit, et ainsi de suite, sans fin » (description d'une fractale, CH : 173), le monde marin se décline en autant d'ÉTOILES-GRENOUILLES (DU : 176), de VIE-PIEUVRE (HE : 218) ou de « brûlantes tentacules de (la) Géante Rouge » (CH : 149). L'espace aérien, miroir inversé des fonds abyssaux, est notamment représenté grâce aux PARTICULES-OISEAUX OU aux PHYSICIENS-OISEAUX :

> Le physicien se trouve un peu dans la situation d'un homme qui voudrait étudier un oiseau de nuit inconnu. (CQ : 39)
> Qui n'a jamais rêvé posséder des ailes comme les oiseaux et voler de branche en branche, ou planer dans l'air pur, en regardant de haut le monde grouillant des humains ? C'est peut-être ainsi que travaillent les chercheurs [...]. (NE : 223)

S'il n'est guère surprenant de dénombrer ces mammifères ou ces animaux volant et nageant dans un univers perçu comme essentiellement fluide (2.8.1.1), il est par contre plus étonnant de signaler la présence conséquente *d'animaux mythologiques* dans cet « étrange et merveilleux bestiaire de l'astrophysique moderne » (CH : 276). TROU-NOIR-MONSTRE (2.6.3) ou TROU-NOIR-CHIMÈRE (DU : 402), ÉCLIPSE-DRAGON (CH : 118) ou UNIVERS-PHÉNIX (DU : 827), les animaux composites, plus spécifiquement, installent un climat de poésie et d'enchantement propice à la VS. Mais ces représen-

156 Pour des exemples d'analogies, *cf.* Clivaz (2014 : 346–364). Notons également que les « attributs » animaliers appartiennent également à ce registre, comme dans ce cas concernant l'une des formes envisagées de l'Univers : « Une densité inférieure à la densité critique impose à l'espace une courbure négative, comme celle d'une selle de cheval » (HE : 148).

157 Du latin *exoticus*, hors de, étranger (CNRTL).

tations hybrides, désireuses d'englober les différentes éléments d'un seul ensemble, posent également le délicat problème concernant le rapport entre la partie et le tout[158]. D'un point de vue épistémologique, ce choix métaphorique est donc tout à fait pertinent dans des ouvrages traitant d'Unité.

Finalement, et contrairement à une idée reçue, ces « animaux scientifiques » ne sont pas forcément « énormes ou effrayants[159] *»*. En effet, le *bestiaire métaphorique se décline aussi en « bestioles »* nombreuses et variées : SOCIÉTÉ-ABEILLE (CH : 490), « bourdonnement de chimie interstellaire » (HE : 115), ATOME-FOURMI (NE : 32), HOMME-TERMITE (HE : 65) et TERRE-COCON (CH : 253) sont autant de métaphores décrivant un monde grouillant d'insectes, fourmillant de vie. Cette recrudescence peut notamment s'expliquer par la catachrèse du « trou de ver » (de l'anglais *wormhole*) se déclinant en autant d'ÉTOILES-LUCIOLES, de « mollusque[s] spatiaux-temporel[s] » (DU : 628 / 453) et D'UNIVERS-TROU-DE VER[160]. Celle-ci correspond en outre à un nouveau point de focalisation des physiciens quantiques intégrant l'importance du « petit » dans leur échelle de grandeurs et de valeurs.

La présence de la quasi-totalité de ces classes zoomorphiques prouve une grande liberté expressive. Cette extraordinaire richesse figurative semble ainsi indiquer qu'aucune limite, si ce n'est imaginative, ne puisse s'imposer. C'est ainsi que notre panel contient aussi bien des animaux terrestres qu'aériens ou aquatiques, des pachydermes et des larves, des habitants de la ferme comme du zoo, des êtres fabuleux (issus d'une fable ou mythologiques) aussi bien que domestiques. Animaux imposants et sauvages (« éléphants », « tigres ») ou animaux menus et tranquilles (« papillon », « chien »), êtres symbolisant la connaissance (« abeille », « tortue ») ou la bêtise (« autruche »), l'aspect solaire (« lion ») ou lunaire (« ver »),

158 *Cf.* Heisenberg (1972).

159 « Les animaux scientifiques ne sont généralement guère familiers ni paisibles. S'ils l'étaient, ils n'auraient point d'intérêt, on se contenterait de les laisser dormir au pied du maître au coin du feu. Ils sont plutôt grands, énormes, démesurés, effrayants » (Loffler-Laurian, 1994 : 76).

160 *« Plus qu'un trou noir, notre univers serait un trou de ver ! »* (DU : 830). Notons ici qu'un glissement sémantique basé sur l'homonymie [VƐR] est envisageable : ainsi la forme première de la métaphore du « trou de ver » pourrait bientôt être abandonnée pour être remplacée par un phore homonyme. A l'instar de la pantoufle de vair de Cendrillon, il est envisageable que ce « trou de ver » soit bientôt figuré en « trou de verre », dans une spectaculaire transparence. C'est en tout cas ce que les films de science-fiction représentant ce phénomène donnent généralement à voir.

l'utilité (« poisson ») ou la paresse (« chat »), la proximité (« grenouille ») ou l'exotisme (« girafe »), toutes ces représentations peuvent servir efficacement la vulgarisation.

2.8.1.3 La gastronomie cosmique et les objets du quotidien

Si certains auteurs ont relevé l'importance en VS de représentations susceptibles de camper l'homme dans ses attaches profondes[161] (telles celles se rapportant au processus de reproduction ou au mécanisme digestif) en insistant que « le ventre est bien le microcosme euphémisé du gouffre » (Durand, 1984 : 130), peu se sont intéressés à relever les différents aliments qui composent cette « cuisine quantique » (Gribbin, 1994 : 145).

Certes, l'analogie ancestrale associant la nourriture matérielle à celle spirituelle[162] transforme le scientifique en « cuisinier [qui] alimente nos réflexions » (CH : 42), concocte des « recettes » (HE : 87), propose des « menus » ou des « pique-niques » (CH : 361 / 114). Dans cette optique, « le monde est un chaudron au contenu disparate » (CH : 180), « la Terre bouillonne » (HE : 96), tandis que « des bulles de gaz se mettent à monter [du Soleil] vers la surface et d'autres à descendre, comme l'eau qui bout dans une casserole » (NE : 160). De plus, il est logique de relever des aliments symboliquement rattachés aux origines – comme l'« œuf » (cosmique) ou la « pomme » (2.2.1) – afin de décrire cette cosmogénèse.

Mais il est très intéressant de souligner que *seuls des aliments simples (bruts ou ne demandant que peu de préparation culinaire) et populaires (plats campagnards traditionnels) remplissent ce garde-manger* dans lequel puisent les vulgarisateurs tels que : « oranges » (atomes, particules, Univers, CH : 321–322 / 416), « poires » (noyaux atomiques, HE : 114), « melon » (principe anthropique, HE : 160), « banane » (attracteur étrange, CH : 167), « petit pois » (noyaux atomiques, NE : 32), « oignons » (étoiles, DU : 207, HE : 115), « patates » (planètes, CH : 35), « grains de riz », « spaghettis », « baguettes de pain » (noyaux atomiques, particules, astronaute, croissance exponentielle, CH : 322 / 400 / 285 / 109), « viande » (homme, CQ : 125),

161 « Le discours [vulgarisé] développe des images où le bas du corps, les organes sexuels, les fesses, les parties génitales, l'estomac, le ventre, le derrière… toutes celles qui enracinent cosmiquement l'homme dans la terre sont dominantes » (Jacobi, 1988 : 140).

162 *Mens sana in corpore sano* (un corps sain dans un esprit sain) ; de Juvénal à la substantifique mœlle rabelaisienne, cette fusion métaphorique d'absorption est un lieu commun qui révèle un besoin humain universel, celui d'avaler, d'ingurgiter, de posséder « son » extériorité.

« champignons » (bombes, télescopes, CH : 96 / 252 / 21), « sel », « sucre » (éléments lourds s.e., CH : 39, étoiles, DU : 423–424) ou « boules de glace » (Terre, NE : 158, quarks, CH : 361–362).

Notons aussi trois plats vedettes filant cette métaphore de la « gastronomie cosmique » (DU : 738) :

- *l'Univers-pâte* envisage le cosmos comme une « pâte à crêpes[163] », un « cake » possédant son propre « temps de cuisson », ses « grumeaux » ou pouvant se « découper en tranches » (DU : 597–598 / tranches spatiales bidimensionnelles 454).
- *la « soupe »* : « soupe hadronique », « soupe de quarks » (DU : 296 / 306), « soupe terrestre primitive » (CH : 448) ou « soupe primordiale » (NE : 80), les variations autour de ce plat sont infinies.
- *la « purée »* : contrairement à la soupe qui assemble une pluralité de composants, la « purée » – « purée de neutrons » , « purée cosmique », « purée initiale » (DU : 794 ; HE : 127 / 130) – représente davantage un procédé qu'un ingrédient, une transformation qu'un état.

Les choix de ces phores souples et modulables[164] permettent d'exprimer parfaitement l'indéterminisme quantique en constante évolution, tandis que la préséance de denrées premières se « moule » dans la description d'une astrophysique considérant le « récit » de l'Univers depuis ses origines. De plus, ces plats ancestraux, universels et accessibles à tous, représentent de *parfaites valeurs communes archétypales* autour desquelles peut se rallier l'ensemble de la population. En ce sens, ces métaphores gastronomiques peuvent mieux que toutes autres « nourrir » notre imagination et faire naître un sentiment de partage entre des LECTEURS-CONVIVES – issus de niveaux sociétaux, culturels, cultuels ou générationnels différents – et un SCIENTIFIQUE-HÔTE, partageant sa « table ».

Au nombre des champs sémantiques servant le plus efficacement la VS, nous devons encore citer les très nombreux objets du quotidien. Solides, concrets et connus de tous, ceux-ci symbolisent notre société de consommation et constituent de magnifiques outils pédagogiques. *Outre les phores-objets se rapportant au domaine mécanique* (2.2.3), *ceux consi-*

---

163 La célèbre métaphore des « crêpes stellaires » (J.-P. Luminet) s'inscrit dans cette vision ancestrale d'une « pâte-univers primordiale », se rapprochant de l'ATOME-*PLUM-PUDDING* de J. Thomson (2.2.1).

164 Elastiques, tout comme l'espace-temps-tissu (2.1.2).

dérant les moyens de transports occupent une place de choix. Reprenant couramment la métaphore associant la vie à un « voyage[165] », différents « véhicules » sont ainsi utilisés afin de décrire l'espace-temps : TORE-CHAMBRE-À-AIR-DE-BICYCLETTE (CH : 165), TERRE-VOITURE (DU : 62) orbitant sur une « autoroute » jusqu'à l' « étoile de banlieue » (CH : 164), TERRE-VAISSEAU, PLANÈTES-POIDS-LOURDS (CH : 82 / 37) ou UNIVERS-TRAIN évoluant sur des « rails » (NE : 81), ces analogies permettent dans la plupart des cas d'expliciter des phénomènes complexes (comme les notions d' « entropie » ou de « gravité »). Celles-ci sont ainsi généralement reprises non seulement dans les ouvrages de VS, mais également dans les cours académiques, respectant en cela leur contexte énonciatif premier. Ainsi, les expériences de pensée d'Einstein centrées à l'intérieur d'un train ou d'un ascenseur sont elles reproduites sans changement conséquent. Soulignons encore que la mise en avant de ces moyens de transports modernes (avion, bateau, fusée, sous-marin, *etc.*), ancrent une Science « en train de » se réaliser dans un présent tangible. Issues elles-mêmes des avancées technologiques, et rendant d'innombrables services à l'ensemble de la population, ces images rappellent les bienfaits d'un progrès utile et sont autant de témoins plaidant en faveur du développement scientifique.

De plus, *une foule d'objets relativement menus et disparates servent le processus métaphorique.* « Pièce de monnaie » (disque d'accrétion, DU : 36), « clef » (séquence ADN, HE : 62), « cigare » ou « cigarette » (noyau atomique, HE : 114 ; système d'étoile, DU : 733 ; chaos, CH : 106), « boîte » (trou noir, DU : 826), « éponge » (système physique, CH : 508), « tuyau d'arrosage » (4ème dimension et dimensions supplémentaires, CH : 389 ; DU : 581), « vitre » (rangée d'atomes, CH : 340–341), « chalumeau », « ventilateur » (Soleil, CH : 40 / 39) et « radiateur » (corps noir, DU : 532) représentent autant d'objets issus de la vie quotidienne insérés dans le discours de vulgarisation.

165 Concernant cette analogie du « train-train-quotidien » considérant la vie – le temps – comme un chemin ou UNE DISCUSSION [COMME] UN VOYAGE, *cf.* Lakoff et Johnson (1985 : 104–105).

2.8.2 Nous sommes des enfants

Mais le registre sans contexte le plus représenté dans la VS est celui du monde de l'enfance. « Poupée », « puzzle », « miroir », « manège » ou « kaléidoscope », *les jeux et jouets imbibent le discours de vulgarisation d'un bout à l'autre*[166] :

> Ces nouvelles particules pourraient, elles-mêmes, être constituées d'autres éléments, *comme ces poupées russes* qui en hébergent toujours de plus petites en leur intérieur. (HE : 155)
>
> La théorie quantique était un artefact, *un puzzle* dont manquait la pièce maîtresse. (CQ : 52)
>
> « En 1928, Paul Dirac a découvert qu'à chaque particule élémentaire correspond une anti-particule de même masse, aux propriétés « *miroir* ». » ; « *Play time* » (DU : 527 / 78)
>
> A cause de ces énormes différences de température, le disque [d'accrétion] émet *un kaléidoscope* de rayonnements. (CH : 278)

Cet UNIVERS-JOUET *(HE : 148–149) semble résumer à lui seul toute l'imagerie au service de la vulgarisation.* Car depuis la formule d'Einstein affirmant que « Dieu ne joue pas aux dés », l'importance du jeu, parallèlement à la relativisation de la notion de « réalité », a augmenté dans le champ de la physique. Ainsi cette représentation ludique est-elle visible dans les analogies permettant la diffusion de connaissances scientifiques, mais également dans la réalisation de l'activité scientifique en elle-même. De la sorte, les physiciens « jouent[167] » sur certaines propriétés, à tel point que ce verbe ne signifie plus « compter » mais réellement « s'amuser, inventer ». Les différents « jeu[x] du plongement », « jeu[x] de Kruskal », « jeu[x] de Penrose » (DU : 453 / 463 / 477), « jeu[x] des collisions des particules » et « jeu[x] d'agglomération » (CH : 254 / 35) sont plus que « des récréations mathématiques » (DU : 453), un réel état d'esprit.

---

166 Les exemples sont si nombreux que nous avons ici dû réaliser un choix drastique : notons encore ces « balançoire[s] » (CH : 147), « cabriole[s] » et « looping[s] » (CQ : 42), ces « jeux de ballon sur la plage » , ces « tours de passe-passe » et « bricolages » (CH : 231 / 205 / 341 / 466), ces parties de « billard », de « roulette » (CH : 349), de « tennis » (CH : 107), de « golf », de « football », de « cartes » (DU : 450), ces « combat[s] de boxe » (CH : 354–355), ce « casino » (HE : 74–75) ou cette mise au « loto » avec sa « combinaison gagnante et son gros lot » (CH : 434 / 552).

167 « On joue alors sur le fait que les atomes d'un cristal sont disposés les uns par rapport aux autres d'une façon absolument régulière » (CQ : 67).

De plus, *les images incluant une connotation de rondeur arrivent en tête de toutes les représentations métaphoriques dans notre corpus.* « Balle », « ballon », « bille », « bosse », « boucle », « boule », « boulet », « bulle », « creux », « disque », « grain », « gravillon », « pelote », « point », « sphère », « tête d'épingle » et « trou » constituent autant de phores ronds statiques, ceux dynamiques étant représentés par le « bolide », le « cortège », le « manège », le « ressort », la « ronde », la « roue » ou encore la « toupie » (Clivaz, 2014 : 382–384).

Cette forme parfaite du cercle s'enroule de manière subreptice autour *d'une représentation cosmologique somme toute encore très ptoléméenne.* Néanmoins, la permanence de cette figure sous des jours multiples nous semble moins indiquer l'extrême difficulté à se départir d'une schématisation première[168], que la possibilité, pour chaque être conscient, d'en devenir le centre. La sphère, plus qu'un symbole universel, signifie surtout le déchirement d'un homme tiraillé entre son moi et son besoin de l'autre.

A bien y réfléchir, la très grande majorité des phores rencontrés peuvent se regrouper sous cette bannière d'un MONDE-JOUET. En effet, la gigantesque machinerie cosmique de l'UNIVERS-THÉÂTRE (ou MACHINE, 2.2.3) ou de l'« édifice scientifique » (2.6.1 / 3.3.) peuvent être compris comme un « jeu de construction » ou une « maison de poupée ». Nous retrouvons d'ailleurs ces « poupées » à côté de « petits » « trains », « voitures » ou « fusées ». Et que dire de cette caractéristique omniprésente, de cette circularité, de cette souplesse, rappelant la douce rondeur d'une maman ? De la même façon, le champ conceptuel lié à l'eau renvoie directement au ventre maternel, tandis que ceux végétaux[169] et animaux[170] évoquent les premières découvertes dans le jardin de notre enfance. Des monstres fabuleux jusqu'aux figures alimentaires, plus proches de la bouillie pour bébé que de la nourriture

---

168 Celle culturelle mais également celle de notre « habitat » prénatal. *Le développement d'utérus artificiels* (pouvant théoriquement adopter toutes les formes), outre de nombreux problèmes d'ordre éthique, *pose la question de l'importance de notre environnement premier sur nos schémas de pensée et nos actions futures.*

169 Ces phores, comme celui de la « graine » (« graines de galaxies » ; CH : 381), du « terreau » (« terreau galactique » ; CH : 82), de la « fleur » (2.2.2) ou de l'« arbre » et de ses composants (« branche », « racine », *etc.* Clivaz, 2014 : 343–346) sont peu nombreux. *L'abandon de cette végétalisation du cosmos est peut-être à mettre en corrélation avec l'abandon de l'imagerie messianique liée au paradis terrestre* que les figures associées au jardin d'Eden ravivent.

170 « La moitié des titres de livres pour l'enfance sont consacrés à l'animal » (Durand, 1984 : 71).

pour adulte, tout peut, d'une manière ou d'une autre, se lire dans cette perspective. Ainsi, expliquer l'histoire de l'Univers, remonter aux sources, reviendrait à raconter son propre commencement.

Et si l'Univers n'est qu'un jouet, si la vie n'est qu'un jeu et « la règle du jeu est toujours la même » (CH : 218), l'homme n'est ni plus, ni moins qu'une « marionnette », un « pion[s] sur un damier » (HE : 190). Parce que la physique quantique, par sa redéfinition de la réalité, entraîne la perte et/ou la modification de repères avec notre environnement, tous les physiciens actuels sont plus ou moins schizophrènes. *Est-ce pour cela qu'ils cherchent refuge dans le cocon douillet de leur enfance, ou ce commencement est-il si inextricablement lié à toute existence qu'il est impossible de s'en départir ?* Quoi qu'il en soit, nous sommes vraiment « les enfants du cosmos » (HE : 203), qui tant que nous continuerons à « jouer » et à imaginer, seront à même de grandir, « l'enfance [est] étant certainement plus grande que la réalité » (Bachelard, 1957 : 33).

3. Petit guide pratique à l'usage des scientifiques

> J'ai fait le pari que ces figures de l'analogie que l'on trouve dans les discours scientifiques sont à la fois au cœur du processus de découverte, et au cœur du processus de vulgarisation. (Charconnet, 2003 : 202)

S'il est évident que la vulgarisation ne peut se « dire » sans représentations figuratives, il est cependant important de connaître les bénéfices et les limites d'une telle imagerie. Ce chapitre s'applique justement à répertorier les points essentiels afin de *maîtriser rapidement un bon usage* en la matière. Après avoir précisé les principales limites de cette imagerie scientifique (3.1), nous présentons les avantages de certaines techniques rhétoriques (3.2) avant d'indiquer le véritable enjeu que représente cette vision spécifique de notre monde (3.3).

3.1 Les limites de l'imagerie scientifique

Sans épuiser la problématique liée à l'utilisation de cette imagerie rhétorique dans la VS, nous indiquons ci-dessous quatre points délicats relatifs à cet outil cognitif spécifique que chaque scientifique doit avoir à l'esprit.

3.1.1 L'image n'est pas la réalité

> « L'analogie en général est, pour Gödel, un mode de raisonnement tout à fait sérieux. » (Cassou-Noguès, 2007 : 48)

Même si la plupart des chercheurs considèrent l'analogie comme un processus d'invention[171] indispensable au raisonnement, ce rapport de ressemblance ne saurait servir de preuve. En effet, *analogie ne signifie en*

171 Ce processus permet d'établir des propriétés communes entre des éléments distincts, des relations logiques ; *cf.* 1.1.2.1.

aucun cas identité et l'image dégagée par le processus métaphorique (1.3) n'est pas la réalité (même si, sous certains points de vue, elle s'en approche). Par exemple, le « flou quantique » est souvent comparé à une « tache » ou à une « brume », un « brouillard »[172]. De la même façon, « les dimensions supplémentaires de l'espace » sont régulièrement visualisées sous la forme de « tuyaux d'arrosage » (ne semblant posséder, de loin, que deux dimensions, mais laissant apparaître, de près, une dimension supplémentaire[173]). S'il va de soi pour un scientifique que l'indéterminisme quantique n'est pas une brume ou que la 4ème dimension ne saurait se cantonner dans un tuyau, le grand public – ne possédant pas les connaissances nécessaires afin de compléter ces analogies – est susceptible d'associer purement et simplement le thème et le phore de la métaphore dans un tout homogène et surtout statique. De plus, certains travaux en neurosciences tendent à prouver la réalité physique de ces structures analogiques[174] :

> Fondée qu'elle est sur l'activité des cellules physiques, cette structure (neuronale) est aussi physique que les actions ou les objets auxquels elle correspond. La structure est temporairement tracée dans le cerveau, gravée dans le cerveau par son activité. Pourquoi les circuits de cellules cérébrales ne créeraient-ils pas une sorte de correspondance iconique avec les choses, si les cellules sont bien branchées, opèrent comme elles sont censées opérer et deviennent actives comme il le faut ? Et pourquoi les structures temporaires d'activité qui en résultent seraient-elles nécessairement moins physiques que les objets et les actions présents au début ? (Damasio, 2010 : 383)

Dès lors, et *afin d'éviter une consolidation de ces schémas mentaux, il est essentiel de rappeler* de manière sporadique et/ou ludique *le caractère ambigu et virtuel de l' image métaphorique (3.2.4).* Ainsi, et considérant la métaphore courue de la PARTICULE-CORDE et de l'UNIVERS-INSTRUMENT-DE-MUSIQUE (2.5.1), il est important de ne pas confondre « ondes sonores » et « ondes électromagnétiques » dans cette « musique des sphères » (Kepler) :

---

172 « Les résultats des mesures de vitesse et de position sont entachés de ce flou. » (CQ : 41) ; « Le flou était inhérent au monde subatomique et que rien ne pouvait le dissiper » (CH : 333).

173 « De loin, il [le tuyau d'arrosage] apparaît comme une ligne qui serpente, mais, de près, il a une forme cylindrique » (CH : 389).

174 Se basant sur ces résultats, un nouveau genre d'entraînement est proposé aux sportifs de haut niveau (le *neurotracking*) afin d'optimiser leurs capacités perceptives et cognitives grâce à des images en 3D.

> Entendons bien la métaphore : les ondes acoustiques ne se propagent pas dans le quasi-vide interstellaire. Ce sont les ondes électromagnétiques […] qui jouent le rôle du « son ». (DU : 272)

Un autre moyen efficient afin de minimiser l'importance de cette « réalité conceptuelle » est de proposer plusieurs phores associés à un seul thème. Comme nous l'avons vu (2.4) *ce polymorphisme figuratif – engendrant une démultiplication des regards – permet l'intégration de la relativité dans notre modèle cognitif,* la formation d'une vision dynamique et fluctuante d'un monde en mouvement perpétuel.

3.1.2 Le « sens » de la métaphore

Dans cette conquête intellectuelle visant à découvrir « l'histoire du Même » (Foucault, 1966 : 15), *le sens directionnel de l'analogie* semble tout indiqué, puisqu'il s'agit d'aller du connu vers l'inconnu, du familier vers l'étranger, c'est-à-dire du phore vers le thème[175]. Cependant, si l'on considère que le thème doit être « éclairé » par le phore, la direction la plus naturelle semble être celle allant justement du thème vers le phore. Il n'est donc guère aisé de savoir ce « que signifie aller du simple au complexe, ou du facile au difficile » (Jeanneret, 1994 : 341). Cette question fut âprement débattue, *car du sens de la métaphore dépend son sens, i.e. de l'orientation de la métaphore dépend sa signification :*

> Les cognitivistes critiquent couramment la position interactionnelle, pour laquelle deux termes A et B entretiennent dans une métaphore des relations réciproques. Or, sur ce point, le cognitivisme prône une relation univoque de A vers B ; la projection métaphorique est unidirectionnelle et orientée d'un domaine-source vers un domaine-cible, cette projection n'étant en aucun cas réversible (nous parlons de la vie en termes de voyage mais jamais l'inverse). (Botet, 2008 : 20–21)

Même s'il paraît rassurant d'instaurer une priorité unique au sein du processus métaphorique, une telle hiérarchisation[176] nous semble impossible. Outre le fait que rien ne nous interdit d'imaginer un voyage comparable à

175 « Le phore doit être plus accessible cognitivement que le thème » (Bonhomme, 2005 : 175).

176 « C'est l'ordre qui rend harmonieuse la diversité profuse des données. Mais en situant les termes les uns par rapport aux autres, en liant leur statut à leur place, l'ordre se fait hiérarchie » (Schlanger, 1995 : 93).

une vie, la plasticité cérébrale et, d'une façon plus générale les incroyables facultés de notre intellect à créer des liens en continu, nous poussent non seulement à considérer la réversibilité des métaphores comme effective, mais de plus à envisager *la possibilité d'échanges multi-directionnels permanents.* C'est également l'avis de Philippe Gréa, pour qui ce mécanisme interactionnel constant se réalise au moyen de *projections trans-spatiales qui relient chaque élément des deux espaces mentaux* (Gréa, 2002 : 112).

Prenons, afin d'illustrer cette problématique, les très nombreuses analogies reliant l'homme aux astres. S'il est couru de « voir une étoile mère accoucher d'une étoile [...] nouveau-née » (DU : 284 / 307) ou d'assister à « la mort d'un soleil » (2.6.2), il est également commun de parler d'« un homme brillant », d'« une femme rayonnante », d'« un enfant qui illumine notre existence » ou d'« une personne âgée qui s'est lentement éteinte[177] ». *ETOILE-HOMME ou HOMME-ÉTOILE ? Comment construisons-nous le sens ?* Notre cerveau parvient-il toujours à différencier le Ca du Cé dans ces échanges métaphoriques incessants ou ceux-ci sont-ils tellement imbriqués que la fusion du phore et du thème s'opère immédiatement[178], à tel point que nous ne prenons parfois pas conscience de la signification réelle de l'image dégagée ?

Dire que « le soleil se lève ou se couche » revient encore une fois à réactiver ce lien cosmogonique originel en personnifiant un astre premier. Mais cette analogie implique également une vision ptoléméenne où la Terre est au centre de notre univers[179]. Ce reliquat d'une vision ancestrale témoigne d'une profonde imprégnation conceptuelle et tend à prouver l'hypothèse de projections trans-spatiales constantes. De la même manière, la confusion s'opérant autour de la double analogie du CERVEAU-ORDINATEUR et de l'ORDINATEUR-CERVEAU (2.2.3) ou le fait que l'espace-temps mental ne coïncide pas avec celui neuronal (1.2.1) *semblent asseoir la thèse d'une réversibilité avérée et « immédiate » au cœur du processus métaphorique.* Dès lors, l'importance du choix de ces « images métaphoriques » se révèle d'autant plus déterminante dans la fabrication de notre paysage conceptuel. Si le mécanisme à l'œuvre lors du décodage d'une métaphore *in praesen-*

---

177 En référence euphémistique à notre propre fin. A l'inverse, nous demandons si une expérience ou un mécanisme ont bien « marché ».

178 D'autant plus rapidement que les métaphores sont lexicalisées, *cf.* 3.1.3.

179 Depuis Copernic, nous savons effectivement que le Soleil est au centre de notre système cosmologique et qu'il ne saurait se lever, ni tourner autour de la Terre.

tia[180] doit encore être étudié, qu'en est-il lors du processus catachrétique où le thème est totalement inconnu ou, en d'autres termes, lorsque le « casier mental » correspondant au comparé est vide ?

3.1.3 La catachrèse ou la réalité au point limite

Souvent définie comme « une métaphore dont l'usage est si courant qu'elle n'est plus sentie comme telle » (CNRTL), *la catachrèse vient à la rescousse du scientifique lorsque le mot propre manque pour désigner une réalité encore inconnue ou récemment découverte.* Ce « recours à une image psychologique » (Bachelard, 1965 : 33) porte plusieurs appellations[181] : « catachrèse » (Ladhari, 2007–2008), « métaphore scientifique » (Sorlin, 2010 : &15), « métaphore terminologique » (Rossi, 2015 ; Assal, 1995 : 22), « métaphore lexicalisée » (Gardes-Tamine, 2006) et, d'une certaine façon « métaphore ontologique » (Charconnet, 2003 : 49). Plus qu'une « figure par abus », la catachrèse doit être considérée comme une figure d'invention qui, grâce à un « remue-méninges » novateur, tente d'aboutir à la « formule heureuse » (Laszlo, 1993 : 48). Cette création analogique permet une prise de conscience accrue du processus de dénomination et de définition en s'interrogeant sur l'essence première de la « réalité ».

Comment, en effet, nommer l'inconnu, comment définir un objet dont seules certaines caractéristiques sont accessibles ?

Sans développer le rapport fondamental au réel que pose l'acte définitoire[182], *nous insistons ici sur la responsabilité du scientifique-inventeur ayant comme lourde mission de donner à voir une image la plus fidèle possible d'une réalité inaccessible* pour « le commun des mortels ». Puisque les risques de ne jamais pouvoir atteindre le thème ne sont pas négligeables, l'importance du phore choisi est d'autant plus conséquente ; c'est cette

180 Présence du thème et du phore, *cf.* Fromilhague (2010 : 79–81).

181 A des fins de simplification, nous utilisons ici le terme générique de « catachrèse » afin de désigner ces créations langagières palliant à l'absence du « mot propre » (Détrie, 2001 : 40). Nous ne spécifions ainsi pas les différentes sortes de catachrèses (Fontanier, 1977 : 213–219) ni ne distinguons les figures lexicalisées de celles d'invention ; « Pour un modèle pluriel de la métaphore dans les vocabulaires scientifiques et techniques », *cf.* Rossi (2015 : 25–96).

182 « Définir un objet est-ce déterminer une réalité ou la représentation que la pensée se forme de cette réalité ? La matière crée-t-elle l'esprit ou est-ce l'esprit qui fabrique la matière ? ».

image – et uniquement elle –, reflet de la réalité, qui modèlera l'opinion publique et sa vision du monde.

3.1.3.1 Le Big Bang : un exemple de catachrèse tonitruante

Le modèle cosmologique proposé par le chanoine Georges Lemaître (1894–1966), renversant les perspectives traditionnelles, proposait un paradigme révolutionnaire. Sa « théorie de l'atome primitif » (1927) exigeait effectivement de délaisser un Univers statique et éternel pour adopter la vison d'un Ensemble mouvant, issu tout entier d'un noyau premier, infiniment dense et chaud. Quoi de plus ridicule ? Et d'ailleurs, à supposer que cette singularité ait existé, quel nom lui attribuer ? Comment définir ce passage entre le Rien et le Tout, cet instant zéro, ce point limite invisible ? L'astrophysicien Fred Hoyle (1915–2001), bien décidé à tuer dans l'œuf cette impensable vision, baptisa ce nouveau-né du nom de « Big Bang ». Voilà bien une appellation grotesque qui devait supprimer les cris de ce bambin vagissant. Le succès de cette opération fut tel que les entrées relatives au Big Bang sur *Google* se comptent à l'heure actuelle en plusieurs centaines de millions.

Outre la cocasserie de cette ironie boomerang, *la catachrèse du Big Bang décrit bien les limites de l'entreprise définitoire* et l'extrême difficulté à nommer, décrire ou définir une entité pressentie mais encore inconnue. De la sorte, ce qui devait être un seuil temporel et spatial s'est transformé dans l'imaginaire collectif en une gigantesque explosion. Pire, n'est retenu que le bruit de cette déflagration, ce *Grand Boum*, contresens absolu pour un physicien[183], mais image des plus plaisantes pour un public néophyte ayant fait grand bruit. Le commencement de l'Univers – celui du temps et de l'espace – se résume ainsi en un son, un tohu-bohu[184]. Et même s'il semble désormais que *le big bang doive se conce-VOIR au pluriel*[185] – et notre perception de l'infini s'élargir –, cette analogie signifie aussi bien

183 En effet, le son ne peut se propager dans le « vide », *i.e.* en l'absence d'un support, d'une matière.

184 Nous voyons ici l'un des nombreux exemples ayant rapproché, au 20e siècle, la science de la religion, le Big Bang ayant été assimilé par le pape Pie XII (1951) au *Fiat Lux* (Gn, I, 1–2).

185 Notre Univers – ou ce que nous croyons être une Totalité – ne représenterait peut-être qu'une partie d'un Tout plus important ; ainsi nombreux sont les physiciens qui, essayant de préserver le concept d'unité mais ne pouvant accepter celui d'unicité, imaginent des multivers, un hypervers.

l'horizon cosmologique (ou la « fin » de l'univers observable) que notre horizon cognitif. « Inintelligibilité, irrationalité » (Gunzig, 2011 : 102), *Fiat Lux* originel, le Big Bang est avant tout une limite au-delà de laquelle toute représentation est interdite. Cette métaphore à sens unique[186] débouche ici sur une impasse. Dès lors, il ne nous reste, comme unique témoin de cette existence, qu'un phore, un mot, une image…et même si ce phare dans l'obscurité de notre ignorance n'est qu'un mirage, cette illusion constitue notre réalité. *Même si les mots ne sont que trompe-l'œil, ils sont notre Vérité.*

3.1.3.2 L'interdiscours scientifique : le reflet d'une science qui se donne à voir

Ces nécessaires catachrèses[187], utilisées dès l'aube de l'humanité afin de nommer une dimension inconnue, sont intéressantes à plus d'un titre. Outre les questions sémiologiques et phénoménologiques que celles-ci soulèvent lors de leur fabrication, *ces métaphores cognitives* constituent des terminologies spécifiques, des néologismes « créés pour nommer les concepts mis à jour par le travail de recherche [et qui] sont appelés à être détrônés à leur tour et remplacés au fur et à mesure que la communauté des spécialistes ne les considérera plus comme satisfaisants » (Coll., 1998 : 39).

Au niveau diachronique, ce mouvement oscillant entre néologisation et lexicalisation permet de mettre en exergue une science en mouvement. *Agissant comme un révélateur d'un savoir en construction, cet interdiscours scientifique permet non seulement de comprendre la filiation et/ou la circulation des connaissances entre scientifiques*[188]*, mais également d'apercevoir, dans ce miroir conceptuel, les éventuelles failles d'un paradigme peut-être déjà dépassé.* Ainsi, les catachrèses usées des « ceintures d'astéroïdes », des « corps célestes », ou des « chevelures de comètes » mettent à jour une vision profondément anthropocentrique (2.6.2), tandis que celles du « mur de Planck » ou des « particules-télépathes » révèlent les limites

186 Son thème nous étant (peut-être à jamais ?) voilé.

187 Nous rappelons ici que ce terme générique désigne aussi bien une invention figurative qu'une figure lexicalisée. A l'instar de la Belle au bois dormant, ces catachrèses, même banalisées, ne sont jamais entièrement « mortes » et peuvent se « réveiller » à tout instant, comme ces « cadavres stellaires » à forte connotation : sur « l'usure et le réveil des figures », *cf.* Bonhomme (1998 : 90–92).

188 Concernant cet héritage scientifique et culturel, *cf.* Grossmann, Tutin et Da Silva (2009 : 187–202).

d'une physique en crise se devant de se rapprocher d'autres disciplines afin de progresser. Nous fournissons ci-dessous quelques exemples de cet interdiscours rencontrés lors de notre analyse de corpus :

« Le bestiaire cosmique »	« L'effet papillon »	« La purée quantique »
« Le Big Bang »	« La flèche du temps »	« La soupe primordiale »
« Le chat de Schrödinger »	« L'homme poussières d'étoiles » (Reeves)	« La spaghettification » (ou « l'effet de nouille »)
« Les crêpes stellaires » (Luminet)	« Le neutrino fantôme »	« Le trou noir prison »
« L'écume (ou la mousse) quantique »	« La particule tuyau d'arrosage »	« L'Univers selle de cheval »
« L'édifice scientifique »	« Le physicien détective »	« Le zoo des particules », *etc.*

Au niveau synchronique, nous assistons à une mise en place d'une imagerie de référence, d'un lexique d'autorité. Les « meilleures » images, ou les métaphores susceptibles d'illustrer un « objet » (théorie, phénomène, caractéristique, *etc.*) avec le plus d'innovation, d'intensité ou de clarté, sont ainsi reprises d'un auteur à l'autre, dans une espèce d'autorégulation langagière. L'emploi de ce langage figuratif commun aux scientifiques d'une discipline particulière s'élargit progressivement aux scientifiques d'autres communautés avant d'être intégré, *via* le processus de VS, par le grand public. *Cet interdiscours, permettant à la fois le dépassement de ses propres sa-VOIRS (3.3.2) et la construction d'un lieu de rencontre par le biais d'analogies partagées, doit ainsi être considéré avec la plus extrême attention.*

3.1.4 Les dangers d'une confusion conceptuelle

S'il est possible, voire même souhaitable sous certaines conditions, qu'un thème soit représenté par plusieurs phores (2.4), le contraire doit être évité. Par exemple, l'image de la PARTICULE-BILLE[189] afin de décrire le comportement corpusculaire d'une entité subatomique (répondant à celle de la PARTICULE-VAGUE concernant son comportement ondulatoire, 2.3) est généralement acceptée par l'ensemble des vulgarisateurs. Néanmoins, notre étude a révélé un problème épistémologique de « taille » (Clivaz,

189 Dans la lignée de l'ATOME-GRAIN, *cf.* 2.2.1.

2014 : 477), puisque ce phore de la « bille » est indifféremment utilisé par certains auteurs afin de décrire des composants infiniment petits ou l'Univers dans son intégralité :

Le phore de la « bille » représente :	Un quark	10^{-18} m
	Un noyau atomique	10^{-15} m
	Un atome	10^{-12} m
	Une molécule	10^{-8} m
	Une planète	10^{+8} m – 10^{+8} m
	L'Univers	10^{+26} m

Cette confusion extrême dans l'ordre de grandeur, pourtant si essentiel en physique, *ne permet pas une catégorisation cognitive claire et induit une confusion conceptuelle. Afin de favoriser un apprentissage efficient, un phore ne devrait pas s'appliquer à plusieurs thèmes simultanément.*

De la même manière, l'analogie lexicalisée des « briques de la matière[190] », généralement reprise dans sa dimension historique, désigne majoritairement des atomes ou des éléments chimiques. Le fait de retrouver cette image illustrant aussi bien le « noyau atomique », l'« électron » ou les « protéines » dans un même ouvrage (CH 205 / 321 / 427) est déroutant. Cet unique phore, ramenant à la même échelle un électron ou une macromolécule, ne permet pas une nette différenciation ; les dangers de confusion découlant de cette polysémie métaphorique sont ainsi considérables, le lecteur risquant de mettre sur un même pied d'égalité des éléments aussi disproportionnés que l'électron, l'atome ou la molécule.

Notons que cette confusion conceptuelle peut également concerner la nature de l'élément. Comparer indifféremment un « neutrino » et un « photon » à un « fantôme » (CH 211 / 368) peut nuire à distinguer clairement les différences entre ces composants. Même si la ressemblance homonymique entre le « photon » et le « fantôme » est tentante, cette métaphore rhétorique reproduisant celle interdiscursive du NEUTRINO-FANTÔME (2.1.1.1) prive la particule de lumière d'une figuration spécifique, pourtant recommandable en VS. *D'un point de vue didactique[191], le modèle associant un phore à un thème unique doit de la sorte être privilégié.*

---

190 S'inscrivant dans la métaphore filée de la SCIENCE-ÉDIFICE, *cf.* 2.1.2.

191 Considéré sous un angle épistémologique, cet *amalgame figuratif peut signifier la relativisation de l'état d'avancement de nos connaissances* – les constituants élémentaires devant peut-être être envisagés « comme des racines d'expériences, jamais comme des

3.2 Du bon usage métaphorique

Existe-t-il des recettes permettant une vulgarisation efficiente ? Quelles figures faut-il privilégier ? Comment choisir ses analogies, comment les mettre en réseau ? Sous la forme de questions-réponses, nous indiquons ci-après quelques pistes repérées lors de notre étude, quelques conseils techniques[192]. De la sorte, et nous limitant à l'usage de ces figures, nous n'indiquons pas certains points pourtant essentiels dans ce partage de connaissances (choix de la forme en fonction du public visé, variation des techniques rhétoriques, rythme, *etc.*) ni apports courants (utilisation de l'humour, de l'étymologie, de la sérendipité, *etc.*) qui méritent un traitement plus approfondi[193].

3.2.1 Peut-on se passer des figures analogiques ?

Cette question, dans un ouvrage s'intéressant exclusivement à ces figures rhétoriques par analogie, peut surprendre. En raison des fortes critiques adressées à leur encontre, celle-ci se doit d'être posée. En effet, de très nombreux spécialistes en VS dénoncent ces « analogies trompeuses » (Michaut, 2014 : 96), ces figures porteuses « d'idées fausses [et] de perte[s] de précision » (Dufay, 2005 : 91), ces « arme[s] pernicieuse[s] » (Vuilleumier, 1988 : 18). Plutôt que de souligner (à juste titre) que le raisonnement métaphorique n'est pas sans risque (3.1), il nous paraît essentiel de rappeler que ce dernier constitue la base de notre système conceptuel (Lakoff et Johnson, 1985). *De la sorte, dire que les métaphores représentent certains dangers (notamment celui de perte informationnelle), c'est un peu comme affirmer que les aliments font grossir… sauf que nous ne pouvons nous en passer.* Plutôt que de dénigrer cette nourriture non seulement indispensable mais nécessaire à la santé de la communication – comme à celle de la recherche (2.3) –, il nous semble plus raisonnable de mieux l'ingérer.

---

racines d'être » (Bachelard, 1965 : 82) – ou induire une vision holistique où tous les constituants de l'Univers participent à un même dessein (2.6.2.2).

192 Sans fournir ici un guide de vulgarisation, nous décrivons un « bon usage » de l'imagerie scientifique utile non seulement pour le scientifique-vulgarisateur, mais aussi, et surtout, pour le chercheur.

193 Dans un prochain ouvrage.

En attendant que les travaux en neurosciences parviennent à comprendre plus finement comment notre cerveau digère ces informations, nous proposons quelques enseignements pratiques.

3.2.2 Quelles sont ces figures ?

Nous rappelons ici que nous considérons *la métaphore comme un processus cognitif large*[194] combinant une résolution à la fois analogique et imaginative (1.3). Cette vision d'un processus cognitif unique – *englobant toutes les figures rhétoriques par analogie* – permet de comprendre les notions de « flou conceptuel » ou d'« ambiguïté figurale » (Bonhomme, 2002) associées à cette problématique dès lors qu'un essai de typologie – ou tropologie – entre ces figures est amorcé[195]. De plus, cette vision est indispensable dans une perspective interdisciplinaire de recherches visant à regrouper les différentes avancées en sciences cognitives. Néanmoins, et parce qu'une catégorisation de ces figures est préférable dans le cadre d'une analyse de discours, nous distinguons ci-dessous les analogies prédominantes en les illustrant de quelques exemples.

Les principales figures rhétoriques procédant par analogie repérées par notre étude de corpus et permettant une vulgarisation efficiente sont :

L'analogie simple

> Les bactéries sont-elles mieux adaptées que les girafes ? (CH : 461)

Posant un rapport entre deux éléments appartenant à des isotopies différentes, mais sans tendre vers la fusion de ces derniers (métaphore), ni indiquer ce rapport (comparaison), l'analogie dans son expression la plus simple construit une relation de ressemblance ou de similitude. Ainsi, « les bactéries » (thème), bien que mises en relation avec « les girafes » (phore) *de manière implicite,* ne sont pas clairement identifiées au phore

---

194 Nous poursuivons en cela la conception aristotélicienne de la *métaphora* comprenant l'ensemble des tropes (1.1.1) et « signifiant un déplacement de sens » (Reboul, 1991 : 242).

195 « Il n'est pas rare que la notion de métaphore recouvre, pour beaucoup d'observateurs, un ensemble flou de tropes et de raisonnements qui, outre la comparaison, comprendrait la métaphore, la métonymie, la synecdoque [...] et l'analogie » (Jacobi, 1999 : 83).

en raison de la tournure interrogative[196]. Ce genre de rapprochement, en raison de son faible impact figuratif, n'est que peu usité.

La comparaison

A la différence de l'analogie simple, *la comparaison établit une relation d'analogie de manière explicite*. La comparaison est donc repérable grâce à la présence de ces termes comparatifs, de ces « liens » (Robrieux, 1998, 19), de ces « connecteurs explicites » (Jacobi, 1999 : 98). Au nombre de ces *mots-outils*, nous pouvons citer : « comme », « ainsi que », « tel », « analogue à », « comparable à », « de la même manière que », « de la même façon que », « semblable à », « pareil à », « ressembler », « paraître », « plus que », « moins que », « égal à », « aussi que », *etc.*

> La lumière était un phénomène ondulatoire, analogue aux rides qui se propagent à la surface de l'eau. (CQ : 27)
> Toutes les particules ont un spin. Elles tournent sur elles-mêmes comme des toupies. (CH : 373)
> Les noyaux sont généralement sphériques. Parmi les plus lourds, certains affectent des formes de cigares ou de lentilles ; d'autres ressemblent à des poires. (HE : 114)
> Les galaxies se comportant comme les molécules d'un gaz cosmique homogène. (DU : 124)

Signalons encore que ce rapport analogique permet une évaluation – entre le thème et le phore – aussi bien quantitative (*comparatio*) que qualitative (*similitudo*)[197], comme dans ce dernier exemple (*supra*) où les galaxies sont ramenées à une échelle humaine (ordination quantitative) tout en révélant l'une des caractéristiques de leur comportement, celle de se comporter comme un gaz (ordination qualitative). Ce double rapport de proportionnalité – permettant aussi bien d'installer un ordre de grandeur spécifique que de révéler certaines « qualités » de la nature d'un objet – *fait de la comparaison la figure privilégiée afin d'établir un classement, d'ordonner les différentes parties d'un tout, de permettre une vision synoptique et cohérente d'un ensemble*[198].

---

196 Si, d'un point de vue linguistique, cette distinction s'opère, il est probable que, d'un point de vue cognitif, l'image mentale ainsi dégagée « fonctionne » de la même manière qu'une comparaison ou qu'une métaphore rhétorique. C'est notamment pour cette raison qu'un emploi générique de la métaphore doit être privilégié.

197 A ce sujet, *cf.* Berteau (1980) ou Perelman et Olbrechts-Tyteca (2008 : 326–334).

198 A cette fin d'ordination, nous indiquons la synecdoque qui, bien que ne mettant pas en présence des allotopies, participe à cette hiérarchisation en incluant la partie dans –

La métaphore rhétorique

Sans revenir sur cette figure reine (1.1), ni rappeler les différents types de métaphores rhétoriques généralement admis[199], nous insistons ici sur deux points essentiels. Tout d'abord, *ce trope*[200] par excellence, en créant des transferts sémantiques entre différents domaines notionnels, *parvient à une reconceptualisation de nos connaissances (2.6.3) et « réorganise notre vision du monde »* (Bonhomme, 1998 : 59). Cette « condensation sémantique, ce compactage » (Gréa, 2002 : 122) entre deux éléments de notre réalité sera d'autant plus utile à redéfinir notre « univers » que « les rapports de [ces] deux réalités rapprochées seront lointains et justes[201] » (Caminade, 1970 : 20). De la métaphore lexicalisée – souvent perçue de manière inconsciente – à la métaphore vive (Ricœur, 1975) agissant comme « un coup de poing » (Caminade, 1970 : 11), les variations de ce *transport analogique* sont aussi variées que nombreuses.

Ensuite, nous ne partageons pas l'avis de certains spécialistes[202] considérant « la métaphore comme un état plus élaboré, plus élégant, ou plus moderne de la comparaison » (Moreau, 1982 : 22). Souvent considérée comme une comparaison abrégée, *la métaphore* permettant une « analogie condensée » (Perelman et Olbrechts-Tyteca, 2008 : 535) *ne présente pas toujours une figuralité remarquable* ; *a contrario*, la comparaison, immédiatement visible en raison de ses marqueurs syntaxiques, est à même de créer une analogie puissante et riche de sens. Par exemple, les deux premiers extraits (*infra*), l'un métaphorique, l'autre comparatif, ne donnent pas lieu à une image saisissante,

> L'enfance des étoiles (DU : 152)
> Ces muons ressemblent à des électrons, mais en plus massifs. (CH : 237)

---

pour – le tout : « « C'est un cerveau » disons-nous admirativement d'un étudiant qui a brillamment réussi un concours difficile » (CH : 478).

199 Pour une brève vision récapitulative des différentes métaphores rhétoriques (*in absentia, in praesentia*) ou de leurs fonctions, *cf.* Bonhomme (1998 : 59–66).

200 « Le mot « trope » vient du grec *tropos* qui signifie « conversion » et ce substantif vient lui-même du verbe *tropo*, signifiant « tourner » » (Robrieux, 1993 : 43).

201 Nous revenons sur la figuralité de l'image métaphorique en 3.2.3.

202 « La métaphore est plus immédiate et plus dynamique, la comparaison, un peu adventice et plus statique, la métaphore, support de la pensée, la comparaison, souvent simple ornement de celle-ci » (Moreau, 1982 : 23). Notons ici que la distinction entre métaphore et comparaison est parfois si ténue que certains auteurs traitent ces deux « figures associées » ensemble (Fromilhague, 2010 : 72).

> Le golf cosmique (DU : 106)
> Tels des prêtres allant consulter l'oracle de Delphes, les astrophysiciens reviennent interroger les équations d'Einstein. (CH : 305)

tandis que les deux derniers extraits proposent une vision novatrice d'un UNIVERS-GOLF (dont les trous sont susceptibles de déboucher sur d'autres horizons) ou de PHYSICIENS-PRÊTRES servant une SCIENCE-RELIGION, et ceci indépendamment de la présence – ou de l'absence – de termes comparatifs. Ainsi, *nous ne pensons pas qu'il faille subordonner la comparaison à la métaphore*, mais plutôt considérer ces deux figures au potentiel figuratif élevé sur un même pied d'égalité, comme deux facettes d'une même démarche (3.2.3).

L'oxymore
A la différence de la comparaison ou de la métaphore (rhétorique), l'oxymore, mettant en présence des termes profondément contradictoires, induit toujours une image à très forte figuralité. *Tout l'intérêt de cette figure réside dans le choc cognitif produit et dans la résolution sémantique que celle-ci exige afin de la doter d'un sens*[203]. « Soleil au cœur noir » ou ÉTOILE-GOUTTE-DE-PLUIE (DU : 599 / 153), cette construction antinomique provoque plus qu'un effet de surprise, une véritable réflexion sur l'essence première des objets qu'elle oppose.

L'allégorie
Si la présence de comparaisons ou de métaphores rhétoriques relevées par notre analyse de corpus était plus ou moins attendue, celle marquée de nombreuses allégories nous surprit. Souvent présentée comme une métaphore continuée » (Gardes-Tamine, 2002 : 137) ou « une métaphore prolongée » (Todorov, 1977 : 33), *l'allégorie met en présence deux séries de termes indépendants,* « une double chaîne se déroulant avec un minimum de contacts » (Gardes-Tamine, 2002 : 13). Le développement allégorique, *afin de rendre concret un concept complexe ou un phénomène abstrait,* présente successivement[204] une situation familière suivie – ou précédée – du thème abstrait à préciser, comme dans cet extrait que nous écourtons[205] :

---

203 Nous rapprochons ici l'image surréaliste de l'oxymore, *cf.* « Le poisson soluble » en 2.3.2.

204 Sans imbrication entre les deux isotopies mises côte à côte.

205 Suivant le même procédé, les inégalités de Bell se voient expliquées grâce à diverses populations (de terriens et de martiens ; CQ : 55–57) ou le concept relativiste d'espace-temps est illustré au moyen d'automobiles ou de fusées remplaçant les particules (DU :

> Vous jouez au billard. A l'aide de la queue vous lancez une boule contre une autre. Après la collision les deux boules repartent dans des directions différentes [...]. *La situation est tout autre dans le monde des atomes.* Lancez un électron contre un atome. Après sa collision avec l'atome, la trajectoire n'est plus déterminée [...]. (CH : 332–333)

Généralement, un parallélisme – aussi bien grammatical que syntaxique – est observé dans la construction de cette « mise en scène figurée d'une pensée » (Bonhomme, 1998 : 72), tandis que des « embrayeurs d'isotopie » (Fromilhague, 2010 : 92)[206] donnent une clé afin de relier les deux champs sémantiques et de décoder le message. Il s'agit donc d'une « analogie projective » (Prandi, 2002 : 77) visant à établir les points de contacts entre ces deux réalités apparemment distinctes, *d'inventer les correspondances révélatrices du sens.*

A bien y réfléchir, il n'est pas si surprenant de retrouver si souvent ce récit à double sens dans le cadre d'une science en profonde mutation (1.2), s'intéressant aussi bien à des questions physiques qu'épistémologiques et/ou philosophiques[207]. De plus, cette quête de rapports logiques, d'interactions – entre le sens propre et le sens figuré – coïncide trait pour trait au travail de recherche réalisé lors d'expérimentations. Le théorème scientifique est ainsi mis en pratique dans le laboratoire de la même manière que le concept abstrait est illustré dans l'allégorie. Intriquant le plus souvent le « langage » littéral à celui mathématique, l'allégorie, telle qu'utilisée par nos scientifiques, présente sous une double perspective simultanée, *le rapport entre l'acte et la puissance, entre réalité et virtualité.*

La synesthésie

Tandis que l'allégorie tente de créer des liens entre représentation physique (concrète) et représentation conceptuelle (abstraite), *la synesthésie tend à réunir des sensations.* Deux – ou plusieurs – sens physiologiques sont ainsi enchevêtrés, comme chez ces astronomes « écoutant la lu-

---

72–73). Pour d'autres exemples de passages allégoriques, courant parfois sur plusieurs pages, *cf.* 2.3.2 (CQ : 21 / 26–27 / 29 / 65–66), (HE : 79–80 / 106–107), ou (CH : 242–243).

206 Une expression ou une phrase sert généralement de pont entre ces deux « mondes » en fournissant le point de départ de l'analogie à construire, l'accès vers la découverte du référent ; *cf.* la phrase en italique dans l'exemple *supra* ou : « Prenons une analogie très facile à comprendre, car empruntée à la vie de tous les jours, où nous remplaçons les cônes de lumière par des « cônes de circulation » » (DU : 71).

207 L'allégorie sert principalement le discours moral, philosophique ou eschatologique.

mière » (DU : 627). Cette perception concomitante concerne majoritairement l'ouïe et la vue (« voir des sons », « écouter des couleurs », *etc.*) et permet une figuration « à fleur de peau ». Relativement peu utilisée, cette apparente *superficialité sensitive peut dissimuler une vision holistique* d'un monde où tous les éléments sont en perpétuelles corrélations, suivant en cela la théorie quaternaire d'Aristote ou les correspondances baudelairiennes.

L'hypotypose

> Ainsi se dessine la vallée de stabilité [...] ils [les nuclides] diminuent leur énergie jusqu'à se stabiliser au plus bas, comme un rocher qui dégringole de la montagne jusqu'au fond de la vallée [...]. Par monts et par vaux, la matière se construit ainsi en permanence et longe la vallée jusqu'à sa limite, là où plus aucun élément n'est stable. Elle se perd alors dans l'immense plateau des éléments radioactifs mais n'y reste pas, car ces éléments finissent toujours par redescendre au fond de la région stable. (NE : 145)

Autre figure visant une représentation frappante, l'hypotypose décrit une scène, « un spectacle ou un événement de façon si vivante que l'auditoire croit l'avoir sous les yeux » (Reboul, 1991 : 239). Cette « peinture parlante de la réalité » (Le Bozec, 2002 : 7) est notamment utilisée afin d'« imager », de la manière la plus dynamique et saisissante, un instant précis, dès lors figé dans l'espace et le temps. Même si les « lieux » décrits dans la VS n'induisent pas toujours de véritables hypotyposes[208], le principe de la figure est fréquemment repris. Le fait d'exposer un tableau dans le « cadre » d'une science-vitrine désireuse de se montrer semble pour le moins logique. Néanmoins, et plus que le plaisir des yeux (fonction esthétique) ou la possible surprise émanant d'une esquisse inconnue (fonction phatique), il semble que la fonction cognitive soit privilégiée. Associer un espace délimité à un concept précis permet de « cartographier » les informations, de les ancrer dans un décor qui fera office de mémoire. Le fait de visualiser les différentes parties de « la vallée de stabilité » (*supra*) engendre *une topographie des connaissances transmises propice à leur mémorisation. S'apparentant dès lors aux cartes heuristiques – ou mind map – le procé-*

208 La description n'étant pas assez poussée, comme dans cet exemple peignant la « vallée de la stabilité ».

dé hypotypotique, associant un décor spécifique pour chaque notion clé, favorise l'encodage et la conservation[209] *de l'information.*

Le symbole

Finalement, le symbole représente sans nul doute la figure la plus mystérieuse et envoûtante. L'utilisation d'un terme concret agissant comme un « signe de reconnaissance » (CNRTL) déclenche la recherche d'une signification infiniment riche et profonde[210]. Cet « emblème linguistique » (Bonhomme, 1998 : 72) nous semble être le « signe holistique » par excellence qui tente de recouvrer l'unité perdue. Comme le « sumbolon[211] » constituait la moitié d'une pièce d'identité, le symbole – composé du symbolisant et du symbolisé – vise à embrasser le sens caché et premier de toute chose. *Ce regard universalisant* exige un apprentissage, une initiation propre à chaque individu[212]. Ainsi, les symboles de la « pomme » (2.2.1) ou du « poisson » (2.3.2 / 2.7.3) sont à même d'enclencher des représentations très différentes (selon sa culture, son expérience, ses croyances, *etc.)* et d'activer des synergies diverses, voire contradictoires. S'ancrant dans nos imaginaires les plus intimes, le symbole agit comme un condensateur de concepts et de connaissances, *un révélateur du sens.*

Cette figuration – possédant plusieurs niveaux de lecture – permet ainsi de « jeter des ponts[213] » et d'accéder, grâce à *cette ébauche de vision omnisciente*, à une dimension supplémentaire. La « nature quasi magique » (Perelman et Olbrechts-Tyteca, 2008 : 446) du symbole ou « son opacité » (Todorov, 1977 : 237) ont souvent été dénoncées ; pourtant, s'appuyant sur une réalité visible, un élément « connu », *ce réseau de liaisons particulières entre notre système de représentations et notre monde s'applique à dévoi-*

209 La méthode dite « des lieux », consistant justement à associer les informations à traiter à différents lieux familiers et à cheminer d'un « paysage » (ou d'une pièce) à l'autre, représente un moyen mnémotechnique reconnu et efficace exploitant cette localisation mentale.

210 Selon différentes sortes de rapports, aussi bien métaphoriques que métonymiques.

211 Dans la Grèce antique, le « sumbolon » était la moitié d'une poterie brisée en deux qui permettait – notamment – à des notables de différentes cités de se reconnaître.

212 « Mais la liaison symbolique n'étant ni conventionnelle, ni basée sur une structure du réel universellement connue et admise, la signification d'un symbolisme peut être réservée aux seuls initiés, rester pour d'autres entièrement incompréhensibles ; ce qui était symbole perdra complètement ce caractère si cette initiation fait défaut » (Perelman et Olbrechts-Tyteca, 2008 : 450–451).

213 Du grec *symballein* (syn- avec et -ballein, jeter), le symbole qui cherche à unir s'oppose ainsi au diable (du grec *diaballein* ; dia- à travers, et -ballein, jeter) qui divise.

ler l'invisible, à dire l'indicible, à révéler l'inconscient. Même s'il appert qu'une figure aussi immaîtrisable ne doit être utilisée qu'avec modération, il n'en demeure pas moins que *ce mécanisme fusionnel – hors de l'espace et du temps*[214] *et faisant intervenir l'irrationnel – est susceptible de nous « initier » à un autre mode de connaissances.*

3.2.3 Faut-il privilégier certaines de ces figures ?

Bien que n'ayant pas opté pour un recensement statistique, certaines conclusions ont été mises à jour. Nous tenons tout d'abord à nuancer une idée largement répandue :

> La comparaison est plus sollicitée par les vulgarisateurs que la métaphore, plus rare ou interprétée par erreur comme trope de reformulation. (Jacobi, 1999 : 98)
> La comparaison serait une des formes les plus développées de manifestation d'un raisonnement analogique dans le discours. (Charconnet, 2003 : 45)

Si nous entendons par « métaphore », une métaphore vive, *i.e.* activant une réflexion consciente de résolution sémantique et « faisant apparaître le monde » (Ricœur, 1975 : 361), cette première affirmation est exacte. Par contre, si nous considérons la métaphore (au sens de Lakoff et Johnson) comme résultante d'un processus métaphorique plus large (1.3), la métaphore est majoritairement employée suivie de la comparaison, puis de l'allégorie.

Néanmoins, et en raison de la gradualité figurative[215]*, ce qui importe n'est pas tant l'emploi de telle ou telle figure mais bien la pertinence du traitement métaphorique.* Car plus que le nombre de ces représentations imagées, *leur diversité est à souligner.* Toutes ces figures (3.2.2) – favorisant la visualisation d'un phénomène ou d'un concept – sont utilisées tour

---

214 « Le recours à l'écriture symbolique exige le dépassement du contexte, car toutes les références à l'action, au temps sont effacées » (Vuilleumier, 1988 : 81).

215 Cette gradualité ne permet effectivement pas une délimitation stricte des figures rhétoriques. Par exemple, la syntaxe métaphorique de « Grosse boule gazeuse [...], Jupiter ne verra jamais la floraison du printemps » (CH : 49) laisse plutôt entrevoir une paraphrase tandis que la comparaison « le soleil agit comme un immense ventilateur » (CH : 39) induit une image novatrice qui n'a rien à envier à une métaphore vive. Concernant le « réveil des figures », *cf.* 3.2.7.

à tour, sous des formes[216] diverses et des variations multiples dont voici quelques exemples concernant surtout la comparaison :

Situation régulière[217] accordant à un Cé un et un seul Ca :

Comme un paysage qui s'étend à perte de vue dans l'espace, le temps physique est là tout entier au même moment. (CH : 265)

Situation divergente, dotant le Cé de plusieurs Cas :

Le vestige gazeux de la supernova agit à la fois comme un bulldozer [...] et comme un fécondateur. (DU : 217)

Ici, gros comme une tête d'épingle, [...] le mini-trou noir se serait contenté de la [la Terre] trouer de part en part avec l'aisance d'une balle de révolver qui traverse une motte de beurre. (DU : 601)

Situation convergente, dotant le Ca de plusieurs Cés :

Voir les phores de la « bille » ou de la « brique » en 3.1.4.

La réitération d'une même figure (*supra* ou « La flèche du temps et la mort de l'Univers » (CH : 467), succession de deux métaphores) ou l'emploi de plusieurs d'entre elles dans un même passage contribuent bien évidemment à cette diversification :

> [...] comme un travailleur de force [...] elle [l'étoile] commence à maigrir. (comparaison, puis métaphore, NE : 163)
>
> L'Univers n'est encore qu'une pâte lisse et homogène [...]. Mais, comme un cake qui gonfle dans un four, la pâte-Univers se dilate [...]. (métaphore, puis comparaison, puis métaphore DU : 597)

De plus, nous avons été agréablement surpris de constater *l'importance de l'allégorie dans la VS* ou de recenser des figures moins usitées. Ces dernières – comme l'hypotypose, la synesthésie, l'oxymore ou le symbole – ont tendance à être délaissées au profit de la métaphore ou de la comparaison. *Nous ne pouvons ainsi qu'encourager la construction de ces autres points de vue qui participent pleinement à la richesse figurative et conceptuelle.*

En considérant que le processus métaphorique est similaire quelle que soit la figure choisie, ce qui importe est de trouver la bonne combinaison, le juste équilibre en n'excluant aucune possibilité. Ainsi, un nombre d'images restreint – ou d'articulations rhétoriques simples – et facilement mémo-

216 Métaphores *in praesentia* ou *in absentia* ou filées, *etc.*

217 Nous empruntons ces distinctions à Daniel Jacobi (1999 : 92 / 98).

risable évitera la confusion qui peut découler d'une surabondance figurative. De la même façon, l'emploi de métaphores vives, voire oxymoriques, permettra une captation de l'attention plus nette que ne le ferait l'usage de métaphores lexicalisées. Néanmoins, la répétition permanente de ces dernières, certes moins visibles et moins spectaculaires, induit-elle forcément un ancrage mental moins important que des figures « choc » ? *Une image « massue » provoque-t-elle un impact psychologique plus « fort » (en terme d'intensité ou de durée) que le matraquage, subtil mais sournois, d'une imagerie sans cesse réitérée ?* L'état actuel de nos connaissances, ainsi que le nombre restreint d'études s'intéressant aux effets cognitifs de la VS sur le grand public, ne nous permettent pas de répondre à ces questions.

On le sait, trop de métaphores, tue la métaphore. A l'inverse, ces analogies sont nécessaires (3.2.1) bien qu'*aucune prédilection, pour l'une ou l'autre, ne puisse être établie*[218]. Tout réside donc dans la manière d'inventer l'analogie la plus saillante (3.2.5), la mise en forme la plus efficiente, l'imbrication discursive la plus pertinente (3.2.8). Entre excès et défaut, entre saturation analogique et abstraction stérile, *la recherche du juste milieu constitue le cœur de cet « art de persuader » (Aristote) qu'est la rhétorique.*

3.2.4 Faut-il signaler les analogies ?

> Mais supposons que l'on a affaire à une population de Martiens tels que les a imaginés l'écrivain de science-fiction américain Ray Bradbury (Chroniques martiennes, 1950) [...]. (CQ : 57)
> « Pesée d'étoiles » ; « ces belles pouponnières d'étoiles » ; « l'accouchement d'étoiles » (DU : 648 / 154–155)

Derrière cette question, apparemment anodine, se cache l'une des caractéristiques premières de la « vulgarisation à la française » (2.5.1). Mais commençons pas le commencement. *Le Cantique des quantiques* (Ortoli et Pharabod,1984), premier ouvrage de vulgarisation en matière de mécanique quantique, signale systématiquement les analogies utilisées, en expliquant souvent l'origine de celles-ci (1er exemple *supra*). *A contrario*, nombre d'ouvrages transmettant ces savoirs spécialisés

218 Toutes possédant leurs propres spécificités, leur propre force imageante (3.2.2).

intègrent directement ces tournures métaphoriques sans balisage aucun (2ème exemple *supra*). Alors, faut-il signifier ce passage du monde « réel » à celui virtuel ou au contraire l'occulter ?

3.2.4.1 La composante épistémologique dans l'emploi métaphorique

Notre analyse de corpus (étudiant des auteurs francophones) a démontré un souci épistémologique remarquablement présent et constant chez tous les auteurs qui se manifeste sous des formes diverses que nous pouvons résumer en trois points :

Les considérations épistémologiques
Les questions liées aux différentes facultés de connaître, ainsi qu'à la valeur et à l'objet de celles-ci sont posées. Ces considérations épistémologiques permettent une « réflexion sur la réflexion » (Bachelard, 1996 : 250) et éclairent notre rapport au monde, tout en fournissant quelques repères clés de l'histoire des sciences[219]. De la présentation du contexte d'où a jailli l'analogie,

> [...] nous nous contenterons de donner l'image par laquelle Bohm essaie de représenter ce qu'il entend par « ordre impliqué ». Cette image est celle de l'hologramme. (CQ : 97)

à un raisonnement plus poussé s'interrogeant sur ce que devrait être un transfert d'informations « idéal », ou avertissant des dangers et des bénéfices de telles représentations imagées, la composante épistémologique côtoie souvent celles philosophique et phénoménologique :

> Il ne suffit pas d'apporter la connaissance, le vulgarisateur doit encore signaler les limites de la démarche scientifique. « Telle théorie est modérément crédible » ... Il importe également de signaler les limites et les dangers du discours simplifié utilisé par le vulgarisateur : « Telle image est ambiguë ; telle comparaison peut prêter à confusion ». (HE : 227).
> Pour comprendre ces principes, l'imagination est plus importante que les mathématiques, et un déploiement d'images et de métaphores permet d'aller plus loin qu'un simple déroulement d'équations. (CQ : 6–7)
> [...] penser, c'est-à-dire former des images mentales. (CH : 482)

219 Concernant ce « double visage de l'épistémologie » (francophone et anglophone), *cf.* Clivaz (2014 : 29–30).

L'analogie annoncée, l'analogie dénoncée

Sans présenter un développement épistémologique aussi fourni, *la construction analogique est clairement annoncée*, expliquée et sa provenance parfois citée :

> Métaphoriquement parlant, on pourrait comparer l'effet photoélectrique à un jeu consistant à lancer des balles de tennis sur une cible. (CQ : 27)
> Pour reprendre une image propre à l'informatique, les particules élémentaires, atomes, molécules, relèvent du matériel (en anglais, *hardware*) ; par contre, les principes d'organisation ressortissent au logiciel (*software*). (CH : 452–453)
> « Une représentation particulièrement éclairante de l'espace-temps est celle des *cônes de lumières*. Comme je l'utiliserai fréquemment dans la suite, je conseille au lecteur de lui accorder une importance particulière. » ; « Prenons une analogie très facile à comprendre, car empruntée à la vie de tous les jours [...]. » (DU : 69–70 / 71).

Le destinataire est ainsi toujours alerté[220] de l'usage des différentes figures analogiques et *la frontière entre réalité et imagination est ainsi très nettement délimitée.* Dans ce mode d'emploi figuratif, avertissant de chaque image ou accordant à certaines métaphores davantage de poids conceptuel, un traitement particulier semble être accordé à certaines analogies pouvant être problématiques. *Les « mauvaises » métaphores – ou celles étant désuètes – sont ainsi régulièrement dénoncées.* Les représentations de la PARTICULE-BILLE ou de l'ATOME-SYSTÈME-SOLAIRE (2.2.1), ne s'accordant plus aux découvertes d'une physique quantique probabiliste, font tout particulièrement l'objet de ces avertissements[221] :

> « L'électron n'est pas une petite bille tournant autour du proton. » ; « L'électron n'est absolument pas la petite bille que l'on imagine volontiers, mais , comme le photon, une « onde de probabilité ». » ; « [...] représentant l'électron non plus par une bille tournant sur une orbite, mais par une vibration. » ; « Toutefois, cette image de l'élec-

220 Exemples d'autres signaux annonçant une figure analogique : « Une image très imparfaite peut être donnée de cette situation » ; « Prenons un exemple » ; « Qu'on nous permette de reprendre l'image donnée au début du livre » (CQ : 70 / 53 / 44) ; « En termes imagés » (DU : 213).

221 Exemples d'autres analogies à abandonner : « La découverte de l'expansion de l'univers et l'observation du rayonnement fossile ont accrédité dans la littérature l'image d'un « début de l'univers », d'une « création du monde ». Rien n'est plus incertain. » (HE : 85) ; « Cette comparaison [celle des ÊTRES-VIVANTS-ORDINATEURS] ne peut être tout à fait exacte, car le comportement des vivants, même instinctif, montre une étonnante faculté d'adaptation à l'environnement, qu'une machine programmée ne possède pas » (CH : 474).

tron tournant sur lui-même comme une toupie fut assez vite abandonnée [...]. » (CQ : 45 / 51 / 34 / 30)

« Les particules élémentaires ne correspondent pas du tout à l'image traditionnelle de billes microscopiques. » ; « La balle de tennis ne se comporte pas comme l'électron [...]. » ; « Il ne faut pas imaginer les nucléons comme un ensemble de billes [...]. (NE : 47 / 45 / 138)

[...] cette image [celle de « l'ATOME-SYSTÈME-SOLAIRE »] n'a plus de sens. » (CH : 339)

Même si la démarche visant à réfuter certaines images spécieuses ou dépassées peut, à première vue, sembler tout à fait louable, il faut garder à l'esprit que *l'image exposée – affirmée ou niée – déclenche une activité dans les mêmes zones cérébrales et une schématisation mentale identique. Le fait de nier une métaphore, loin de « tuer » ce processus, l'active.* On peut dès lors s'interroger : lorsque le principal dessein est justement de faire oublier une représentation fallacieuse, ne vaut-il pas mieux définitivement l'abandonner et faire comme si celle-ci n'avait jamais existé ? Selon l'angle épistémologique choisi, on répondra négativement (préservation de la perspective historique) ou positivement (prédilection pour la réflexion philosophique concernant la science) à cette question.

L'analogie signifiée

Finalement, la démarcation entre le discours ordinaire et celui figural peut être simplement signifiée de manière moins ostentatoire, notamment *par l'utilisation d'un « déclencheur de représentation*[222] *» ou par une balise figurative particulière.* Au nombre de ces déclencheurs, le verbe « imaginer » – principalement à l'impératif – occupe une place de choix en étant repris par la totalité des vulgarisateurs :

Imaginez deux barques sur un étang, navigant à proximité l'une de l'autre. (NE : 66)

On peut aussi imaginer un « bébé-univers » formé par un trou noir et connecté à son univers « parent » par un trou de ver ombilical. (DU : 487)

Imaginons un escalier : l'électron peut ou bien se tenir sur une marche, ou bien grimper sur la marche supérieure [...]. (CQ : 29).

Imaginons un fusil immobile qui tire [...] (CH : 242)

Imaginons une planète « lambda » [...]. (HE : 47)

222 Nous empruntons à Charconnet (2003 : 17–18) cette formule qui nous semble la plus parlante. Celle-ci est nommée « connecteur rhétorique » chez Jacobi (1999 : 91) et « embrayeur » chez Maingueneau (1999 : 12).

Ce verbe performatif[223] ne doit ici pas être compris dans le sens que lui donne Ducrot[224] (2008), mais représente un réel *acte de pensée à forte valeur perlocutoire*. D'ailleurs, les frères Bogdanov[225] usent – parfois avec excès – de *cet activateur de l'imagination* afin de produire un impact psychologique puissant. Il faut également garder à l'esprit *que cette porte ouverte vers un monde rêvé* ne sert pas seulement la VS mais réside au cœur du travail des scientifiques « imaginant » au quotidien de nouvelles expériences de pensée[226], projetant sans cesse de nouvelles hypothèses. Notons aussi que d'autres verbes – « penser », « se figurer », « rêver », « songer », « envisager », « sentir », « supposer », « admirer » *etc.* – peuvent remplir cette fonction.

L'utilisation de guillemets (MEG), ensuite, sert généralement de balise figurative en indiquant le début et la fin de l'analogie, bien que certaines polices d'écriture spécifiques – mise en italique, mise en gras, soulignement – puissent également jouer ce rôle. « Allumette à fission[227] » (NE : 151) ou « photons jumeaux » (CQ : 58), les métaphores sont ainsi signalées par le biais de ce « métalangage typographique[228] » permettant d'« étiqueter correctement les objets de connaissance » (Mortureux, 1982 : 58). Soulignons ici que cette MEG peut servir d'autres buts que d'« encadrer » une tournure figurative : expressions d'origine étrangère ou familières (argotiques), termes impropres ou jeux de mots, termes spécialisés, néologismes ou citations sont autant d'occurrences faisant appel à ces marqueurs sémantiques. L'important est de choisir un système typographique clair et cohérent et de s'y tenir.

223 Le seul fait d'énoncer le verbe « imaginer » active l'imagination, l'acte énonciatif se confondant avec celui auquel il se réfère, *cf.* Ducrot (2008 : 69 / 209 /295). Nous pouvons rapprocher cet emploi de l'hypotypose (3.2.2).

224 Compris comme un synonyme de « se figurer que », le verbe « s'imaginer » implique ici que l'énoncé prononcé présuppose un sens inverse : « Pierre s'imagine que je vais venir, on donne à entendre qu'on ne viendra pas » (Ducrot, 2008 : 273).

225 Notamment dans leur émission *Temps X*.

226 Telles que celle EPR (Einstein, Podolski, Rosen) ou celle du chat de Schrödinger pour notre période contemporaine, ou celles de l'allégorie de la caverne de Platon ou du paradoxe de Xénon, pour une période plus lointaine.

227 Métaphore rhétorique désignant la bombe A.

228 Nous entendons par « métalangage typographique », les différents caractères typographiques propres à provoquer une réflexion sur le langage, une distanciation, un recul, et favorisant la prise de conscience de l'acte langagier en lui-même ; *cf.* Ducrot et Schaeffer (1995 : 517–518).

L'analogie non signifiée
Finalement, et parallèlement à ces mises en exergue, *de très nombreuses métaphores sont simplement insérées dans le discours ordinaire sans marquage particulier*, les deux manières de procéder s'imbriquant d'ailleurs régulièrement :

> Tout se passe comme si, pour employer une expression imagée, l'univers était animé d'une *pulsion de vie.* De quoi s'agit-il exactement ? Dans les chapitres de cet ouvrage, j'essaierai de présenter, d'une façon simplifiée, ce que la science nous donne à comprendre de cette fièvre organisationnelle matérielle (HE : 20).

Dans cet exemple, la « pulsion de vie de l'univers » (en italique dans le texte original) est présentée comme « expression imagée », tandis que la métaphore personnificatrice de « l'univers fébrile » ne fait l'objet d'aucune mention ni marquage spécifique.

3.2.4.2 Une histoire de confiance, une histoire de con-science

Plusieurs raisons favorisant ces marquages figuratifs peuvent être citées. Tout d'abord, il semble logique que des chercheurs observant l'infiniment grand et l'infiniment petit, et ne pouvant jamais contempler leur objet d'étude à l'œil nu, intègrent la nature même de l'image, souvent trompeuse, dans leurs écrits. Ensuite, il n'est guère étonnant qu'un scientifique, se devant de citer ses sources et de prouver ses dires, explique l'origine de telle ou telle analogie ou partage certains aspects de sa méthode de travail.

Cependant, l'une des bases de la vulgarisation est justement d'alléger l'information du superflu, d'aller à l'essentiel. De plus, *au niveau figuratif, l'impact sera d'autant plus fort que la tournure sera éclatante et immédiate.* De la sorte, tout ce qui retarde la visualisation d'une image est à même de perturber l'activation analogique et son effet de concrétisation. Il est dès lors tout à fait étonnant d'utiliser ces métaphores en les annonçant – ou en les signalant – et en les privant de toute leur puissance. C'est un peu comme si l'on bridait une voiture de course ou qu'on demandait à une cantatrice de ne chanter que sur une octave. Mais justement afin d'éviter tout accident – ou couac –, nos scientifiques-vulgarisateurs francophones préviennent des excès de ces analogies d'autant plus « dangereuses » que dissimulées aux yeux du lecteur. Comme énoncé *supra*, il est important de rappeler que ces mises en garde n'excluent aucunement la présence de métaphores non signalées[229], mais se complètent avec elles.

C'est que l'entreprise de vulgarisation ne doit pas uniquement servir à plaire, distraire et convaincre un consommateur des bienfaits du « progrès ». Partager ses connaissances, c'est effectivement communiquer certains savoirs, *mais In-Former*[230]*, c'est surtout construire l'esprit critique,* permettre une prise de conscience éclairée sur les véritables enjeux d'une Science en révolution perpétuelle. Deux visions s'opposent clairement : la démonstration d'une science-show-biz, désireuse de frapper l'imaginaire, ne s'embarrasse ainsi que rarement de ces tournures explicatives introduisant les figures. *A contrario*, et parce que l'image n'est pas la réalité (1.2.3 / 3.1.1), il est jugé plus que nécessaire, essentiel, d'avertir le destinataire de la véritable nature de la métaphore.

La question est là : faut-il faire confiance à un public néophyte en lui fournissant les informations nécessaires à la compréhension d'une problématique ou, au contraire, le diriger en ne lui montrant que ce qui est « bon » pour lui ? La vulgarisation francophone, dans sa grande majorité, semble vouloir former la vision plutôt que d'imposer ses vues. Les fondamentaux démocratiques, issus de la révolution française et du siècle des lumières, sont ainsi inscrits au cœur même de cette « vulgarisation à la française », qui prend le risque de laisser au non spécialiste son libre-arbitre. L'homme de sciences, en s'interrogeant à la fois sur la nature de l'image et de son travail, invite le citoyen à une réflexion quant à la réalisation et à la valeur de l'ouvrage qu'il tient dans les mains et de ce que celui-ci représente. En lui laissant le choix, et en l'incitant, à son tour, à une prise de conscience personnelle et responsable, l'auteur offre à son lecteur l'une des plus belles valeurs humanistes qui soit : la liberté.

3.2.5 Comment choisir les termes de l'analogie ?

Il paraît évident que la forme[231] et le niveau de vulgarisation choisis influent directement sur la construction métaphorique. Certains termes spé-

229 Encore une fois, tout le talent du vulgarisateur sera de trouver, entre métaphores spectaculaires et analogies raisonnées, le bon équilibre.

230 Mise en forme de l'info.

231 Transmission de l'information orale (radio, télévision…) ou écrite (article, livre, blog…), sortes de présentations (internet) *etc.*

cialisés ne nécessitant aucune explication auprès d'autres collègues (d'une même discipline), méritent un éclairage auprès des scientifiques d'autres disciplines et un traitement approfondi chez des non-spécialistes, tandis qu'une tournure fortement simplifiée pourra servir d'initiation à des enfants ou à des adolescents. De la même manière, *on adaptera les phores en fonction du public visé* (niveau d'étude, secteur d'activité, culture, âge, *etc...).* Néanmoins, nous dégageons certains points nous semblant importants dans le choix de ces composants analogiques.

3.2.5.1 Quels thèmes ...

« Jargon », « mots compliqués » ou « termes scientifiques », la majorité des guides de VS prévient de ces « pièges à éviter » (Michaut, 2014 : 87) en conseillant de paraphraser ces expressions grâce à des « mots simples » et à un « vocabulaire accessible » (Dufay, 2005 : 107–108). S'il paraît évident que la diffusion de connaissances implique une simplification du discours scientifique, il appert également que l'un des buts de cette entreprise est d'expliquer certains termes spécialisés – et/ou techniques – « stratégiques » permettant une compréhension éclairée de certains enjeux sociaux. L'activité de vulgarisation – qui exige de résumer plusieurs années de recherche en quelques notions clés – constitue ainsi l'une des opérations intellectuelles les plus astreignantes. En ce sens, la VS qui suppose un temps d'arrêt, un recul, une prise de distance sur soi-même, possède une importante valeur heuristique. *Le scientifique, se devant de choisir les concepts – puis de dénommer les termes – qui symbolisent le mieux ses travaux, sa pensée ou ses objectifs, est ainsi forcé de se recentrer*, de se condenser afin de dégager la « substantifique moëlle », SA quintessence. Tel thème générique peut ainsi amorcer un débat sociétal majeur, tel thème pointu peut servir d'accroche et d'exemple à un procédé de plus grande ampleur.

Le choix – limité – de termes spécialisés comme thèmes analogiques présente certains autres avantages[232]. Comme le souligne Daniel Jacobi, *le terme spécialisé possède « un sens précis, stable, spécifique du domaine* », tout en jouissant d'une certaine « autonomie par rapport au reste du discours (cotexte) » (Jacobi, 1999 : 131). Notons également que ce sens est d'autant plus stable que *nombre de ces termes sont internationaux* et sous-

232 Gardons à l'esprit que la VS s'adresse également à des spécialistes.

tendent un accord sémantique auprès de la communauté scientifique mondiale (131–134).

Cependant, si ces termes sont toujours monoréférentiels[233] pour un scientifique, il n'est pas rare que ceux-ci se dotent d'une autre signification pour le non-spécialiste. Par exemple, « une durée de vie[234] » n'a pas le même sens en physique que dans le langage courant. De la même manière, « l'horizon cosmologique » ou la « soudure d'élément » seront compris différemment chez l'initié ou le néophyte. *Ces termes-pivots – ou mots-clefs –* qui permettent le passage entre le discours scientifique et le discours vulgarisé (Jacobi, 1988 : 65) sont ainsi très intéressants. *Véritables passerelles entre les mondes académique et profane, ces concepts-charnières ouvrent les portes, permettent le passage.* Jean-Pierre Luminet (DU[235]) notamment, utilise très finement ces termes-pivots afin d'introduire l'astrophysique dans le paysage conceptuel de « Monsieur et Madame tout le monde », comme avec ce « MACHO[236] solitaire » ou ces « corps noirs » (DU : 532).

Finalement, rappelons que *la présence de ces termes spécialisés* (pris en tant que thème d'une analogie ou non) *remplit une autre fonction, celle d'assouvir un besoin, de satisfaire notre soif de connaissances*. Le fait de découvrir ces nouveaux mots, comme on découvrirait des espèces exotiques inconnues, comble – en partie – cette curiosité tout en permettant l'exploration d'un territoire cognitif d'autant plus « magique » et « étrange » que les sonorités dégagées par ces nouvelles « entités » le seront (3.2.8).

3.2.5.2 …pour quels phores ?

Soyons francs : aucun traité ou manuel de rhétorique n'est à même de donner les clés pour inventer à coup sûr des métaphores vives ou pour transformer un vulgarisateur en poète ; le talent ne s'explique pas… Néan-

233 Le terme ne possède qu'un seul sens et « renvoie à un unique référent […] ou à une seule notion ou un seul concept » (Jacobi, 1999 : 134).

234 « On appelle « durée de vie » d'un élément radioactif le temps au bout duquel le nombre d'atomes a diminué d'un facteur exponentiel […]. » (NE : 126).

235 *Le Destin de l'Univers* fut récompensé en 2007 du prix européen de la communication scientifique.

236 Ce terme polysémique (en VS) désigne en astrophysique des « astres trop peu lumineux pour être observés directement » (DU : 618), tels les trous noirs, les planètes géantes ou les étoiles brunes, MACHO étant l'acronyme de *Massive Astrophysical Compact Halo Objects*. Il en va de même pour le terme-pivot « solitaire » signifiant « isolé » en langage courant mais désignant notamment « un trou noir ne faisant pas partie de systèmes d'étoiles ou de noyaux doubles » (DU : 612) en astrophysique.

moins, et parce que « l'image affirme une identité des contraires » (Caminade, 1970 : 15), il est utile de mettre en corrélation avec le thème *un phore « le plus proche possible de la réalité »* (Vuilleumier, 1988 : 18). Pour réaliser ces transferts de valeurs[237] (du thème au phore ET du phore au thème), il faut donc repérer les ressemblances de ce qui, à première vue, n'en présente pas. *Une bonne métaphore pédagogique serait donc celle qui dégagerait le juste rapport,* le rapprochement le plus pertinent, « le degré de contamination entre thème et phore » (Perelman et Olbrechts-Tyteca, 2008 : 536) le plus exact.

A contrario, l'activation du pathos[238] *exige la fusion de contraires les plus éloignés possibles,* les plus choquants, permettant une confrontation éclairante, *un clash cognitif.* De la raison ou du cœur, de l'ATOME-PETIT-POIS à l'ATOME-SALLE-DE-BAL, du SCIENTIFIQUE-ASTRONOME au PHYSICIEN-HACKER, la palette des analogies efficientes est illimitée. Le phore – qui doit permettre de rendre connu l'inconnu, concret l'abstrait, et de rapprocher ce qui est éloigné – présente ainsi trois caractéristiques essentielles :

Le phore doit être accessible
Dans la construction de ces « grappins visant à s'approprier plus facilement le savoir » (Vuilleumier, 1988 : 14), on privilégiera des mots simples, compris de tous, clairs, précis, présentant le moins d'ambiguïté possible.

Le phore doit être concret
Afin de permettre l'assimilation de concepts ou de phénomènes abstraits parfois complexes, des images concrètes, « visibles », *i.e.* directement perceptibles par l'un des cinq sens et possédant un haut degré de figuralité, seront préférées.

Le phore doit être familier
De la même manière, et pour se rapprocher le plus possible de son destinataire, des phores connus, issus de la vie de tous les jours et faisant l'objet d'un usage pratique (3.2.9), permettent l'activation d'une image usuelle, courante, déjà « apprivoisée ». Il est en effet important d'adapter le contenu informatif au public visé (3.2.6.4) et de résister aux figurations mondialisées.

---

237 Concernant les relations entre les termes d'une analogie, ou la construction métaphorique, *cf.* Perelman et Olbrechts-Tyteca (2008 : 504–512), Ricœur (1975) ou Lakoff et Johnson (1985).

238 Plus l'image sera forte, plus elle aura de puissance émotive et poétique.

Contrairement à une idée largement répandue, *ce remue-méninges visant le transport le plus lumineux ne doit pas se cantonner à un registre langagier courant.* Même si ce registre intermédiaire semble logique dans l'entreprise de VS se situant par nature à un niveau médian[239], notre étude a démontré que certains phores issus du registre élevé côtoyaient d'autres provenant du registre familier. Ainsi, le « suroît, souffle du sud-ouest vers le nord-est » (HE : 93) permet d'expliquer la délicate notion « d'entropie », tandis que les « les protons [...] zigzaguent » (DU : 161) ou qu'« une étoile massive est au bout du rouleau » (CH : 31). Selon le style et le genre discursif utilisés (3.2.8), certaines tournures enfantines ou images osées – voire crues – peuvent être *parfois* dépeintes :

> Le matou mort et le matou vivant (CQ : 135)
> Ce « matou » concerne l'expérience de pensée dite du « chat de Schrödinger » (2.1.2) : l'impact produit ici est en effet infantilisant.
> « C'est au sortir des vagins d'une lignée de primates que nos ancêtres voient le jour » ; « Au cimetière, les vers nous boufferont tous » ; « A nous l'énergie, à eux [nos enfants] la saloperie. » (HE : 198 / 218 / 223)
> Ce vocabulaire s'inscrit dans un style pamphlétaire assumé.

Finalement, nous avons pu observer que *les analogies induisant une certaine verticalité*[240] *permettent, mieux que toutes autres, un envol poétique ainsi qu'une prise de conscience sans doute plus accrue de notre condition humaine, en activant un pathos élevé.* Le sens de la chute semble effectivement être l'un des premiers mouvements perçus par l'enfant[241] et détermine de manière permanente notre rapport au monde. C'est une des raisons pour lesquelles la sensation de vertige nous ramène aussi brutalement, aussi bien à l'enfance qu'à notre mortalité. Permettre la visualisation de ces images cinétiques s'appliquant à relever le haut et/ou le bas,

---

239 Préférer le style élevé en VS reviendrait à renier le principe même de vulgarisation. *A contrario*, s'inscrire uniquement dans le style populaire reviendrait à annihiler toutes autorité et légitimité scientifiques. Tout consiste donc à trouver le bon dosage incluant les divers niveaux lexicaux et conciliant les diverses classes sociales.

240 Soit dans le cas d'une métaphore particulière – « Poincaré n'est plus fourmi, mais aigle » (CH : 129) – soit par le biais de métaphores filées (2.6.3).

241 « Pour le bipède vertical que nous sommes, le sens de la chute et de la pesanteur accompagne toutes nos premières tentatives autocinétiques et locomotrices. » (Durand, 1984 : 124). Sur l'importance de ce mouvement vertical sur les composantes émotionnelles et cognitives du jugement, *cf.* Freddi (2013).

c'est donc raviver nos premières expériences intra-utérines et, sans doute, nos premières peurs : celles de la chute et de la séparation.

3.2.6 Quelle(s) imagerie(s) privilégier ?

S'inscrivant dans la thématique traitée en 2.8, nous rappelons et/ou énonçons quatre points majeurs concernant le choix de l'imagerie scientifique.

3.2.6.1 Une imagerie sans limite

Tout d'abord, et contrairement à certaines idées reçues, *toutes les représentations sont possibles*, dans la mesure où les images choisies possèdent les critères de concrétude et de familiarité (3.2.5.2). Même si les champs sémantiques liés à l'eau, aux animaux et à la nourriture constituent les réservoirs privilégiés de nos scientifiques-vulgarisateurs, rien n'interdit de puiser dans d'autres bassins sémantiques et d'inventer d'autres analogies, la limite de notre imagination n'étant pas d'ordre linguistique mais conceptuel. En ce sens, il nous paraît essentiel de poursuivre l'encouragement du développement de cet imaginaire, non seulement dans les premières années de scolarité, mais aussi à l'adolescence.

3.2.6.2 Le fonds conceptuel premier

Nous rappelons ici que ce fonds conceptuel premier regroupe des « images originelles », aussi bien collectives (imagerie ancestrale) qu'individuelles (imagerie liée à l'enfance). Les représentations acquises lors de nos premières années d'existence – aussi bien aux niveaux culturel que personnel –, profondément ancrées dans notre subconscient, constituent ainsi un « terreau » de prédilection afin d' « enraciner » un nouveau savoir. Nous synthétisons ci-dessous les imageries repérées par notre étude servant à la VS :

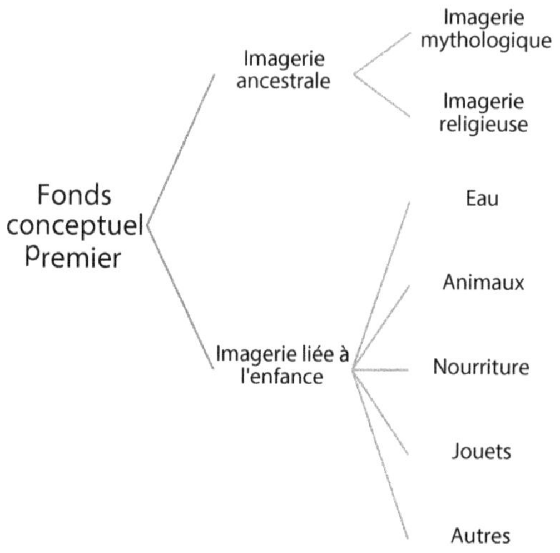

Figure 12 : La composition du fonds conceptuel premier, à la base de nos différentes imageries.

3.2.6.3 Le continuum de savoir

La persistance de cette imagerie première tend à confirmer la thèse d'un « continuum de savoir » (Jacobi, 1988 : 54–55), selon laquelle la surimposition d'une image sur une autre – et non sa substitution – domine[242]. L'un des corollaires de cette permanence figurative est l'impossibilité de « chasser », d'anéantir une représentation au profit d'une autre. Au mieux, celle-ci pourra se faire oublier, mais à l'instar des métaphores lexicalisées (3.2.7), elle pourra ressurgir à tout instant. L'assimilation d'un nouveau schéma de pensée – *dans ce palimpseste de la Connaissance* – ne peut ainsi s'effectuer que par strates, ou accumulations d'informations successives.

De plus, l'« ingestion » d'une nouvelle représentation conceptuelle exige du temps. De la sorte, si l'acceptation d'une nouvelle figuration sera relativement rapide (par exemple l'image d'un « nuage » représentant l'atome), son assimilation totale nécessitera un laps de temps beaucoup plus important (l'image de l'ATOME-POMME ou de l'ATOME-BILLE cohabitera, de manière plus ou moins harmonieuse, « aux côtés » de l'ATOME-

242 D'autres travaux entrepris dans un cadre pédagogique confirment cette approche : « Le savoir ne remplit pas un vide mais se substitue peu à peu à des représentations « spontanées » qui expriment la vision que les enfants ont du monde. » (Coll., 1994 : 33). *Cf.* 2.2.3.

NUAGE). *Il ne s'agit donc pas d'abandonner un savoir, mais de l'ajuster, de le transformer dans une gradualité* et un « mécanisme » encore très mal connus[243]. Cette imagerie première – s'appuyant sur l'histoire des sciences et sur une imagerie mythique, aussi bien que sur une imagerie du monde de l'enfance – cohabitent aux côtés de figurations « modernes » et inédites. Ainsi, le TROU-NOIR-OGRE se métamorphose-t-il sans difficulté en « ordinateur », tandis qu'une étoile peut être tour à tour comparée à une « casserole », à une « goutte » ou à une « grenouille ». Il revient ainsi au vulgarisateur d'équilibrer au mieux les images novatrices – permettant un « choc phatique » indispensable – et les images s'appuyant sur cette imagerie ancestrale. L'exemple de la « purée quantique », faisant suite à la « pomme » newtonienne, ou celui de la PHYSIQUE-QUANTIQUE-POULE, dans la lignée d'un COSMOS-ŒUF et de la tradition orphique, illustrent à la perfection un travail de vulgarisation réussi.

3.2.6.4 L'adaptation de l'imagerie au public visé et à son époque

Finalement, nous avons pu constater que si les phores traditionnels occupent une place de choix, ceux originaux sont infiniment plus rares. Outre ces « chaînes des origines » (2.8.1) qui tendent à ligoter l'invention, la prise de risques occasionnée par ces nouvelles analogies[244] peut également constituer un frein. Pourtant, et notamment afin de contrer une témérité semble-t-il plus importante en la matière du côté de la vulgarisation anglo-saxonne, *il est essentiel d'innover, d'oser certaines métaphores en adéquation avec le public visé et avec son temps.*

Ainsi, tous nos scientifiques-vulgarisateurs s'appliquent à adapter le contenu informatif de leur discours à une communauté francophone, possédant sa propre culture, son vécu particulier, ses spécificités. La prise en compte de cette *« histoire figurative commune à une population précise »* sert non seulement à rendre les analogies plus familières et efficientes, mais sert également la communauté scientifique à laquelle le vulgarisateur appartient. « Baguette de pain », « bistrot » (CH 109 / 361), « tour Eiffel »

243 Ce continuum n'empêche certainement pas certains renversements radicaux de schémas de pensée – ou « sauts » conceptuels – plus ou moins importants lors de changements paradigmatiques.

244 « Lorsqu'on emploie la métaphore, on s'expose toujours à certains risques : d'abord, à celui d'être critiqué vertement par les spécialistes qui voient dans son emploi une perte de précision ; ensuite, à celui de transmettre des idées fausses car on ne peut jamais avoir une analogie parfaite » (Dufay, 2005 : 91).

(DU : 792) ou « flèche de Guillaume Tell » (HE : 142, s.e.), il s'agit d'affirmer ses valeurs et de prévenir une phagocytation culturelle[245]. Le problème n'est pas tant l'intrusion de la langue anglaise[246], que l'inadéquation des contenus figuraux proposés ou l'idéologisation dominante induite. *Lieux géographiques de proximité, personnalités, symboles culturels, plats typiques ou coutumes et objets locaux représentent autant de codes référentiels communs afin de revendiquer cet héritage européen.*

De la même manière, des images en adéquation avec la génération visée seront plus à même d'activer une image mentale puissante : selon l'âge du public concerné, on privilégiera le phore du « GPS » à celui de « carte routière », celui d'un « album MP3 » à un « disque 33 tours » ; de plus, n'oublions pas que le chercheur s'inscrit, par la nature même de son travail, dans le progrès et la modernité ou que la VS constitue également un bon moyen afin de faire connaître les dernières inventions et/ou innovations scientifiques.

3.2.7 Comment construire son écheveau figuratif ?

Lors de la rédaction d'un ouvrage ou d'une présentation possédant une certaine ampleur, *il est essentiel de penser en amont à l'écheveau figuratif qui permettra de tisser une argumentation convaincante.* Le choix des différentes figures analogiques, ainsi que leur imbrication doivent faire l'objet d'une réflexion et d'une orchestration mûries. Si un « même » savoir peut donner lieu à une grande variété de traitements métaphoriques (2.6.2), force est de constater que *la construction « un livre, une image » présente de sérieux avantages.* Outre la simplicité de ce modèle et l'harmonie générale qui s'en dégage, le fait d'élaborer une série d'analogies reliées entre elles par une même imagerie permet de développer un concept en profondeur en consolidant, tout au long du discours, le fil rouge, l'idée

245 En réaction à cette universalisation figurative (et ce dès les années 80), les scientifiques européens s'impliquent davantage dans le processus de diffusion des connaissances.

246 La langue française n'est-elle pas composée d'un « métissage constant » et « d'un va-et-vient continuel » (Walter, 2008 : 15) avec les autres langues ? Concernant la sauvegarde du français au travers du multilinguisme ou la difficulté d'application de la loi Toubon, *cf.* « I speak english » (Balibar, 2005 : 219–233).

maîtresse[247]. *Cette métaphore filée – ou mégamétaphore – s'appuie sur une analogie centrale qui se décline et s'étire par le biais d'analogies dérivées.* Par exemple, la « métaphore-mère » de la PARTICULE-POISSON-SOLUBLE du *Cantique des quantiques* (Ortoli et Pharabod) « accouche » d'une série de « métaphores-filles » s'articulant en autant de SYSTÈME-MARE, de SONDE-HAMEÇON ou de PHYSICIEN-PÊCHEUR. Ce squelette discursif, intriquant différentes facettes « d'un même champ sémique » (Moreau, 1982 : 52) dans un tout uniforme, apporte sens, cohérence et dynamisme.

Si l'image surréaliste du « poisson soluble » représente une métaphore initiale particulièrement inventive, d'autres figures analogiques, même lexicalisées peuvent jouer ce rôle à condition d'être réactivées. Par exemple, la personnification de l'un ou l'autre corps sidéral constitue une tournure des plus usées à l'instar de « la lune qui nous veille ou nous sourit ». Ravivant ces métaphores lexicalisées[248] – et « filant cet écheveau » connu de tous – Jupiter est décrit sous la forme « d'un boxeur au visage tuméfié et aux yeux au beurre noir ayant trop reçu de coups de son adversaire » (CH : 97) tandis que « les cicatrices et les blessures de la Terre ont eu le temps de s'effacer » (CH : 84–85). Plus audacieux, *L'Heure de s'enivrer* (Reeves) base son ossature sur une métaphore double (celle de la NATURE-PYRAMIDE-ALPHABET, 2.6.1) en considérant systématiquement toutes les « faces » de cette image composite, y compris inversée.

Il est également intéressant de souligner que *la composition de cette trame discursive satisfait à une rigueur mathématique* tout à fait remarquable et commune à tous les auteurs étudiés. De la finesse de cette broderie – alliant les différentes figures de la métaphore filée et les métaphores secondaires – dépendent non seulement la solidité et la beauté de l'ouvrage, mais également sa pérennité et son utilité.

---

247 « Formant l'ossature du texte, une telle dérivation métaphorique dynamise la métaphore initiale, tout en la motivant et en l'expliquant progressivement » (Bonhomme, 1998 : 62).

248 *Cf.* Fromilhague (2010 : 83–85) et 3.1.3.2. Nous rappelons ici qu'une métaphore peut être perçue très différemment d'un individu à un autre (selon son âge, sa culture, son instruction, son état d'esprit, *etc.*). Ainsi, l'image du PULSAR-TOUPIE (ou de la toupie cosmique), en cours de lexicalisation chez les physiciens, peut induire une image mentale active chez un non spécialiste, tout comme « les bras d'une galaxie » chez un enfant.

3.2.8 Quel(s) genre(s) littéraire(s) adopter ?

Les questions gravitant autour du « genre » de la VS font toujours l'objet d'un débat nourri auprès des chercheurs. Afin de donner un cadre fonctionnel, et considérant l'aspect pratique de notre guide, nous ne ferons qu'effleurer brièvement ce sujet (3.2.8.1) avant d'indiquer les principaux genres littéraires utilisés dans la VS (3.2.8.2.).

3.2.8.1 La VS fait son genre

La vulgarisation scientifique constitue-t-elle un genre littéraire à part entière ? Outre le fait que la notion de « genre » ne signifie pas la même réalité chez tous les auteurs ni les mêmes délimitations discursives et/ou littéraires (Ducrot et Schaeffer, 1995 : 626–637 / Schaeffer, 1989), deux tendances s'affrontent. Pour les uns, le caractère hybride d'une VS – amalgamant de multiples formes dans un tout hétérogène parfaitement inclassable – met définitivement cette production au ban des genres littéraires[249]. Au mieux, on acceptera ce style d'écriture comme « genre commercial » ou « genre mineur » (Raichvarg et Jacques, 1991 : 7). A l'opposé, et pour la majorité des spécialistes, ce mille-feuille rédactionnel fonde « un genre littéraire particulier » (Roqueplo, 1974 : 36) s'étant développé au 19e siècle[250], « un genre prolifique » (Jeanneret, 1992 : 100), une *« littérature de vulgarisation »* (Jurdant, 1969 : 153) *digne d'intérêt ayant notamment donné naissance au roman scientifique*[251].

Après plusieurs années d'études à son sujet, et plusieurs démarches afin de démocratiser cette activité, nous ne pouvons que constater, qu'effectivement, la VS semble avoir mauvais genre, cette entreprise ayant même été qualifiée de « prostitution intellectuelle » dans le cadre d'une conférence universitaire mémorable. De plus, nous pouvons aisément comprendre que ce « slalom entre diverses formes de narrativité » (Jeanneret, 1994 : 329), usant de tous les styles mais n'en respectant véritablement aucun, ne satis-

249 « En dépit des ambitions des auteurs et rédacteurs [...] la vulgarisation n'a pas réussi à constituer un genre littéraire à part entière » (Bensaude-Vincent, 1993 : 53).

250 « La science amusante, une tradition qui remonte à l'Antiquité grecque et qui s'est développée jusqu'à constituer dans la seconde moitié du XIXe siècle un genre littéraire à part entière : quel avenir s'offrait à elle à l'orée du XXe siècle ? » (Le Boeuf *in* Béguet, 1990 : 109).

251 *Cinq semaines en ballon* (Verne, 1863) est généralement considéré comme le précurseur du roman scientifique (Béguet, 1990 : 113).

fasse guère les puristes. Si nous considérons chaque genre littéraire comme un tissu spécifique (la POÉSIE-SATIN, le THÉÂTRE-MOUSSELINE, le ROMAN-COTON, *etc.*), la VS, bien que ne représentant pas un tissu unique, constitue néanmoins une *couverture patchwork* assemblant une multitude de textures différentes. Cette étoffe, même hétéroclite, parvient ainsi à couvrir une catégorie discursive spécifique et peut, sous cette optique, revendiquer l'appellation de « genre ». De plus, cette facture pour le moins composite signifie bien ce que vise la VS, une rencontre entre plusieurs styles, un partage de multiples savoirs, un dialogue entre des individus de conditions très contrastées. En ce sens, cette « trame » – entrelaçant de nombreuses « classes » disparates – permet une reconnaissance immédiate très étendue et une consolidation renforcée du tissu social[252].

3.2.8.2 Entre science et littérature, la VS patchwork

Ce genre incertain que l'on peut qualifier de « paralittéraire » (Saint Martin, 2005) – emprunte ainsi de multiples contenus. La VS – ayant comme fonction de transmettre la science par le biais de la littérature – fait s'enchevêtrer deux genres fondamentaux distincts, voire contraires. *Au niveau scientifique, un discours didactique et/ou journalistique est utilisé* : essai, journal, biographie, mémoires, correspondance ou récit historique sont autant de moyens de présenter une information relativement neutre et explicative. *Au niveau littéraire, les genres fictionnels sont privilégiés* au nombre desquels nous pouvons citer le conte, le mythe, les différentes sortes de romans (d'aventures, d'anticipation, policier, *etc.),* la nouvelle, le théâtre ou la poésie. Nous émettons quelques précisions sur quatre des genres les plus prisés.

Le roman policier

Comme nous l'avons vu (2.5.2.2), l'analogie transformant l'homme de science – en quête d'un nouveau savoir – en « enquêteur » ou en « commissaire » est tout à fait naturelle et courue. De plus, les très importants apports des sciences forensiques auprès des différentes instances policières[253] ont encore resserré les liens entre le savant et le détective. Les

252 Entre « tissu social », « trame » discursive ou œuvre « patchwork », nous remarquons ici que l'imagerie liée au tissu est une imagerie forte en VS.

253 N'oublions pas que le roman policier, tout comme la VS, a vu son développement au 19e siècle : « Phénomène de la société urbaine et industrielle, l'éclosion du roman policier coïncide avec le développement des villes – et par là de la police – au milieu du XIXe siècle » (Lits, 1993 : 10).

« Sherlock Holmes », « Hercule Poirot », « Agatha Christie », « Maigret », et autres « Colombo » se retrouvent ainsi régulièrement en VS afin de camper un scientifique face à un mystère à résoudre. Du roman à énigme au thriller en passant par le polar ou le roman noir, cette littérature policière fut à maintes fois adaptée pour le grand écran. C'est donc logiquement que nous retrouvons ce vocabulaire et cette imagerie cinématographiques servant de décor au discours de vulgarisation, comme en témoignent de nombreux sous-titres du *Destin de l'Univers* : « La lumière assassinée » ; « Extérieur nuit » ; « Une question d'éclairage » ; « Le trou noir photographié » ; « Le dernier cri » (DU : 361 / 398 / 429 / 437 / 604).

Le mythe
La VS n'utilise pas simplement certains personnages ou récits mythologiques[254], mais s'en nourrit de manière durable. Mythe de la caverne de Platon (CQ), mythe de Sysiphe, Prométhée (HE) ou Toutatis (CH), ce fonds conceptuel ancestral est profondément ancré (3.2.6.2) non seulement dans cette diffusion des connaissances, mais aussi et surtout dans nos schémas mentaux. Ainsi, la cosmologie – et la cosmogonie tout spécifiquement – puisent constamment dans ce « panthéon d'étoiles » (DU : 182) en reliant les origines de l'Univers aux mythes s'appliquant justement à retracer le récit de la création. Si ce « jumelage » semble intrinsèque à notre manière d'appréhender notre environnement, ce dernier engendre néanmoins *un paradoxe : la VS fonde sa représentation sur une série de figures mythologiques alors que l'un de ses objectifs prioritaires est justement de démystifier la science.*

La science-fiction
Reprenant généralement une expérience de pensée en la développant ou une découverte scientifique, le *récit de SF constitue un prolongement du mythe*[255] *ainsi qu'un « nouvel espace-temps [...] fondateur »* (David et Przychodzen, 2009 : 249). Le fantastique, jouant sur « la monstration de l'inexplicable ou de l'inacceptable » (Viegnes, 2006 : 16), sied particulièrement à cette nouvelle physique déraisonnable. Voyages supraluminiques aux confins des trous noirs (DU) ou martiens télépathes (CQ), la SF intègre

254 Ces figures mythologiques englobent aussi bien les différentes mythologies que les diverses traditions religieuses : « Comme Samson privé de sa force quand Dalila lui coupe les cheveux, le « bulldozer » de la chaleur initiale perd pratiquement toute sa puissance quand les électrons se combinent aux protons » (HE : 127–128).

255 Les super héros des *movies* hollywoodiens sont les dieux d'une mythologie moderne.

tous les instants et les lieux de notre histoire, y compris ceux du passé ou d'autres univers parallèles. A nouveau, l'utilisation de cette fantasmagorie – permettant de voir l'invisible[256] – est tout à fait judicieuse d'un point de vue argumentatif. Cependant, et d'un point de vue épistémologique, la frontière entre science, merveilleux, fantastique et science-fiction est ténue et *le néophyte, bien que fasciné par ces récits scientifiques, ne possède pas toujours les moyens afin de distinguer la science de la SF, le réel du fantaisiste.* Ajoutons encore sous cette catégorie, *l'usage relativement fréquent de passages surréalistes – voire absurdes –* souvent associés à des postulats scientifiques n'ayant pas encore trouvé une signification satisfaisante, comme celui de ses lois distinctes régissant la physique traditionnelle de celle quantique.

La poésie

Le fait que des physiciens incorporent dans leurs ouvrages destinés au « grand public » des passages ou expressions poétiques ne constitue certainement pas une énorme surprise. Après tout, sciences et littérature n'ont « divorcé » qu'au début du 17e siècle et constituent deux manières différentes d'observer une même réalité. Dans un cas (celui de la science, partant du complexe pour tenter de définir le simple, *i.e.* l'ordonné) comme dans l'autre (celui de la littérature, partant du simple pour visualiser le tout[257]), il s'agit toujours d'essayer de comprendre son environnement, de créer du sens. Par contre, *le fait que cette lumière poétique soit recherchée à des fins heuristiques – et non seulement afin d'embellir le discours – est à souligner. Cette tendance, visant à trouver d'autres réponses par le biais de moyens intuitifs,* s'illustre tout particulièrement chez Jean-Pierre Luminet pour qui « l'art, la poésie et une certaine réflexion philosophique sondent le monde à une profondeur que nul télescope, nulle équation ne peuvent atteindre » (DU : 831–832). Il est amusant de constater que le fossé – entre « humanistes » et « scientifiques » – dénoncé par C.P. Snow[258]

256 « Le verbe *phantasein,* dont dérive *phantasma* et *phantastikon*, se réfère originellement à la manifestation sensible, c'est-à-dire pour les Grecs *visible*, de l'irréel, ou du moins de l'immatériel. « Faire voir en apparence », « donner l'illusion de » » (Viegnes, 2006 : 17).

257 Un autre regard serait d'accorder à la science l'étude des pleins, et à la littérature, celle des trous.

258 In *The Two Cultures and the Scientific Revolutions* (Snow, 1959) concernant les *« literary intellectuals (humanities) »* et les *« scientists ».* Snow, déplorant un système éducatif ne permettant pas aux nouvelles sciences exactes de se développer, proposa l'hypothèse d'une « troisième culture » alliant hommes de lettres et scientifiques.

il y a moins d'un siècle – semble gentiment se refermer grâce à ces nouveaux scientifiques-poètes ou au nécessaire développement interdisciplinaire.

A chacun son genre

Même si, pour des raisons typographiques évidentes, nous avons séparé ces différents « genres », nous rappelons que la structure même de la VS est de mélanger ceux-ci (3.2.8.1), comme ici :

> Depuis la plus haute Antiquité, toutes les inventions, toutes les énergies nouvelles sont systématiquement utilisées à des fins guerrières. Dards, flèches, feux, chevaux s'ajoutent à l'arsenal des armées en conflit. Lucrèce, notre « correspondant romain », nous en offre un témoignage éloquent : « On apprit à dompter les chevaux, à les diriger avec un mors et à les monter. On tenta ensuite les hasards de la guerre sur un char à deux chevaux [...]. » (HE : 43)

Mêlant le récit historique à l'interview journalistique (par Lucrèce « correspondant romain ») dans une prosopopée vivifiante, cet extrait fait suite à la mythification de la « déesse-bombe » (2.7.2). En cela, et permettant les passages incessants entre genres non-fictionnels et fictionnels sans aucune limite ou contrainte, *la VS constitue un remarquable espace de liberté et un laboratoire rédactionnel exceptionnel.* En outre, et parce que ce partage de l'information vise principalement à former l'opinion publique, d'autres formes d'expression plus personnelles intègrent des sections souvent autobiographiques : traité de philosophie, pamphlet, programme politique[259], chaque auteur compose son style, son genre.

Néanmoins, et pour que ce puzzle discursif renvoie au final une image cohérente, il s'agit de choisir le courant le plus propice à l'écoulement de ses points de vue. Le romantisme consolide ainsi une vision holistique d'un tout animé (CH), tandis qu'un naturalisme poétique dissèque l'Univers pour mieux le posséder (DU). Parce que « toute forme est aussi valeur » (Barthes, 1965 : 16), le choix de « son » genre est capital ; fonctionnant « comme des horizons d'attente » pour les lecteurs et des « modèles d'écriture pour les auteurs » (Viegnes, 1989 : 16), *les « catégories » dans lesquelles se moulera la pensée doivent permettre plus que la mise en abyme d'une science en représentation, celle de soi. Dès lors que la forme se fait sens, et que le genre adopté est miroir, la VS devient maïeutique et exige une meilleure connaissance de son moi intime.*

259 *Cf.* notamment le chapitre 13 de *L'Heure de s'enivrer.*

3.3 La métaphore métascope

Après avoir brossé le tableau des images rhétoriques procédant par analogie dans la VS, nous nous intéressons aux apports substantiels de ces procédés en terme de progrès conceptuels. Si nous acceptons l'idée selon laquelle « le cerveau puisse fonctionner comme [la] une machine analogique » (Pauwels et Bergier, 1960 : 523), la métaphore joue un rôle crucial dans la connaissance des structures profondes de notre psychisme. Nous permettant, mieux que tout autre « outil » cognitif de visualiser l'ensemble de notre entendement (3.3.1), celle-ci peut, sous certaines conditions, nous éveiller à nous-mêmes en nous propulsant au delà du seuil de l'infini (3.3.2).

3.3.1 La visualisation du cadre référentiel

La valeur de la métaphore comme « instrument de connaissance », et ce dès le Moyen Âge, a été relevée par de nombreux spécialistes dont le regretté Umberto Eco (2010 : 140–231), soulignant qu'« il n'y a pas de faits, mais seulement des interprétations » et que « la vérité [n'est] qu'une multitude mouvante de métaphores, de métonymies, d'anthropomorphismes » (Eco, 2010 : 767 / 768). Malgré tout, et face à une surabondance informative sans précédent[260], *les métaphores créant des liens entre ce qui, en apparence n'en présente point, construisent un schéma de pensée dans lequel nous incorporons nos savoirs. Les métaphores englobantes*[261]*, ou imago mundi tout particulièrement, structurent le récit, mais permettent également une classification conceptuelle qui hiérarchise nos représentations.* Par exemple, le lien entre monde animal et astronomie est très solidement

260 Nous rappelons qu'au cours du 18e siècle « seule une première édition de la Bible ou d'un ouvrage extrêmement populaire comme *Le Siècle de Louis XIV* de Voltaire ou l'*Encyclopédie* de Diderot dépassait les 2'000 exemplaires » (Coll., 1983 : 528), alors qu'un journal spécialisé comme *L'Équipe* est actuellement tiré à plus de 290'000 exemplaires quotidiennement. Contrairement à une idée largement répandue, la quantité d'informations écrites ingérée va *crescendo*, le jeune internaute lisant davantage que son grand-père.

261 Concernant ces « images du mondes » – également nommées « métaphores fondatrices » ou « métaphores absolues » – permettant un « accès à la totalité » ou le rôle de la métaphorologie dans la construction des modèles cognitifs, *cf.* Blumenberg (2006).

ancré dans la mémoire collective, à tel point que le fait d'envisager un groupement d'étoiles sous la forme d'un lion ou d'un scorpion semble plus que commun, normal[262]. De la même manière, la Science est métaphorisée sous la forme d'un « édifice » – parfois « prison », souvent « tour d'ivoire » – possédant ses « fondements », ses « pierres angulaires », ses « briques de matière », ses « maîtres d'œuvres » (Clivaz, 2014 : 334–335). Sans même nous en rendre compte, le fait de préférer un UNIVERS-OCÉAN à un UNIVERS-CHAUDRON modèle les différentes cartes heuristiques de notre pensée *en limitant et orientant le choix des possibles.*

Pour bien se rendre compte de l'importance de cette imagerie sur nos modèles mentaux, nous citons ici la représentation dite « des trois fenêtres[263] » reprise par nombre de vulgarisateurs et de scientifiques. Celle-ci signifie simplement que nous ne pouvons envisager la réalité que par le cadre d'une « fenêtre » – ou portion d'espace – précise (l'infiniment grand grâce aux télescopes, notre monde familier par le biais de nos yeux, et l'infiniment petit grâce aux microscopes) sans jamais pouvoir observer la totalité de notre environnement d'un seul regard. Cette métaphore des YEUX-FENÊTRES est tout à fait révélatrice de notre perception d'un CORPS-MAISON[264] ainsi que de notre impossibilité à nous voir nous-mêmes ou à nous extraire de notre « habitat[265] ». *La prise de conscience de cet emprisonnement, la visualisation de ce cadre référentiel – aussi bien intellectuel qu'épistémologique – constitue un premier pas dans la libération de notre esprit.*

De plus, et hormis des styles[266] et des visions spécifiques, l'imagerie propre à chaque auteur est révélatrice de son identité. Ainsi, cinq des douze signes zodiacaux chinois sont représentés dans *Le Chaos et l'harmonie* – « dragon », « cheval », « chien », « tigre », « lièvre » –, tandis que d'autres animaux – « rhinocéros », « tigre », « girafe », « tortue » – sont symptomatiques de la culture orientale propre à l'auteur. De la même façon, les phores se rapportant à la neige – « glace », « flocon », « cristaux », *etc.* – pro-

262 Nous évoquons, s'en même nous en apercevoir, le « cou » de la constellation du Cygne ou la « tête » du Centaure.

263 Sans aucune connotation avec la tradition maçonnique.

264 Ou d'un HOMME-HOME ou l'être demeure, *cf.* Bachelard (1957).

265 Suivant en cela le dualisme (cœur – raison) pascalien ou les théorèmes d'incomplétude de Gödel.

266 Pureté figurale pour S. Vauclair, souffle métaphorique et romantisme pour T.X. Thuan, réalisme poétique pour J.-P. Luminet, *etc.*

viennent majoritairement de la plume de notre auteur québécois (Reeves), tandis que les cycles générationnels donnant naissance aux « embryons stellaires » sont présentés par la seule maman (et grand-maman[267]) de notre corpus. Cependant, et en l'état actuel de nos connaissances, il est impossible de savoir si ce fonds conceptuel (3.2.6.2) est volontairement choisi ou inconsciemment subi.

Plus que la diffusion des connaissances, ou la préservation du lien social entre « savants et ignorants » (Raichvarg et Jacques, 1991), l'une des missions essentielles de la VS est justement de permettre la visualisation de ces structures premières à une population souvent démunie face à un savoir exponentiel de plus en plus complexe. En traçant ces schémas synoptiques – qui condensent et agencent les concepts substantiels d'une thématique – *le scientifique fournit au non-spécialiste une « carte mentale géographique*[268] *» servant à orienter ses raisonnements.* Les métaphores doivent ainsi être comprises comme des balises sémantiques, des repères structurels cognitifs à l'interface de plusieurs champs disciplinaires, des clés de lecture d'un monde en perte de sens.

Quoi qu'il en soit, l'importance des différentes imageries, inculquées dès le plus jeune âge, doit être revue à la hausse. Car si la métaphore est notre seul moyen de nous relier au monde, si les métaphores sont à même d'organiser notre univers conceptuel, et s'il s'avère que ce fonds commun nous accompagne notre vie durant, la plus grande vigilance doit être de rigueur quant à la diffusion de ces images « premières » (2.8). Celles-ci façonnent notre cadre référentiel, modèlent nos représentations, ordonnent nos interprétations, dictent nos choix.

3.3.2 Au-delà du seuil de l'infini[269]

Visualiser ce cadre référentiel c'est bien, le dépasser c'est mieux. Mais comment briser le cadre, comment dépasser ses connaissances ? D'ailleurs, « pouvons-nous connaître les parties sans connaître le tout ? » (Pascal, 1669 : Pensées – 72 –, *Les deux Infinis*). *Plus que jamais, l'intégration*

267 Le livre est dédié à Manon, et commence en ces termes : « Notre petite-fille vient de naître » (NE : 13).

268 A cette fin, les infographies, les fiches et autres tableaux synoptiques sont particulièrement utiles.

269 Nous empruntons ce titre en l'adaptant – « Le seuil et l'infini » – à Eco (2010 : 672).

du nouveau paradigme scientifique exige cette vision totalisante. La physique quantique a drastiquement modifié nos échelles de valeurs en accordant au monde subatomique une importance sans précédent dans l'histoire des sciences et en ouvrant nos perceptions à des dimensions encore inconnues. De plus, le relativisme – « floutant » nos certitudes dans un système probabiliste difficile à concevoir – engendre la démultiplication des regards et des réalités, l'acceptation d'une pluralité non seulement de formes, mais d'essences pour un même objet. *Dès lors, en assimilant les différentes représentations produites par le prisme métaphorique et inversant le processus, il n'est pas interdit de penser que l'esprit peut remonter à la source, à l'abstraction primordiale.* Cette volonté de transcender les frontières conceptuelles – afin de retrouver l'unité originelle – est tout particulièrement visible dans deux cas particuliers[270] :

Les mots composés

Espace-temps / Réductionnisme-holisme / Physique-psychisme, l'heure est à la fusion (1.3.3). L'un des moyens utilisés, tout spécifiquement par deux auteurs, est celui d'intriquer deux notions distinctes – grâce à un trait d'union – dans un tout unique représentant davantage que l'addition de ces deux composants[271], comme dans ces quelques exemples :

« l'astronome-détective » (CH : 56)	« l'homme-automate » (CH : 544)	« les Trous noirs-Univers » (DU : 824)
« l'astronome-limier » (CH : 57)	« le mini-trou noir » (DU : 601)	« les univers-bulles » (DU : 826)
« les balles-tachyons » (CH : 243)	« le monde-miroir » (CH : 207)	« l'univers-champagne » (DU : 827)
« l'étoile-galaxie » (DU : 668)	« la pâte-univers » (DU : 597)	« l'Univers-iceberg » (CH : 381)

Notons également que de rares *mots valises,* tel ce « multivers » (DU : 826) – mêlant les termes « multiples » et « univers » – procèdent de *cette même volonté d'agglutiner des réalités afin d'en entrevoir leur principe premier, de fondre toute « matérialité » dans un alliage dissolvant le sens pour ne distiller qu'une sensation.* Dans cette tentative d'embrasser le

270 Pour des raisons de clarté, nous distinguons ces deux figures en précisant que, dans ces exemples précis, tous les mots composés se révèlent métaphoriques.

271 Ce qui est l'un des principes du holisme, le tout étant supérieur à la somme des parties.

Tout, il n'est guère étonnant de constater que les thèmes de l'« homme » ou de l'« Univers » sont prépondérants.

Les métaphores vives

Mais le moyen le plus prisé afin de s'évader de l'ÉDIFICE-SCIENCE ou de casser les « murs » conceptuels est d'user de la force imaginative engendrée par des analogies particulièrement efficientes. Au nombre de ces « fenêtres de l'esprit » (DU : 633), les « métaphores vives » permettent une réelle recatégorisation conceptuelle (1.2.4 / 2.6.3) et engendrent une « torsion métaphorique [qui] est à la fois un événement *et* une signification, un événement signifiant, une signification émergente créée par le langage » (Ricœur, 1975 : 127). *Faisant appel à notre part d'intuitivité et d'affect*[272]*, ce genre de métaphores « tend à réduire à l'unité » (Moreau, 1982 : 22), à permettre une vision totale et immédiate d'une réalité non plus logique, mais ontologique.* Par exemple, la métaphore du PHYSICIEN-OISEAU (2.5.2.2 / 2.8.1.2) synthétise – dans une densité inégalée – le « pensé » (la démarche du scientifique qui tente de survoler toutes les difficultés) et le ressenti (son désir de s'extraire de son intelligence bornée et limitée), le présent et le passé (mythe d'Icare).

« S'il y a [peut-être] un lieu, dans l'homme, d'où toute la réalité peut être perçue » (Pauwels et Bergier, 1960 : 490), c'est justement au cœur de ces fusions sémantiques qui touchent le centre, le point zéro de l'esprit, la singularité entre le monde physique et celui psychique. ETOILE-GOUTTE-DE-PLUIE (DU : 153), « fleuve mathématique » (CH : 130), QUARK-MOUCHE (CH : 384), PARTICULE-BARQUE (NE : 66), ou TROU-NOIR-GRAINE (DU : 683), *cette tentative de vision unitaire – atemporelle et aspatiale – vise l'Universel.* Il n'est pas anodin de constater qu'une production non négligeable de ces métaphores heuristiques se concentre sur le thème de la « lumière » (2.3) :

> Le chant du ciel est un chant de lumière. Les astronomes ont des oreilles géantes pour écouter le ciel et enregistrer ses bruits [...]. Si l'œil humain ne perçoit qu'une octave de rayonnement électromagnétique, les instruments modernes en détectent cinquante-deux. Le magnétophone de l'astronome embrasse aujourd'hui tout le spectre. (DU : 272)

---

272 « La comparaison est une figure analogique consciente [...]. A l'inverse de la métaphore qui repose sur une analogie immédiate et qui serait une figure plus sensitive ou intuitive » (Bonhomme, 1998 : 67).

> La lumière devenue captive de l'astre, retombe comme les jets d'eau des fontaines. (HE : 130)
> Le cône de lumière ressemble à une sorte de sablier composé de deux nappes coniques opposées, l'une correspondant au passé de l'événement, l'autre à son futur. (DU : 73)
> Le tissu lumière (DU : sous-titre 66)

« Chant de lumière », LUMIÈRE-FONTAINE, LUMIÈRE-SABLIER, « tissu lumière » (*supra*), LUMIÈRE-MAMAN (CH : 417), LUMIÈRE-OCÉAN (NE : 89) ou LUMIÈRE-TORTUE (CH : 283), la multiplicité des images accordées à ce phénomène physique démontre non seulement que ce concept est encore largement méconnu, mais que ce dernier focalise des questions fondamentales[273]. D'un point de vue physique, les métaphore vives du « [Le] mollusque de lumière » (DU : sous-titre 117), du « pinceau lumineux[274] » (DU : 266) ou de l'HOMME-LAMPE[275] essaient non seulement de proposer des visions novatrices, mais aussi de casser un verrou conceptuel en accordant à cette lumière d'autres sèmes que ceux lui étant généralement conférés[276]. D'un point de vue philosophique, la recherche de cette lumière est symptomatique de cette quête identitaire visant la connaissance de soi et son union avec le monde.

La métaphore-métascope à la découverte du monde de l'esprit

Car tel est l'enjeu de ces métaphores-métascopes[277] ; celui de découvrir l'essentiel sous le superficiel, l'ensemble des forces universelles sous le factice en recherchant « ce point d'où la continuité serait visible » (Pauwels et Bergier, 1960 : 89). *Dans cet éveil d'une « pré-science » permettant la libération de l'intelligence*, ce qui est recherché n'est pas tant un surplus de connaissances qu'un nouveau sa-voir, *une nouvelle manière d'être et de sentir*. Ainsi, la physique quantique s'intéresse-t-elle davantage au « vide »

273 Aussi bien dans le domaine de l'optique que dans l'ontologie.

274 En optique, le « pinceau lumineux » est un terme technique désignant un faisceau de lumière. Néanmoins, cette catachrèse est encore ressentie comme pleinement métaphorique chez les non-spécialistes, et l'image d'un PULSAR-PEINTRE – déposant son pinceau empli de lumière sur la TOILE-UNIVERS – présente ici une figuralité forte.

275 « Le corps humain est une source perpétuelle de lumière infrarouge. Pour prévenir la dégradation de notre merveilleuse mécanique vivante, il nous faut émettre autant de rayonnement qu'une lampe de cent watts. A la mort, la lampe s'éteint. » (HE : 90)

276 Le mollusque, tout particulièrement, mou, terne et lent, s'associe, dans un rapport analogique pour ainsi dire oxymorique, à une lumière vive, éclatante et rapide.

277 Nous rappelons que le préfixe méta- signifie aussi bien « au-delà de » « après », que « trans -», « avec » ou « au milieu de », « au centre de », « entre ».

qu'au « plein », tandis que les concepts d'intériorité et d'extériorité, de déterminisme et d'indéterminisme, de matérialité et d'immatérialité, se fondent dans un Ensemble infini et mouvant. Même si nous ne pensons pas que la métaphore puisse, à elle seule, nous révéler ce « centre » intérieur et omniscient, force est de constater que ce processus double – alliant raisonnement analogique et imagination (1.3) – est l'un des outils les plus sûrs afin de permettre le dépassement de soi et la libération d'une « sensibilité rationnelle ». Car *si le fait d'imaginer des métaphores (rhétoriques) permet la création d'objets mentaux « réels », la création de métaphores ne signifie-t-elle pas la fabrication de la « réalité » ?*

De plus, cet engouement des scientifiques pour les figures métaphoriques au moment même du passage du code binaire au code quantique ne nous semble aucunement une coïncidence. Il s'agit désormais – en terme informationnel – de passer du « zéro-un » à l'infini, d'une vision dichotomique à une vision analogique. *La compréhension des phénomènes quantiques et le « sentiment de poésie » – lieu de densité favorisant les raccourcis intellectuels et permettant le traitement simultané d'une multitude d'allotopies – seraient ainsi intimement similaires, tous deux accordant le droit de voir d'un seul coup l'ensemble des connexions, le rapport du Tout avec ses parties.*

Conclusion

Nous voilà parvenue au terme de cette recherche des images que nous propose la Science. Nous avons ainsi découvert une précieuse imagerie, et parfois même sommes-nous parvenue à apercevoir l'imaginaire de leurs créateurs. Nous avons dégagé les bénéfices principaux de cette imagerie scientifique ainsi que l'importance – et la manière – d'en faire un usage maîtrisé. Nous avons insisté sur la haute valeur de la métaphore dans notre compréhension du monde, son extrême pouvoir argumentatif[278] aussi bien que ses limites. Nous sommes intimement persuadée de la nécessité de poursuivre cette démarche, celle de dégager d'autres représentations de notre savoir, tout en permettant au plus grand nombre de s'approprier celles-ci.

Il est en effet important, aussi bien pour les scientifiques que pour le grand public, de prendre conscience de la relativité de ce savoir, de sa constitution, de ses attaches profondes avec cet égo, encore si méconnu. La persistance d'un fonds mythologique, véritable « tapis roulant de la conscience » (Aragon, 1953 : 155), dans notre manière d'appréhender notre extériorité, doit ainsi être intégrée dans la démarche scientifique. Car le spécialiste ne « voit » que ce qu'il « veut » – ou « peut » – voir, conditionné en cela par un système de représentations complexes, de croyances, d'habitudes ou de présuppositions. *La visualisation de ce cadre de pensée, celle de son imagerie intime, est de la sorte une étape indispensable dans la progression de la Connaissance. Car comment « crever la sphère*[279] *» sans connaître les contours de celle-ci, pire, sans avoir conscience de son existence ?*

De la même manière, notre enracinement conceptuel dans les premières expériences de notre vécu, nous ramenant sans cesse à l'enfance, ne doit pas être occulté. Ce « lieu, dans l'homme, d'où toute la réalité peut être perçue » (*cf. supra*), coïncide peut-être à notre origine, à cette enfance[280] que nous ne cessons de redessiner tout au long de notre vie. Mais il se peut également que ce topos ne puisse se découvrir que par la superposition

278 Où imposer sa métaphore signifie imposer sa vision du monde.

279 *Cf.* la gravure de C. Flammarion à la page 2.

280 L'enfance, ou le monde du jeu / je.

d'une multitude de regards. Si la Vérité, telle une anamorphose, dépend de l'endroit depuis lequel on l'observe, si la physique, par son strabisme[281] permet d'élargir les horizons, il est possible que nous découvrions une nouvelle façon de regarder. Pour cela, il faut tenter de se débarrasser de notre réflexe dichotomique[282] premier et apprendre à voir en couleurs. L'heure n'est ainsi plus à la fission mais à la fusion, et il ne s'agit plus de choisir entre réductionnisme et holisme, mais de tenter de fondre ces deux visions complémentaires dans un même moule.

La métaphore, signe d'équivalence posé entre deux univers, constitue en cela un instrument optique indispensable. En ce sens, topologie et tropologie semblent bien découler d'un même processus, la tropologie permettant la spatialisation conceptuelle, la démultiplication des points de vue et « la mise en place d'un nouveau monde » (Hallyn, 2004 : 41). La découverte de ce territoire psychique[283], aussi « réel » et « matériel » que le territoire physique[284], ne pourra se réaliser qu'après l'acceptation de sa possible existence.

Car, et aux vues des résultats de la nouvelle physique, il se peut que ce « focus » tant recherché soit pluriel, et qu'il existe autant de centres que de « personnes[285] ». Dès lors, l'intelligibilité de notre Univers dépendrait de la mise en commun de ces diverses visions, de ces multiples imageries. Ainsi, chacun, par son expérience et son regard différencié, ferait partie intégrante du « Progrès », chacun serait utile. Le retour du sacré et du mysticisme, tel qu'il est repéré par notre étude, se vêt ainsi d'un sens nouveau. Il s'agirait moins de renouer l'alliance antique entre l'homme et Dieu, que de sceller une union entre l'homme et son semblable. Face à cet extraordinaire défi qui attend le penseur « moderne », nous espérons avoir contribué – dans une très humble mesure – à fournir certains moyens pratiques, certains éclairages afin d'imaginer une vision plus lumineuse de notre propre condition… afin que par-delà notre finitude, nous entrevoyions le sens de l'infini…

281 La physique – au sens large – peut être décrite comme observant d'un œil l'infiniment petit (physique quantique) et de l'autre l'infiniment grand (astrophysique), *cf.* l'introduction. Cela tombe bien, car les « objets imaginaires », ombre-objets ou source d'erreur, « sont louches » (Durand, 1984 : 18).

282 Regard bichromique, où nous jugeons en « blanc ou noir », en « vrai ou faux » ou, plus précisément en ce qui concerne nos ancêtres, en « fuir ou combattre ».

283 Cette locution – non métaphorique – doit être prise dans sons sens propre.

284 L'étude de la nature de cette « matérialité » (*i.e.* métamatérialité, *cf.* 1.2.3), ainsi que de ses lois, devrait constituer le grand défi du 21e siècle.

285 Ou d'« êtres » ?, les travaux concernant la conscience animale étant en plein essor.

Recueil des principaux phores & métaphores-images[286]

Thèmes	*Phores (et phores associés)*	*Autres exemples métaphoriques*
Atome 2.1.2 2.2.1 2.5.1	L'ATOME-NOURRITURE : fruit – orange, poire, pomme –, légume – lentille, petit pois –, autres – gâteau, grain de riz, spaghetti, sel –, *etc.* L'ATOME-OBJET : anneau, balle, boucle, brique, bulle, cigare, corde, ficelle, filament, lettre, nœud, pelote, ressort, trou, *etc.* L'ATOME-TERRITOIRE : édifice, parcelle, paysage, salle de bal, stade de football, vallée, *etc.*	L'ATOME-BILLE (Démocrite) L'ATOME-BOULE (Dalton) L'ATOME-CATHÉDRALE (Thuan) L'ATOME-GRAIN (Démocrite) L'ATOME-NUAGE (physique quantique) L'ATOME-PLUM-PUDDING (Thomson) L'ATOME-SYSTÈME-SOLAIRE (Rutherford)
Bombe 2.7.2	divinité, système de mesure, *etc.*	La BOMBE-ALLUMETTE (Vauclair) La BOMBE-CHAMPIGNON (Thuan) La BOMBE-CHEVAL-DE-TROIE (Reeves) La BOMBE-COCKTAIL (Ortoli et Pharabod) La BOMBE-INTELLECTUELLE La BOMBE-MÈTRE-ÉTALON La BOMBE-PÉCHÉ (Reeves) La « déesse Bombe » (Reeves) « Nous sommes la bombe » (Reeves)

286 Nous présentons ici les principaux phores et métaphores-images issus de l'analyse de notre corpus. Afin d'éviter les redondances tout en facilitant la visualisation de ces représentations verbales, nous avons densifié ces métaphores sous la forme d'images-pivots, le thème et le phore (souvent générique) étant condensés par un trait d'union. Il s'agit donc ici d'une liste non exhaustive et décontextualisée se limitant à une dizaine de thèmes. Ne pouvant fournir toutes les références pour chaque phore rencontré, nous nous contentons de certains renvois à titre indicatif. Les noms des auteurs (entre parenthèses) n'indiquent pas forcément une primauté de la métaphore correspondante mais un usage attesté. Finalement, nous avons séparé dans cette optique lexicale les thèmes du « temps » et de l'« univers » ; nous rappelons cependant que le temps ne peut se « détacher » de l'espace avec lequel il forme désormais une réalité unique (l'espace-temps).

Thèmes	*Phores (et phores associés)*	*Autres exemples métaphoriques*
Corps céleste 2.6 2.8	Réification : avion, balise, bateau, bolide, boule, cocon, collier, cortège, disque, fleuve, fusée, gel, jouet, marmite, oignon, pluie, poupée, radiateur, roue, tissu, tornade, torrent, toupie, sucre, *etc.*	La « crêpe stellaire » (Luminet) L'ÉTOILE-PHARE (Thuan) La « goutte d'étoile » (Luminet) La « graine de galaxie » (Reeves) La PLANÈTE-CATHÉDRALE (Thuan) La PLANÈTE-POIDS-LOURD (Thuan) La PLANÈTE-POMME-DE-TERRE (Thuan) Le PULSAR-MÉTRONOME (Luminet) Le « puzzle de la Lune » (Thuan) Le SOLEIL-CASSEROLE (Vauclair) Le SOLEIL-VENTILATEUR (Thuan) La TERRE-BOULE-DE-GLACE (Vauclair) Le « vaisseau Terre » (Thuan)
	Zoomorphisation : abeille, dragon, éléphant, fauve, lièvre, monstre, tortue, *etc.* (bestiaire, bourdonnement, colonie, essaim, fourmillement, ruche, zoo, *etc.*)	L'ÉTOILE-GRENOUILLE (Luminet) L'ÉTOILE-LUCIOLE (Luminet)
	Personnification : acteur, amant, bébé, couple, embryon, enfant, frère, jumeau, maman, membre d'une famille, paire, parent, sœur, voisin, *etc.*	L'ÉTOILE-FORGERON (Luminet) L'ÉTOILE-MATHUSALEM (Luminet) L'ÉTOILE-MÈRE / L' ÉTOILE-NOUVEAU-NÉ L'ÉTOILE-PATINEUSE (Thuan) Le PULSAR-PEINTRE (Luminet)
Homme (Sens générique) 2.5.2 2.6.2	Réification : automate, maison, pierre, *etc.*	L'HOMME-DEMEURE L'HOMME-LAMPE (Reeves) L'« homme poussières d'étoiles » (Reeves) L'HOMME-UNIVERS (Reeves) L'HOMME-VIANDE (Ortoli et Pharabod)
	Zoomorphisation : abeille, aigle, chien, fourmi, grenouille, lièvre, oiseau, poisson, termite, *etc.*	Le LECTEUR-SKIEUR (Reeves) Un « pion sur un damier » (Reeves) « Un animal qui rit » (Reeves) L'HOMME-AUTRUCHE (Reeves)

Thèmes	*Phores (et phores associés)*	*Autres exemples métaphoriques*
Lumière 2.3	cône, flux, jet, musique, pluie, *etc.*	Le « chant de lumière » (Luminet) Le « cocon de lumière » (Luminet) Le « cône de lumière » (Luminet) La « lumière assassinée » (Luminet) La LUMIÈRE-FONTAINE (Luminet / Reeves) La LUMIÈRE-MAMAN (Thuan) La LUMIÈRE-OCÉAN (Vauclair) La LUMIÈRE-SABLIER (Luminet) La LUMIÈRE-TORTUE (Thuan) La LUMIÈRE-VIE La MAIN-DE-LUMIÈRE (Luminet) Le « mollusque de lumière » (Luminet) Le « pinceau lumineux » (Luminet) Le « tissu lumière» (Luminet)
Ordinateur 2.2.3	araignée, fourmi, trou noir, univers, *etc.*	L'ESPACE-TEMPS-ORDINATEUR (Luminet)
Particule subatomique 2.1.1 2.5.1 2.8.1.2	Réification : *Aspect corpusculaire* : astéroïde, balle, bille, boule, boulet, brique, caillou, grain, poupée russe, toupie, *etc.* *Aspect ondulatoire* : déluge, eau, écume, étang, flux, gerbe, goutte, gouttelette, mare, mer, nuage, onde, ondelette, ride sur l'eau, vague, vibration, *etc.* Zoomorphisation : abeille, fourmi, monstre, mouche, oiseau, poisson, *etc.*	Le « déluge de neutrinos » (Luminet) L'« électron-embarcation » (Vauclair) La « mer d'électrons » (Luminet) Le « pinceau d'électrons » (Ortoli et Pharabod) Le QUARK-BOULE-DE-GLACE (Thuan) Les « vitraux de l'atome » (Thuan) L' ÉLECTRON-OISEAU (Luminet) Les PARTICULES-POISSONS-SOLUBLES / Le « poisson quantique » (Ortoli et Pharabod) Le « zoo de particules » (Luminet / Thuan)

Thèmes	*Phores (et phores associés)*	*Autres exemples métaphoriques*
	Personnification : amante, boxeuse, danseuse, diplomate, élève, enfant, entremetteuse, épouse, espionne, esprit, femme, jumelle, martienne, nouveau-né, parturiente, voyageuse, *etc.* (*attributs humains* : empreintes digitales, durée de vie, identité, nom, peau, visage, *etc.*). **Les liens entre les différentes particules prennent le dessus sur l'« individu ».** Liens de parenté au sein d'une famille, (cousin, frère, sœur, *etc.*) statut de la particule-personne (célibat, concubinage, mariage, *etc.)* relations au sein d'une collectivité (cohabitation, individualisme, liens professionnels, partenariat, voisinage, *etc.*).	Les AIMANTS-AMANTS (Thuan) L'« habit de particule » (Thuan) Le NEUTRINO-FANTÔME La « population de particules » (Ortoli et Pharabod / Reeves / Thuan) Le « proton à moustache » (Thuan) Le PROTON-SPERMATOZOÏDE (Vauclair)
	Déification :	L'ÉLECTRON-JANUS (Thuan) L'ÉLECTRON-YIN-YANG (Thuan) Le PHOTON-MINOTAURE (Ortoli et Pharabod)
Science (Théorie et/ou principe scientifique) 2.7.3	bâtisse, château, édifice, fleur, forteresse, fruit, monument, œuvre d'art (bastion, béton, ciment, démolition, escalier, façade, fondement, marche, muraille, pierre, pilier, puits, rampe, sape, soudure, vestige, *etc.*)	L' « édifice de la physique » Le « fleuve mathématique » (Ortoli et Pharabod / Thuan) La « floraison de la gravitation » (Luminet) La GRAVITATION-MAÎTRE-D'ŒUVRE (Luminet) L' « outil mathématique » (Ortoli et Pharabod) La PHYSIQUE-QUANTIQUE-POULE (Ortoli et Pharabod) Le SYSTÈME-SIMPLE-BROUETTE (Thuan) La THÉORIE-SCÉNARIO (Luminet / Thuan)
	Limites cognitives : mur	Le « mur de certitude » (Reeves)
	Dépassement de ces limites : brèche, fenêtre, lucarne, pont, porte, *etc.*	Les « fenêtres de l'esprit » (Luminet)

Thèmes	*Phores (et phores associés)*	*Autres exemples métaphoriques*
Scientifique (physicien) 2.5.2	acteur, agriculteur, alchimiste, artisan, artiste, aventurier, botaniste, couturier, détective, économiste, écrivain, enfant, explorateur, Faust, guide, historien, horloger, instituteur, musicien, navigateur, ornithologue, pêcheur, pécheur, potier, prêtre, Prométhée, rêveur, Sherlock Holmes, sociologue, voyageur, *etc.*	Le PHYSICIEN-ALICE-AU-PAYS-DES-MERVEILLES (Thuan) Le PHYSICIEN-ALPINISTE (Reeves) Le PHYSICIEN-APPRENTI-SORCIER (Luminet / Reeves / Vauclair) Le PHYSICIEN-ASTRONAUTE (Reeves) Le PHYSICIEN-CHEVALIER-DU-GRAAL (Thuan) Le PHYSICIEN-CHIRURGIEN (Reeves) Le PHYSICIEN-DÉTECTIVE Le PHYSICIEN-DIEU (Luminet / Thuan) Le PHYSICIEN-GAMIN (Ortoli et Pharabod) Le PHYSICIEN-HACKER (Luminet) Le PHYSICIEN-HÉRÉTIQUE (Ortoli et Pharabod) Le PHYSICIEN-OISEAU (Vauclair) Le PHYSICIEN-POÈTE (Luminet / Thuan) Le PHYSICIEN-PROPHÈTE (Reeves / Thuan) Le PHYSICIEN-SCHIZOPHRÈNE (Luminet) Le PHYSICIEN-TISSERAND (Luminet)
Temps 2.2.2	<u>Perçu comme continu</u> : chemin, cours d'eau, fil, flot, flux, tissu, *etc.* <u>Perçu comme discontinu</u> : échelle, niveau, palier, *etc.*	La « flèche du temps » Le TEMPS-FLEUR (Thuan) Le TEMPS-FLEUVE Le TEMPS-ÉCHELON (Reeves) Le TEMPS-ÉLASTIQUE Le « temps gelé »

Thèmes	*Phores (et phores associés)*	*Autres exemples métaphoriques*
Trou noir 2.6.3	abîme, aimant, atome, balle, bête, boîte, bulle, cannibale, chimère, chose, criminel, Gargantua, géant, germe, gouffre, graine, grumeau, laser, lentille, machine, monstre, ogre, rosée, tête d'épingle, train, voiture, *etc.*	Le MINI-TROU-NOIR-CORDE (Luminet) La « prison cosmique » (Luminet) Le « puits de l'espace-temps » (Luminet) Le TROU-NOIR-GRAND-ANNIHILATEUR (Luminet) Le TROU-NOIR-ORDINATEUR (Luminet) Le TROU-NOIR PARADOXE (Luminet) : tour à tour contenu et contenant – baignoire, boîte, fontaine, four, lieu, marée, phare, puits, réservoir, rosée, tourbillon, tour Eiffel, *etc.* – violeur et violé, prison et geôlier, repas et cuisinier.
Univers 2.2.3 2.4.1 2.6.1	L'UNIVERS-ANIMAL : éléphant, ver, *etc.* L'UNIVERS-MACHINE : horloge, instrument de musique, livre*, etc.* L'UNIVERS-NOURRITURE : champagne, œuf, orange, purée, soupe*, etc.* L'UNIVERS-OBJET : caverne d'Ali Baba, gant, jeu, manège, miroir, peau de chagrin, tableau, toile, *etc.*	L'UNIVERS-MOLLUSQUE (Luminet) L'UNIVERS-PHÉNIX (Luminet) La GALAXIE-MACHINE (Luminet) La « mélodie de l'espace » (Luminet) Les UNIVERS-FEUILLETS (Luminet) L'UNIVERS-ORDINATEUR (Luminet) L'UNIVERS-THÉÂTRE L'UNIVERS-TRAIN (Vauclair) La « pâte-Univers » / Une TRANCHE-D'ESPACE-TEMPS (Luminet) La « purée cosmique » (Luminet) L'UNIVERS-POMME (Luminet / Thuan) Le MONDE-CHAUDRON (Thuan) L'UNIVERS-JOUET L'UNIVERS-MIROIR (Luminet) L'UNIVERS-PORTE (Luminet) L'UNIVERS-PUZZLE L'UNIVERS-PYRAMIDE – ALPHABET – (Reeves) L'UNIVERS-SCÈNE-DE-CRIME (Luminet) L'UNIVERS-SELLE-DE-CHEVAL L'« Univers-tissu » (Luminet) L'UNIVERS-TROU-DE-VER (Luminet)

Thèmes	*Phores (et phores associés)*	*Autres exemples métaphoriques*
Univers 2.2.3 2.4.1 2.6.1	L'UNIVERS-OCÉAN : bain, eau, mer, *etc.* (amarres, bouillonnement, corps flottant, cristaux, écume, embarquement, émergence, écueil, gel, mer, mousse, plongée, récif, sabordage, tourbillon, turbulence, *etc.*) L'UNIVERS-PERSONNE **Primauté de la vie** (Vauclair), **du cœur et de l'esprit** (Thuan) **ou du corps** (Luminet). L'UNIVERS-TERRE : arbre, champ, désert, fruit, graine, paysage, pierre, terrain, territoire, *etc.* (moisson, pépinière, plateau, ramification, racine, vallée, *etc.*)	L'UNIVERS-BULLE (Luminet / Vauclair L'UNIVERS-ICEBERG (Thuan) L'UNIVERS-NUAGE (Vauclair) Un « bébé-univers » (Luminet) Les « branches d'univers » (Ortoli et Pharabod) La « ferme cosmique » (Reeves) L' « horizon cosmologique » (Reeves) Le « jardin des Naines blanches » (Luminet) Le « paysage stellaire » (Reeves) Le « terreau galactique » (Thuan) L'UNIVERS-TERRAIN-DE-GOLF (Luminet)
mais encore… Accélérateur Bactérie Comète Dieu Dimension Eclipse Galaxie Lune Protéine Pulsar Soldat Vie		L'ACCÉLÉRATEUR-BISTOURI (Reeves) L'ACCÉLÉRATEUR-CHÂTEAU-HANTÉ (Thuan) La BACTÉRIE-GIRAFE (Thuan) La COMÈTE-COLLIER (Thuan) DIEU-ARCHIVISTE (Thuan) Le DIEU-IMAGE (Reeves) La 4ÈME-DIMENSION-TUYAU-D'ARROSAGE (Luminet / Thuan) L'ÉCLIPSE-DRAGON (Thuan) La GALAXIE-FEU-D'ARTIFICE (Luminet) La « lanterne nocturne » (Thuan) La PROTÉINE-MÉCANICIENNE (Luminet) Le PULSAR-CŒUR (Luminet) Le PULSAR-GUEST-STAR (Luminet) Le PULSAR-USINE (Luminet) Le SOLDAT-PHOQUE (Reeves) La VIE-VOYAGE

Sigles, acronymes et abréviations

CERN	:	Organisation européenne pour la recherche nucléaire. À l'origine, « Conseil Européen pour la Recherche Nucléaire »
CH	:	*Le Chaos et l'harmonie* (T. X. Thuan)
CNRTL	:	Centre National de Ressources Textuelles et Lexicales
CQ	:	*Le Cantique des quantiques* (S. Ortoli et J.-P. Pharabod)
DU	:	*Le Destin de l'Univers* (J.-P. Luminet)
EPFL	:	Ecole Polytechnique Fédérale de Lausanne
EPR	:	Expérience EPR : Einstein – Podolski – Rosen
GPS	:	*Global Positioning System*, système de localisation mondial
HBP	:	*Human Brain Project,* Projet du cerveau humain
HE	:	*L'Heure de s'enivrer* (H. Reeves)
IA	:	Intelligence Artificielle
IRM	:	Image par Résonance Magnétique
IRMF	:	Image par Résonance Magnétique Fonctionnelle
MACHO	:	*Massive Astrophysical Compact Halo Object*, objet compact et sombre contenu dans le halo galactique
MEG	:	Mise entre guillemets
NE	:	*La Naissance des éléments* (S. Vauclair)
SF	:	Science-Fiction
SIC	:	Sciences de l'Information et de la Communication
STIC	:	Sciences et Technologies de l'Information et de la Communication
UAI	:	Union Astronomique Internationale
VS	:	Vulgarisation Scientifique
WEB	:	*World Wide Web* (WWW), la « toile (d'araignée) »

ap.	:	après
av.	:	avant
Ca(s)	:	comparant(s)
Cé(s)	:	comparé(s)
cf.	:	*confer* – voir –

ch.	:	chapitre
coll.	:	collectif
etc.	:	*et cetera* – et ainsi de suite –
i.e.	:	*id est* – c'est-à-dire –
in	:	dans
mv	:	mouvement
p. (pp.)	:	page(s)
s.	:	siècle
s.e.	:	sous-entendu
suiv.	:	suivant(e-s)
T.	:	tome(s)
Vol.	:	volume(s)

Bibliographie[287]

* Acquier Marie-Laure, 2010 : « Présentation : soif de mots, désir de science. Quelques aspects de la relation entre littérature et science(s) », *Cahiers de Narratologie* / 18, <http://narratologie.revues.org/6116>.

Allègre Claude, 2009 : *La Science est le défi du 21e siècle,* Paris, Plon.

Allègre Claude, 1995 : *La Défaite de Platon, La Science du 20e siècle,* Paris, Arthème Fayard.

* Amossy Ruth, 2009 : « La Double Nature de l'image d'auteur », *Approches empiriques de l'argumentation, Argumentation et Analyse du Discours,* 3, <https://aad.revues.org/662>.

Aragon Louis, 1953 (1926) : *Le Paysan de Paris,* Paris, Gallimard.

Aristote, 2007 (4e s. av. J.-C.) : *Métaphysique*, nouvellement traduit du grec, introduction et notes de Bernard Sichère, Paris, Pocket.

* Aristote, 2007 : *Poétique*, <http://gallica.bnf.fr/ark:/12148/bpt6k70607g>.

Aristote, 2007 : *Rhétorique*, Paris, Flammarion.

Aristote, 1967 : *Topiques Livres I–IV*, Texte établi et traduit par Jacques Brunschwig, Paris, éditions Les Belles Lettres.

Aspect Alain, Fabre Claude et Grynberg Gilbert, 2010 : *Introduction to Quantum optics, From the Semi-classical approach to quantized light,* Cambridge, Cambridge University Press.

* Aspect Alain, 2002 : « Bell's theorem : the naive view of an experimentalist », *Quantum*, article rédigé lors de la conférence en mémoire de John Bell (Vienne, 2000), <http://arxiv.org/pdf/quantph/0402001.pdf>.

Assal Allal, 1995 : « La Métaphorisation terminologique », *L'Actualité terminologique* / 28, 22–24.

Babou Igor, 2001: « Sciences, télévision et rationalité », *Communication et langages* / 128, 15–31.

* Babou Igor, 1999 : *Sciences, télévision et rationalité: analyse du discours télévisuel à propos du cerveau*, thèse de doctorat en sciences de l'in-

287 Pour certaines références, la date d'édition originale est indiquée entre parenthèses, notamment dans le cas de réédition d'un ouvrage ancien. Les références électroniques sont précédées par un astérisque et concernent la période février-mai 2016.

formation et de la communication, Paris, Université Paris VII, <http://science-societe.fr/babou-igor-science-television-et-rationalite-analyse-du-discours-televisuel-a-propos-du-cerveau-paris-universite-paris-7-1999/>.

Bachelard Gaston, 1966 : *Le Nouvel Esprit scientifique*, Paris, P.U.F.

Bachelard Gaston, 1957 : *La Poétique de l'espace*, Paris, P.U.F. / Quadrige.

Bachelard Gaston, 1965 (1951) : *L'Activité rationaliste de la Physique contemporaine*, Paris, P.U.F.

Bachelard Gaston, 1996 (1938) : *La Formation de l'esprit scientifique*, Paris, J. Vrin.

Balibar Sébastien, 2005 : *La Pomme et l'atome, Douze histoires de la physique contemporaine*, Paris, Odile Jacob.

Barreau Hervé, 1985 : « Les Théories philosophiques de la connaissance face à la relativité d'Einstein », *Communications* / 41, 95–110.

Barthes Roland, 1970 : *L'Empire des signes,* Genève, Albert Skira.

Barthes Roland, 1965 : *Le Degré zéro de l'écriture, suivi de éléments de sémiologie,* Paris, Gonthier.

Barthes Roland, 1964 : « Rhétorique de l'image », *Communications* / 4, 40–51.

Beacco Jean-Claude, 2000 : « Ecritures de la science dans les médias », *Les Carnets du Cediscor*, Rencontres discursives entre sciences et politiques dans les médias / 6.

Beacco Jean-Claude, 1999 : *L'Astronomie dans les médias, Analyses linguistiques de discours de vulgarisation*, Nancy, Presses de la Sorbonne Nouvelle.

Béguet Bruno, 1990 : *La Science pour tous, Sur la vulgarisation scientifique en France de 1850 à 1914,* Paris, Bibliothèque du Conservatoire national des Arts et Métiers.

Bensaude-Vincent Bernadette, 2000 : *L'Opinion publique et la science, à chacun son ignorance*, Paris, Éditions Sanofi-Synthélabo / Les empêcheurs de penser en rond.

Bensaude-Vincent Bernadette, 1993 : « Un Public pour la science ; l'essor de la vulgarisation du 19e siècle », *Réseaux*, Vol. 11 / 58, 47–66.

Bensaude-Vincent Bernadette et Kounelis Catherine, 1991 : *Les Atomes, Une anthologie historique*, Paris, Presses Pocket.

Bensaude-Vincent Bernadette, 1978 : « Les Savants au pouvoir », *Romantisme 21–22* / Les positivismes, 63–75.

Berteau Rolande, 1980 : « L'Opposition « comparatio » *vs* « similitudo » dans la rhétorique latine », *Latomus*, Bruxelles, Sociétés d'études latines de Bruxelles.

Black Max, 1962 : *Models and metaphors : Studies in language and philosophy*, Ithaca, Cornell University Press.

Blumenberg Hans, 2006 : *Paradigmes pour une métaphorologie,* Paris, J. Vrin.

Bogdanov Igor et Grichka, 2010 : *Le Visage de Dieu,* Paris, Grasset.

Bogdanov Igor et Grichka, 2009 *: Au Commencement du temps,* Paris, Flammarion.

Bonhomme Marc, 2010 : « Du Statut figural du symbole rhétorique », *Au Corps du texte*, hommage à Georges Molinié, Paris, Honoré Champion.

Bonhomme Marc, 2009 : « Pour une Approche pragmatico-cognitive des discours figuraux : l'exemple de l'allégorie », *L'Analyse du discours dans les études littéraires*, Toulouse, Presses Universitaires du Mirail, 175–186.

* Bonhomme Marc, 2009 : « De l'Argumentativité des figures de rhétorique »*, Argumentation et analyse du discours* / 2, <http://aad.revues.org/495>.

Bonhomme Marc, 2007 : « Sémantique de la métaphore et imagerie »*, Actes du 24e Congrès International de Linguistique et Philologie Romanes*, Tübingen, Max Niemeyer Verlag, 17–29.

Bonhomme Marc, 2006 : *Le Discours métonymique,* Berne, Peter Lang.

Bonhomme Marc, 2005 : *Pragmatique des figures du discours,* Paris, Honoré Champion / Genève, Slatkine.

* Bonhomme Marc, 2002 : « Présentation » et « De l'Ambiguïté figurale », *Semen* / 15, <http://semen.revues.org/2366>.

Bonhomme Marc, 1998 : *Les Figures clés du discours,* Paris, Seuil.

Bordas Eric, 2003 : *Les Chemins de la métaphore*, Paris, P.U.F. / Études littéraires.

Botet Serge, 2008 : *Petit Traité de la métaphore, Un panorama des théories modernes de la métaphore,* Strasbourg, Presses Universitaires de Strasbourg.

Bourdieu Pierre, 1975 : « La Spécificité du champ scientifique et les conditions du progrès de la raison », *Sociologie et sociétés,* Vol. 7 / 1, 91–118.

Breton André, 1996 (1924) : *Poisson soluble*, Paris, Gallimard / Poésie.

Breton André, 1979 (1924) : *Manifestes du surréalisme,* Paris, Société Nouvelle des éditions Pauvret.

Buser Pierre et Debru Claude, 2011 : *Le Temps, instant et durée, De la philosophie aux neurosciences,* Paris, Odile Jacob.

Caminade Pierre, 1970 : *Image et métaphore, Un problème de poétique contemporaine*, Paris, Bordas.

Carroll Lewis, 1972 (1865) : *Aventures d'Alice au pays des merveilles,* U.S.A., Morton N. Cohen.

Cartier Michel, 2000 : « Le Grand Tournant de 2005 », *Revue Notre-Dame*, Internet / Les Paradoxes de la communication, 16–28.

Cassou-Noguès Pierre, 2007 : *Les Démons de Gödel, Logique et folie,* Paris, Seuil / Sciences.

* Catalán Rocío Peñalta, 2011 : « La Ville en tant que corps : métaphores corporelles de l'espace urbain », *TRANS-* 11, <http://trans.revues.org/454>.

Changeux Jean-Pierre, 1983 : *L'Homme neuronal*, Paris, Fayard.

Charconnet Jean, 2003 : *Analogie et logique naturelle, Une étude des traces linguistiques du raisonnement analogique à travers différents discours,* Bern, Peter Lang / Sciences pour la communication.

* Clivaz Clara, 2014 : *Images rhétoriques et visions de l'Univers dans la vulgarisation scientifique,* Université de Berne, thèse, <http://www.zb.unibe.ch/download/eldiss/14clivaz_c.pdf>.

Collectif, 2010 : *Epistémologie et histoire des sciences,* sous la direction de Solange Gonzalez, Paris, Vuibert.

Collectif, 2009 : *From Two Cultures to no culture, C.P. Snow « Two Cultures » lecture fifty years ago*, Londres, Civitas.

Collectif, 2009 : *La Peur et ses miroirs,* sous la direction de Michel Viegnes, Paris, Imago.

Collectif, 2000 : *L'Atomisme aux 17e et 18e siècles,* Travaux dirigés par Jean Salem, Paris, Publications de la Sorbonne.

Collectif, 1998 : *Interdisciplinarités*, sous la direction de Maurice Olender, Paris, Seuil / Le Genre humain.

Collectif, 1994 : *L'Élève et/ou les connaissances scientifiques,* sous la direction d'André Giordan, Berne, Peter Lang.

Collectif, 1988 : *Vulgariser la science*, sous la direction de D. Jacobi et B. Schiele, Seyssel, Editions Champ Vallon.

Collectif, 1983 : *Les Découvreurs,* sous la direction de Daniel Boorstin, Paris, Robert Laffont.
Collectif, 1982 : *Dictionnaire des symboles, mythes, rêves, coutumes, gestes, formes, figures, couleurs, nombres,* sous la direction de Jean Chevalier et Alain Gheerbrant, Paris, Robert Laffont / Jupiter.
Damasio Antonio, 2010 : *L'Autre Moi-même, Les nouvelles cartes du cerveau, de la conscience et des émotions,* Paris, Odile Jacob.
Dars Jean-François et Papillault Anne, 2010 : *Le Plus Grand Des Hasards, Surprises quantiques,* Paris, Belin.
David Sylvain et Przychodzen Janusz, 2009 : *Que peut la Métaphore ?*, Paris, L'Harmattan.
Denis Michel, 1994 (1989) : *Image et cognition*, Paris, P.U.F.
Descartes René, 2000 (1637) : *Discours de la méthode, Pour bien conduire sa raison, et chercher la vérité dans les sciences,* Paris, Flammarion / Poche.
D'Espagnat Bernard, 1994 : *Le Réel voilé, Analyse des concepts quantiques,* Paris, Fayard.
Détrie Catherine, 2001 : *Du Sens dans le processus métaphorique*, Paris, Honoré Champion.
* Diderot Denis, 1783: *Encyclopédie ou Dictionnaire raisonné des sciences, des arts et des métiers*, <http://gallica.bnf.fr/ark:/12148/bpt6k505351>.
Dolle Jean-Marie,1991 : *Pour Comprendre Jean Piaget,* Toulouse, Privat.
Drewer Petra, 2003 : *Die Kognitive Metapher als Werkzeug des Denkens, Zur Rolle der Analogie bei der Gewinnung und Vermittlung wissenschaftlicher Erkenntnisse*, Tübingen, Gunter Narr Verlag.
Ducrot Oswald, 2008 : *Dire et ne pas dire, Principes de sémantique linguistique*, Paris, Hermann / Éditeurs des sciences et des arts.
Ducrot Oswald et Schaeffer Jean-Marie, 1995 (1972) : *Nouveau Dictionnaire encyclopédique des sciences du langage*, Paris, Seuil.
Dufay Bruno, 2005 : *Apprendre à expliquer, L'art de vulgariser,* Paris, Eyrolles.
Durand Gilbert, 1984 (1969) : *Les Structures anthropologiques de l'imaginaire*, Paris, Bordas.
Eco Umberto, 2010 : *De L'Arbre au labyrinthe, Etudes historiques sur le signe et l'interprétation,* Paris, Grasset.
Edelman Gérald et Tononi Giulio, 2000 : *Comment la Matière devient conscience,* Paris, Odile Jacob / Sciences.

Fauconnier Gilles, 1986 : « Espaces mentaux », *Communication et langages*, 67 / 1–124.
Fontanier Pierre, 1977 (1821–1839) : *Les Figures du discours,* Paris, Flammarion.
Foucault Michel, 1966 : *Les Mots et les choses, Une archéologie des sciences humaines*, Paris, Gallimard.
* Freddi Sébastien, 2013 : *Métaphore, verticalité et affect : l'influence du mouvement vertical sur le jugement : étude des métaphores conceptuelles relatives à l'affect, aux informations sociales et au langage*, Paris, <http://www.sudoc.fr/175880913>.
Fromilhague Catherine, 2010 : *Les Figures de style,* Paris, Armand Colin.
Gardes-Tamine Joëlle, 2006 : *Les Métaphores lexicalisées dans la langue et dans les langues spécialisées : un obstacle à la compréhension*, Paris IV, Publications de l'Université de la Sorbonne.
Gardes-Tamine Joëlle, 2002 : *L'Allégorie, corps et âme, entre personnification et double sens*, Marseille, Publications de l'Université de Provence.
Gardes-Tamine Joëlle, 1996 : *La Rhétorique*, Paris, Armand Colin.
Gibbs Raymond W., 1994 : *The Poetics of mind, Figurative Thougt, Language and Understanding*, Cambridge, Cambridge University Press.
Gilmore Robert, 2006 : *Alice au pays des quanta*, Paris, Le Pommier.
Gould Stephen Jay, 1987 : *Time's arrow, time's cycle, Myth and metaphor in the discovery of geological time*, Cambridge, Massachusetts and London, Harvard University Press.
Graves Robert, 2009 : *Les Mythes grecs*, Paris, Librairie Fayard.
Gréa Philippe, 2002 : « Intégration conceptuelle et métaphore filée », *Langue française* / 134, 109–123.
Greene Brian, 2007 : *La Magie du cosmos, L'espace, le temps, la réalité, tout est à repenser,* Paris, Gallimard.
Gribbin John, 1994 : *Le Chat de Schrödinger, Physique quantique et réalité*, Paris, Champs / Flammarion.
* Grossmann Francis, Tutin Agnès et Da Silva Pedro Paulo Garcia, 2009 : « Filiation et transfert d'objets scientifiques dans les écrits de recherche », *Pratiques,* 143–144, <http://pratiques.revues.org/1447>.
Gunzig Edgard, 2011 : *Que faisiez-vous avant le Big Bang ?*, Paris, Odile Jacob / Sciences.

Gyselinck Valérie, 1996 : « Illustrations et modèles mentaux dans la compréhension de textes », *L'Année psychologique*, Vol. 96 / 3, 495–516.

Gyselinck Valérie, 1995 : *Les Modèles mentaux dans la compréhension de textes : le rôle des illustrations*, Thèse de doctorat, Université de Paris V.

Haaz Ignace, 2005 : *Nietzsche et la métaphore cognitive*, Paris, L'Harmattan.

Hallyn Fernand, 2004 : *Les Structures rhétoriques de la Science, de Kepler à Maxwell*, Paris, Seuil.

Hawking Stephen, 2003 : *Sur les épaules des géants,* Paris, Dunod.

Heisenberg Werner, 1972 : *La Partie et le tout, Le monde de la physique atomique*, Paris, Albin Michel / Les Savants et le Monde.

Hesling Isabelle 2006 : « Traitement neuronal de la métaphore ? », *Bulletin de la Société de Stylistique Anglaise* / 27, 177–194.

Holton Gerald, 1981 (1973) : *L'Imagination scientifique*, Paris, Gallimard / Sciences humaines.

Hugo Victor, 1980 (1866) : *Les Travailleurs de la mer,* Paris, Gallimard.

Hugo Victor, 1985 (1864) : *L'Art et la science,* issu de William Shakespeare (chapitre III), Paris, Actes sud.

Jacobi Daniel, 1999 : *La Communication scientifique, discours, figures, modèles*, Grenoble, P.U.G.

Jacobi Daniel, 1988 : *Textes et images de la communication scientifique*, Berne, Peter Lang.

Jaynes Julian, 1994 (1976) : *La Naissance de la conscience dans l'effondrement de l'esprit*, Paris, P.U.F.

Jeanneret Yves, 1994 : *Écrire la science, Formes et enjeux de la vulgarisation*, Paris, P.U.F.

Jeanneret Yves, 1992 : « Le Choc des mots : pensée métaphorique et vulgarisation scientifique », *Communication et langages* / 93, 99–113.

Johnson-Laird Philip, 1983 : *Mental Models,* Cambridge, London, Cambridge University Press.

Jurdant Baudouin, 1973 : *Les Problèmes théoriques de la vulgarisation scientifique,* thèse de doctorat présentée à l'Université Louis Pasteur de Strasbourg, <http://sciences-medias.ens-lyon.fr/scs/IMG/pdf/these_bjurdant-2.pdf>.

Jurdant Baudouin, 1969 : « Vulgarisation scientifique et idéologie », *Communications* / 14, 150–161.

Kant Emmanuel, 2006 (1781) : *Critique de la raison pure*, Paris, Flammarion.

Kittay Eva Feder, 1987 : *Metaphor, Its Cognitive force and linguistic structure*, Oxford, Clarendon Press.

Klein Etienne et Perry-Salkow Jacques, 2011 : *Anagrammes renversantes ou le sens caché du monde,* Paris, Flammarion.

Klein Etienne, 2011 : *Le Small Bang des nanotechnologies*, Paris, Odile Jacob.

Klein Etienne, 2010 : *Discours sur l'origine de l'Univers*, Paris, Flammarion.

Konrad Hedwig, 1958 : *Etude sur la métaphore*, Paris, J. Vrin.

Kumar Manjit, 2011 : *Le Grand Roman de la physique quantique, Einstein, Bohr… et le débat sur la nature de la réalité*, Paris, J.-C. Lattès.

Lachièze-Rey Marc, 2013 : *Voyager dans le temps : la physique moderne et la temporalité*, Paris, Seuil.

Ladhari Soumaya, 2007–2008 : « Catachrèses et métadiscours scientifique : le cas du verbe concevoir », *Cahier du Ciel*, 133–151.

Lakoff George et Johnson Mark, 1985 : *Les Métaphores dans la vie quotidienne*, Paris, Les éditions de Minuit.

Laszlo Pierre, 1993 : *La Vulgarisation scientifique*, Paris, P.U.F. / Que sais-je ?

Le Bozec Yves, 2002 : « L'hypotypose : un essai de définition formelle », *L'Information Grammaticale,* 92, 3–7.

Le Guern Michel, 1969 : *L'Image dans l'œuvre de Pascal*, Paris, Armand Colin.

Lelong Benoît, 1997 : « Personne n'a découvert l'électron », *La Recherche*, 303-novembre / 80–84.

* Levy-Leblond Jean-Marc, 2010 : « Le Miroir, la cornue et la pierre de touche, ou : que peut la littérature pour la science ? », *Cahiers de Narratologie,* <http://narratologie.revues.org/6002>.

* Levy-Leblond Jean-Marc, 2007 : « (re)mettre la Science en culture : de la crise épistémologique à l'exigence éthique », <http://www7.inra.fr/dpenv/pdf/LevyLeblondC56.pdf>.

Levy-Leblond Jean-Marc, 1981 : *L'Esprit de sel*, Paris, Librairie Arthème Fayard.

Libet Benjamin, 2004 : *Mind Time, The Temporal Factor in Consciousness*, Cambridge, Harvard University Press.

Lits Marc, 1993 : *Le Roman policier, Introduction à la théorie et à l'histoire d'un genre littéraire,* Liège, éditions du CEFAL / Paralittérature.

Loffler-Laurian Anne-Marie, 1994 : « Réflexions sur la métaphore dans les discours scientifiques de vulgarisation », *Langue française* / 101, 72–79.

Luminet Jean-Pierre, 2011 : *La Perruque de Newton*, Paris, J.-C. Lattès.

Luminet Jean-Pierre, 2006 : *Le Destin de l'Univers,* Paris, Gallimard / Librairie Arthème Fayard.

Luminet Jean-Pierre, 2005 (2001) : *L'Univers chiffonné,* Paris, Fayard.

Maingueneau Dominique, 1999 (1994) : *L'Énonciation en linguistique française,* Paris, Hachette.

Meuraud Maryvonne, 1966 : *L'Image végétale dans la poésie d'Eluard*, Paris, Lettres modernes.

Michaut Cécile, 2014 : *Vulgarisation Scientifique, Mode d'emploi*, Les Ulis, EDP Sciences.

Moreau François, 1982 : *L'Image littéraire,* Paris, Société d'édition d'enseignement supérieur.

Mortureux Marie-Françoise, 1983 : *La Formation et le fonctionnement d'un discours de la vulgarisation scientifique au 18e siècle à travers l'œuvre de Fontenelle,* Thèse présentée à Paris VIII, Lille, Université de Lille III.

Mortureux Marie-Françoise, 1982 : « Paraphrase et métalangage dans le dialogue de vulgarisation », *Langue française* / 53, 48–61.

Mortureux Marie-Françoise, 1982 : « Présentation », *Langue française* / 53, 3–6.

Noiray Jacques, 1998 : « Figures du savant », *Romantisme* / 100, 143–158.

Ortoli Sven et Pharabod Jean-Pierre, 2011 : *Métaphysique quantique, Les nouveaux mystères de l'espace et du temps*, Paris, La Découverte.

Ortoli Sven et Pharabod Jean-Pierre, 2007 (1984) : *Le Cantique des quantiques*, Paris, La Découverte.

Ortoli Sven et Witkowski Nicolas, 1966 : *La Baignoire d'Archimède, Petite mythologie de la science*, Paris, Seuil.

Paivio Allan, 1979 : *Imagery and verbal processes*, Hillsdale, New Jersey, Lawrence Erlbaum Associates.

Pascal Blaise, 1976 (1669) : *Pensées*, Paris, Flammarion.

Pauwels Louis et Bergier Jacques, 1960 : *Le Matin des magiciens,* Paris, Gallimard.

Pellegrino Pierre, 1994 : *Figures architecturales, Formes urbaines*, Actes du Congrès de Genève de l'Association internationale de sémiotique de l'espace, Genève, économica.

Penrose Roger, 1999 : *Les Deux Infinis et l'esprit humain*, Paris, Flammarion.

Perelman Chaïm et Olbrechts-Tyteca Lucie, 2008 : *Traité de l'argumentation,* Bruxelles, éditions de l'Université de Bruxelles.

Piaget Jean, 1977 : *La Représentation de l'espace chez l'enfant*, Paris, P.U.F.

Pinkas Daniel, 1995 : *La Matérialité de l'esprit, Un examen critique des théories contemporaines de l'esprit*, Paris, La Découverte.

Planck Max, 1949 (1933) : *L'Image du monde dans la physique moderne*, Genève, éditions Gantier.

* Platon, 1967 (427–348) : *Gorgias*, <http://fr.wikisource.org/wiki/Gorgias>.

* Platon, 380 av. J.-C. : *La République*, livre VII, <http://remacle.org/bloodwolf/philosophes/platon/rep7.htm>.

Poe Edgar Allan, 2001 (1841) : *Double Assassinat dans la rue Morgue,* Paris, Libretto.

Popper Karl Raymund, 1973 : *La Logique de la découverte scientifique,* Préface de Jacques Monod, Paris, Payot.

* Prandi Michele, 2002 : « Métonymie et métaphore; parcours partagé dans l'espace de la communication », *Semen,* <http://semen.revues.org/2386>.

* Quintilien, 1er s. ap. J.-C.: *Institution oratoire*, <http://remacle.org/bloodwolf/orateurs/quintilien/instorat10.htm>.

Raichvarg Daniel et Jacques Jean, 1991 : *Savants et ignorants, Une histoire de la vulgarisation des sciences*, Paris, Seuil.

Reboul Olivier, 1991 : *Introduction à la rhétorique, Théorie et pratique*, Paris, P.U.F. / Quadrige.

Reeves Hubert, 2011 : *L'Univers expliqué à mes petits-enfants*, Paris, Seuil.

Reeves Hubert, 1986 : *L'Heure de s'enivrer, L'Univers a-t-il un sens ?*, Paris, Seuil.

Reeves Hubert, 1984 (2008) : *Poussières d'étoiles*, Paris, Seuil.

Ricœur Paul, 1975 : *La Métaphore vive,* Paris, Seuil.

Robrieux Jean-Jacques, 1998 : *Les Figures de style et de rhétorique,* Paris, Dunod.

Robrieux Jean-Jacques, 1993 : *Éléments de rhétorique et d'argumentation,* Paris, Dunod.

Roque Georges, 2011 : « Rhétorique visuelle et argumentation visuelle », *Semen* / 32, 93–108.

Roqueplo Philippe, 1974 : *Le Partage du savoir, Science, culture, vulgarisation,* Paris, Seuil.

Rossi Micaela, 2015 : *In Rure Alieno, Métaphores et termes nomades dans les langues étrangères*, Berne, Peter Lang.

Saint-Martin Arnaud, 2005 : « Le Roman scientifique : un genre paralittéraire », *Sociologie de l'Art*, Paris, l'Harmattan, 69–99.

Salazar Philippe Joseph, 2002 : « Espace rhétorique », *études littéraires* / 34, 1–2, 115–131.

Salomon Jean-Jacques, 2006 : *Les Scientifiques entre pouvoir et savoir,* Paris, Albin Michel.

Sauvageot Anne, 1987 : *Figures de la publicité, figures du monde,* Paris, P.U.F.

Schaeffer Jean-Marie, 1989 : *Qu'est-ce qu'un Genre littéraire ?,* Paris, Seuil.

Schlanger Judith, 1995 : *Les Métaphores de l'organisme*, Paris, L'Harmattan / Histoire des Sciences Humaines.

Schopenhauer Arthur, 1992 (1819) : *Le Monde comme volonté et comme représentation,* Paris, P.U.F.

Schulz Patricia, 2004 : *Description du concept traditionnel de « métaphore »*, Berne, Peter Lang.

* Schulz Patricia, 2002: « Le Caractère relatif et ambigu du concept traditionnel de métaphore et la construction du sens lexical », *Semen* / 15, <http://semen.revues.org/2420>.

Siouffi Gilles et Van-Raemdonck Dan, 2009 : *100 Fiches pour comprendre la linguistique*, Rosny-sous-Bois, Bréal.

Snow Charles Percy, 1998 (1959) : *The Two Cultures,* Cambridge, Cambridge University Press.

* Sorlin Sandrine, 2010 : « Science, Linguistique, Littérature : trois disciplines, deux discours, une culture », *E-rea,* <http://erea.revues.org/1323>.

Staune Jean, 2007 : *Notre Existence a-t-elle un sens ? Une enquête scientifique et philosophique,* Paris, Presses de la Renaissance.

Stewart John, 2001 : « La Conscience en tant que métaphore spatiale : la théorie de Jaynes », *Intellectica* / 32, 87–110.

Thuan Trinh Xuan, 2009 : *Dictionnaire amoureux du Ciel et des Étoiles,* Paris, Plon / Fayard.

Thuan Trinh Xuan, 1998 : *Le Chaos et l'harmonie, La fabrication du Réel*, Paris, Gallimard.
Todorov Tzvetan, 1977 : *Théories du symbole*, Paris, Seuil / Poétique.
Vauclair Sylvie, 2015 : *Dialogues avec l'Univers*, Paris, Odile Jacob.
Vauclair Sylvie, 2006 : *La Naissance des éléments, du Big Bang à la Terre*, Paris, Odile Jacob.
Viegnes Michel, 2006 : *Le Fantastique dans la poésie française (1820–1924), L'Envoûtante Etrangeté*, Grenoble, P.U.G. / L'Imaginaire.
Viegnes Michel, 2006 : *Le Fantastique*, Paris, Flammarion.
Viegnes Michel, 1989 : *L'Esthétique de la nouvelle française au 20e siècle*, New York, Berne, Peter Lang.
Vincent Jean-Didier, 2009 : *Voyage extraordinaire au centre du cerveau*, Paris, Odile Jacob / Poches.
Vuilleumier Viviane, 1988 : *Signes et discours dans l'éducation et la vulgarisation scientifique*, Nice, Z'éditions.
Wagner-Remy Claire, 1990 : *L'Intelligence et son miroir, Voyage autour de l'intelligence artificielle*, Lausanne 13, Institut d'étude et de recherche d'information visuelle (IDERIVE).
Walter Henriette, 2008 : « La Langue française et les mots migrateurs », *Synergies Italie* / 4, 15–21.
Zufferey Sandrine et Mœschler Jacques, 2010 : *Initiation à la linguistique française*, Paris, Armand Colin.

Index des noms

www.ingramcontent.com/pod-product-compliance
Ingram Content Group UK Ltd.
Pitfield, Milton Keynes, MK11 3LW, UK
UKHW021901290926
8980IPUK00015B/988

9 783034 320276